UNE

RELIGIEUSE RÉPARATRICE

D'APRÈS SON JOURNAL ET SA CORRESPONDANCE

Par Mme S. S.

AVEC UNE PRÉFACE

de M. RENÉ BAZIN

DE L'ACADÉMIE FRANÇAISE

DEUXIÈME ÉDITION

Librairie académique PERRIN et Cie.

UNE

RELIGIEUSE RÉPARATRICE

UNE
RELIGIEUSE RÉPARATRICE

D'APRÈS SON JOURNAL ET SA CORRESPONDANCE

PAR Mme S. S.

AVEC UNE PRÉFACE DE

M. RENÉ BAZIN

DE L'ACADÉMIE FRANÇAISE

PARIS

LIBRAIRIE ACADÉMIQUE DIDIER

PERRIN ET Cie, LIBRAIRES-ÉDITEURS

35, QUAI DES GRANDS-AUGUSTINS, 35

1904

PRÉFACE

L'enfant dont ce livre raconte la vie, était ma nièce. En la voyant jouer, il y a quelques années à peine, rire avec ses sœurs et ses compagnes, prendre de la force, s'épanouir dans la jeunesse et dans la gaîté, je ne me doutais pas qu'elle disparaîtrait avant moi, que sa vie si courte mériterait d'être proposée en exemple, que je serais appelé à écrire, en tête de cette biographie, quelques pages de souvenirs, et que je le ferais avec l'émotion respectueuse dont nous sommes pénétrés devant ce qui est plus pur et plus grand que nous. Lorsqu'elle était encore petite fille, à l'époque dont je parle, nous vivions dans ce pays de Marans, au nord-ouest du département de Maine-et-Loire, où nous habitions un coin de terre venu d'héritage, parmi des populations chrétiennes où nous comptions beaucoup d'amis, parmi les chênes qui enveloppent, plantés sur les talus des fossés, tantôt des champs de froment, tantôt des prairies, des champs de trèfle ou de colza. Marie-Anne aimait singulièrement cette contrée solitaire, forte, toute pleine de tradition et de foi, et c'est là que je la revois, à présent et à jamais, menue, vive, intelligente, timide. Du moins je la croyais timide ; peut-être, toute jeune, avait-elle commencé de s'effacer, **et** de se taire quand il n'était pas nécessaire de parler. Nous savons si peu de chose de ceux qui vivent ! Je me souviens qu'elle avait une manière silencieuse de marcher. Elle n'était pas seulement légère, mais muette en s'approchant ou en s'éloignant. Et je la croyais pieuse seulement, quand elle était déjà sainte. Et je lui supposais les rêves et les ambitions ordinaires des jeunes filles, lorsque dans ses cahiers, sur lesquels d'autres copient ou paraphrasent des vers sentimentaux, et **exaltent** des amitiés puériles, elle écrivait des confidences mystiques, à la fois poétiques et **précises**, comme celle-ci, qui date de sa dix-septième année.

« Jésus, dans ma communion de ce matin, m'a
« promis, si je le voulais, de vivre avec moi, petit
« enfant, comme il vivait autrefois avec Marie, **sa**
« Mère, pendant qu'elle travaillait. Mais, pour qu'il
« se plaise auprès de moi, il faut que sans cesse je
« lui parle de cœur, à l'imitation de Marie à Naza-
« reth ; que je lui dise, par exemple, comme il me
« l'a enseigné : « Que voulez-vous, Jésus ? que vous
« faut-il ? n'auriez-vous pas besoin de moi ? Que je
« vous aime. mon Jésus ! » et mille autres choses
« semblables. »

Dans le même temps, elle écrivait encore, sur le même cahier :

« Jésus, quoi que vous fassiez, je veux vous
« aimer. Vous fuyez, je vole à votre suite. Vous
« vous cachez, je vous découvre ; vous me montrez
« un visage froid, je vous répète mon amour. »
La campagne lui offrait ses longues heures de
silence, et l'enfant les transformait en occasions
de prière ; la vie à la ville multipliait les réunions
qui lui plaisaient peu, morcelait ses journées,
brisait cette continuité des mêmes occupations
que recherchait son âme contemplative, et Marie-
Anne en faisait des occasions de mérites ; elle
allait passer quelques semaines au bord de la mer,
et elle écrivait : « C'est vous-même qui vous
cachez dans ces flots, et mon âme vous y adore. »
Elle apercevait Dieu où il est : partout. Elle lui
parlait. Elle entendait la réponse, non pas vague,
mais nette ; non pas sous la forme d'une émotion,
mais formulée en des termes qui n'ont pas de son
et qui s'imposent, qui s'impriment en clarté vive.
Les âmes choisies ont de ces hauts sommets, que
la lumière infinie touche directement. C'est là
une réalité inexplicable et certaine. La vocation
religieuse est un fait qui ne saurait être nié par
ceux qui ont l'esprit d'observation, et qui ont vu
de près, pendant un certain temps, une ou plusieurs personnes appelées à la vie religieuse.
Pourvu qu'ils soient de bonne foi, que le chagrin
de perdre une enfant ou une sœur, ou que la
passion irréligieuse ne les aveugle pas, ils seront

obligés de reconnaître que plusieurs des âmes les plus pures, les plus tendres, les plus gaies et les plus raisonnables, entendent une parole, une demande contre laquelle elles luttent plus ou moins, dont elles ne peuvent douter, qui les amène aux sacrifices les plus durs : à sacrifier le bonheur présent et, ce qui est plus encore, l'espérance du bonheur de demain et l'illusion qui le double. Ceux et celles qui sont de la sorte appelés ont les natures les plus dissemblables, et une générosité semblable les conduit seule au même lieu. On ne peut expliquer de telles vocations, ni par un attrait, du moins dans le sens commun du mot, car la vocation religieuse oblige à vaincre la nature, et elle contrarie plus de désirs naturels qu'elle n'en satisfait ; ni par l'imagination, qui n'est pas une faculté universellement répandue dans les cloîtres ; ni par l'éducation qui peut développer un sentiment, mais non le donner, et qui, si elle était dirigée en ce sens, aurait depuis longtemps détruit les couvents, en les peuplant de religieux et de religieuses indignes, qui n'auraient appris que la lettre et la leçon de leur état ; ni surtout par chagrin d'amour, car l'immense majorité des jeunes filles entrent au couvent à dix-huit, vingt, vingt-deux ans, sans avoir souffert, après avoir volontairement refusé de se marier, ne regrettant du monde que la très affectueuse famille dont elles seront les plus fidèles enfants, bien que toujours absentes. Même si l'on fait intervenir une de ces causes, elle ne suffit pas. La nature ne peut être vaincue que par le surnaturel. Et bien que l'idée même du surnaturel soit repoussée *a priori* par certains esprits, ils ne peuvent empêcher que cela soit, et que ceux qui ont fait l'expérience de la vie religieuse, déclarent que leur volonté a été peut-être préparée par la nature, mais qu'elle a été décidée par l'appel divin et soutenue par une force supérieure. Une femme d'un esprit très vif et très orné, qui était née protestante, et qui mourut sœur de Saint-Vincent-de-Paul, la comtesse de Saint-Martial, écrivait à sa mère qui comprenait mal, et trouvait cruelle la vocation de sa fille : « Soyez sûre qu'étant venue « ici dans la plénitude de ma liberté, parce que je « croyais que ma place y était marquée, je n'hési- « terais pas à quitter de même, si je ne m'y sen- « tais pas en paix... Si je persiste, soyez certaine « que c'est par la grâce de la vocation, qui juste- « ment donne la persévérance indispensable. Au- « cune imagination, aucune exaltation ne serait « assez puissante pour persévérer dans le sacrifice « journalier [1]. »

Ce dernier mot est d'une psychologie fine et très sûre. La même religieuse écrivait encore :

1. *En haut !* Lettres de la comtesse de Saint-Martial (Sœur Blanche, fille de charité), Paris, Plon-Nourrit 1903, p. 104-105.

« Les uns embrassent l'état religieux par pur
« amour de Dieu, ce sont les parfaits ; d'autres par
« attrait et goût, ils ont moins à souffrir ; d'au-
« tres pour lui prouver leur reconnaissance ; d'au-
« tres encore pour mettre leur fragilité à l'abri des
« fascinations séductrices de la terre ; enfin, il peut
« y avoir bien des motifs, mais il faut toujours
« l'appel divin[1]... »

Il me semble, après avoir lu les lettres de Marie-
Anne, que sa vocation fut de l'espèce la plus parfaite. En pleine santé, dans l'épanouissement de
sa première jeunesse, elle s'écrie : « Je veux bien
souffrir, souffrir toute ma vie, mais je serai une
sainte !... » C'est bien là la plus mystérieuse des
vocations, celle de la souffrance. En peu de temps
Marie-Anne la portera jusqu'au plus haut degré
de beauté morale, jusqu'au point où il est consolant, pour des êtres faibles comme nous, de voir
monter d'autres créatures humaines. Car elles
sont la contre-partie et le rachat de hontes et de
lâchetés innombrables. Elles sont la raison du
bonheur de ceux qui les nient ; elles sont leur
espérance ignorée et leur rançon ; elles refont
sans cesse l'idéal de la vie religieuse ; elles gardent les nations contre des châtiments cent fois
mérités, et, pour qui croit en Dieu, elles expli-
quent le don de résurrection qui a été fait à la

---

1. Même ouvrage, p. 133.

France, nation pénétrée de christianisme jusqu'aux moelles, et féconde en saints. Où sont-elles, ces âmes saintes ? Nous le savons à peine, et elles nous enveloppent. Jusqu'au moment où leur vocation les arrache du milieu de nous, combien peu les devinent, et combien peu se souviennent d'elles ensuite ? Elles grandissent, ignorées, marquées du signe invisible, dans nos familles, dans celles de nos amis, parmi les riches, parmi les pauvres, les paysans, les ouvriers de l'atelier ou de l'usine ; en ce moment même où le pouvoir les persécute, des milliers naissent à leur destinée ; elles ont le sourire de la vie jeune, elles sont aimées, elles ont nos liens, elles ont nos meilleures joies, mais elles ont plus de force. Un jour, vous apprendrez qu'elles ont tout quitté. Vous direz : « Elle était charmante, en effet, elle avait quelque chose de si pur ! » Ce sera tout. Et le monde continuera d'ignorer son sauveur.

Marie-Anne s'était résolue à souffrir pour réparer les fautes des hommes. Pour l'amour de ceux qui ne la connaîtront jamais, elle commence par laisser ceux qu'elle aimait. Elle a noté, dans ses cahiers qu'elle supposait ne devoir être jamais lus par d'autres qu'elle-même, tous les regrets qu'il faut vaincre. L'heure approchait, dans la peine humaine et la joie supérieure étroitement mêlées.

5 janvier 1895 : « Je regarde toutes choses en
« me disant que c'est pour la dernière fois. Bien
« des gens s'étonnent peut-être de me voir les
« suivre d'un long regard. Ils ne savent pas, pau-
« vres gens, que je me dis tout bas : je ne les
« verrai plus. »

17 avril 1895 : « Ces fleurs que je sème, je ne les
« verrai pas toutes fleuries, et quelle joie c'est
« de penser qu'il ne leur faut pas beaucoup de
« temps pour croître, et que cependant je serai
« dans la maison de Dieu avant qu'elles n'aient
« fleuri. »

Ceux qui sont réfractaires aux idées d'expiation
et de réversibilité des mérites, ceux qui ont le
vertige des hauteurs morales, feront bien, en vérité, de ne pas lire ce livre. Il est presque sans
événement, si l'on ne veut donner ce nom aux
étapes de la glorieuse ascension d'une âme vers
Dieu.

Entrée au noviciat des Réparatrices, cette
enfant qui a tant souffert et pleuré pour quitter
sa mère, ses sœurs et ses frères, affamée de sacrifice, demande à Dieu de lui enlever les consolations
spirituelles dont elle est favorisée.

« Mon Seigneur et mon Dieu, écrit-elle, je
« viens vous offrir aujourd'hui le sacrifice qui
« coûte le plus à ma nature et à mon cœur. Vous
« voyant, ô mon Jésus, réduit chaque jour, par

« tous les péchés du monde, aux inexprimables
« tourments que vous avez endurés pendant votre
« agonie et sur la croix, lorsque, sentant peser
« sur vous les crimes de tous les hommes, vous
« vous sentiez comme repoussé et abandonné
« de votre Père, je veux unir mes souffrances aux
« vôtres et boire au même calice que vous. O
« Jésus crucifié, mon Epoux et mon Roi, dès
« aujourd'hui et pour toujours, j'accepte l'aban-
« don, la sécheresse, l'aridité, la désolation qui
« peuvent broyer mon cœur. J'accepte de me
« sentir impuissante, inutile et misérable, comme
« délaissée et repoussée par vous, comme sans
« vie à vos pieds,... à la seule condition que, par
« cet état de martyre intérieur, je procure votre
« gloire et je sauve les âmes. »

Cette recluse est une conquérante d'âmes, une
missionnaire du monde invisible. Elle tombe
malade ; elle a offert sa vie pour l'humanité pécheresse ; elle se sent exaucée, et son cœur trouve
des mots admirables de grandeur. Malgré son
humilité, elle sent qu'elle est liée étroitement
à ce monde qu'elle a fui, puisqu'elle veut mériter
pour lui. « Le monde entier tient aux battements
de mon cœur », dit-elle, et elle demande toujours :
« Maître bien-aimé, pour me consoler, donnez-
« moi des âmes pour vous les donner, les jeter
« dans vos bras et vous dire : Mon Jésus, encore
« plus d'immolations, si elles valent ce prix-là ! »

Peu à peu, toute œuvre extérieure devient impossible à cette enfant qui avait rêvé, autrefois, de partir, après le noviciat, pour les missions lointaines. Elle quittera la France, en effet, mais pour l'exil, et, à peine sur la terre d'exil, elle mourra, à vingt-quatre ans, prémices, sans doute, de ces victimes que la persécution contre l'Église catholique a déjà frappées bien nombreuses. Qui peut dire combien de religieuses réfugiées à l'étranger sont déjà mortes des suites des fatigues de ce voyage de proscription, du dénuement, des maladies contractées dans des climats nouveaux, du chagrin qui tue encore les êtres d'élite. Marie-Anne avait eu la révélation de sa mort. Elle avait écrit, au cours d'une retraite en 1900 : « Je commence à avoir un grand espoir de ne plus vivre longtemps désormais » ; et plus loin : « L'an prochain, je serai la retraitante de l'éternité. » La prédiction se réalisa. Marie-Anne avait cet amour divin qui est vraiment plus fort que la mort, et elle disait à Dieu ce mot sublime de foi et de confiance : « Si je suis détruite, vous ne pouvez pas l'être ! » Elle mourait, mais sans regret ; elle souffrait, mais réconfortée de tant de consolations qu'elle s'écriait : « Je surabonde de joie dans ma tribulation. » Elle a connu le secret de la toute-puissance, celle qui, dans l'angoisse d'une maladie incurable, dans la pauvreté et le détachement volontaire de toutes les joies de la terre, pouvait

écrire à sa sœur, elle-même attirée vers le cloître,
ces lignes délicieuses et grandes : « Allons, tenons
« notre âme égale et sereine par une tranquille
« énergie. Une fleur secouée à tous vents laisse
« tomber la rosée du ciel. Mais le calme lis, sur
« sa tige ferme, la conserve, s'en nourrit, et en
« est tout étincelant. A Dieu, mon lis ! »

Un prêtre, qui a connu beaucoup cette âme
sainte, et qui l'a dirigée, en a rendu ce témoignage :
« Quelle immense carrière n'a-t-elle pas parcourue
« en quelques années ! C'était une enfant, mais
« une enfant savante dans l'infirmité, la souffrance,
« l'humiliation et l'amour. »

A cause de cela, il a paru que la vie de cette petite Marie-Anne devait être écrite. Un témoin de sa
vie a réalisé ce dessein, en ayant soin de donner
la plus large place aux lettres et aux notes mystiques de celle dont toute la vie fut intérieure. Il
me paraît qu'il a bien fait, et qu'il y aura un autre
profit de cette lecture que la pitié, bien qu'elle ait
son enseignement, pour une enfant si vite dispa-
rue, et que plusieurs y trouveront des leçons de
noblesse, de courage, de foi, de fraternité, vertu
magnifique que le christianisme fonde plus soli-
dement qu'aucune autre doctrine, qu'il rend seul
efficace, qu'il agrandit jusqu'à l'infini, dans l'es-
pace et dans le temps, et qui va, par lui, jusqu'à
cette expiation pour les inconnus, pour la foule
innombrable des vivants et des morts, qui fut

la vocation, la règle, et **toute la vie de Marie-Anne.**

Peut-être aussi, — qui peut savoir la destinée d'un seul exemplaire d'un livre ? — ces pages seront-elles lues par quelques-uns de ceux qui sont les ennemis de bonne foi des ordres religieux, et qui ignorent tout de ceux qu'ils persécutent, et de Celui qu'ils combattent.

Ils ne comprendraient probablement qu'une partie de cette âme, dont il est impossible, sans la foi, de comprendre toute la générosité, et la patience, et la joie ; mais ils ne pourraient se défendre d'une sympathie humaine pour cette jeune fille si détachée de toutes les ambitions qu'ils ont ; ils verraient, dans leur vérité, les aspirations, les directions, les élans, les sollicitudes d'une religieuse contemplative, la pure charité agissant dans l'ordre où elle est le plus nécessaire, celui des misères morales ; ils apercevraient nettement que c'est une tentative mauvaise et vaine de s'opposer à la liberté de la perfection ; qu'il y aura toujours, désormais, des âmes semblables à celle de Marie-Anne, que rien de terrestre ne saurait arrêter ou effrayer, parce qu'elles ont placé leur amour au-dessus de la terre ; qu'on peut fermer des couvents, briser des croix, ruiner des œuvres admirables, réduire des hommes ou des femmes à la misère parce qu'ils se sont montrés supérieurs à la moralité moyenne, mais non pas éteindre un amour comme l'amour divin ; que le monde aura des saints malgré lui, et que la violence est sans pouvoir contre l'idéal.

Les Rangeardières, 6 avril 1904.

René Bazin.

UNE

RELIGIEUSE RÉPARATRICE

I

Marie-Anne-Henriette-Lucie Hervé-Bazin était
la quatrième fille d'un jeune ménage qui désirait
beaucoup un fils. Aussi sa naissance causa quelques instants de déception à ses parents. Mais ce
sentiment fut rapidement transformé en une tendresse vive pour la chère petite fille que Dieu
venait d'envoyer, et son père y ajouta même une
sorte de préférence qui ne se démentit jamais. Il
semble qu'il ait eu un pressentiment des dons très
particuliers de la grâce qui devaient être le partage de cette enfant.

Dès le jour de sa naissance, voici en quels termes
M. Hervé-Bazin consignait l'événement sur son
journal de famille :

« *Angers, 13 mai 1877.* — Encore une autre
petite fille, Marie-Anne, la fille de la sainte Vierge
de Lourdes à laquelle elle est vouée. Elle est née
ce matin, un dimanche, pendant la grand'messe.
Qu'elle soit bénie et vive en chrétienne ! Il faisait

1

un beau soleil. J'ai entendu une tourterelle chanter dans le bosquet et plusieurs roses sont écloses dans le jardin. »

Et quelques jours après, la mère écrivait à son tour sur le même cahier : « Voici les derniers jours que nous passons dans notre maison et je me sens le cœur serré de la quitter. Ma petite Marie-Anne est une raison de plus pour moi de la regretter. Je l'aime de tout mon cœur, cette chère petite quatrième et il me semble même que j'aurais des faiblesses pour elle. Merci, mon Dieu, de nous l'avoir donnée et que votre volonté soit faite, puisque vous n'avez pas voulu nous donner un fils. »

Marie-Anne fut ondoyée le jour même de sa naissance. Les cérémonies du baptême furent suppléées le 25 juillet, jour de la fête de son père, à Saint-Barthélemy, par le vieux curé de la paroisse.

L'enfant était charmante. C'était une frêle et délicate petite créature. Dès sa plus tendre enfance, elle était ce qu'elle resta toujours : fine, menue, un peu timide, avec des yeux noirs très vifs qui brillaient et éclairaient son visage d'un jet de lumière rapide. Elle ne mangeait guère et dormait encore moins. On eût dit que les choses de la terre lui importaient déjà peu. Il fallut beaucoup de soins pour l'élever, aussi ses parents durent-ils s'en occuper plus tendrement, plus constamment encore que des autres. Après eux, elle dut la vie au dévouement d'une jeune Bretonne qui la soignait avec un tel attachement, qu'elle passa bien des nuits à la veiller, soit debout, soit étendue sur le tapis au pied du berceau.

Marie-Anne se chargeait de payer à tous ces soins continus que sa faiblesse exigeait. Elle charmait son père et s'en faisait aimer d'un amour de prédilection. « Cette quatrième fille, que j'aurais été tenté de voir d'un mauvais œil, je l'aime... tendrement. Son petit visage me charme ; son sourire me met la gaieté au cœur, je la ferais danser sur mes genoux du matin au soir. Je n'ai pas assez vu, sans doute, ni assez regardé les premières ; elles devaient être aussi gentilles que Marie-Anne et il me semble que je ne m'en suis pas aperçu. Par quelle mystérieuse pensée, Dieu a-t-il donc voulu que cette quatrième fille fût la plus chérie ? »

La pensée de Dieu était sans doute de faire donner rapidement à cette enfant qui devait si peu vivre, et si peu au foyer, toute la mesure des joies, des tendresses, des souvenirs, que les autres sèment autour d'eux en de longues années. Elle ne causa jamais que du bonheur à sa famille ; aucune difficulté ne vint d'elle, aucun dissentiment, aucune inquiétude, sauf celle de sa frêle santé.

A deux ans, elle était déjà le sourire de la maison, « le lutin, le farfadet que tout le monde aime et dont tout le monde s'amuse ». Sa jolie petite mine irrégulière avait un charme attirant. Elle tenait de l'oiseau dans l'allure et dans la façon de vivre, elle becquetait plutôt qu'elle ne mangeait, vivait sur les bras des fauteuils, sur les barreaux des chaises, mais toujours en l'air.

On l'appelait « Nanane », petit surnom familier qui lui resta toute sa vie.

Lorsque son père était préoccupé — ce qui arrivait souvent, étant le chef d'une famille déjà nombreuse et pas très riche — il montait jouer avec « Nanane ». Elle exprima de très bonne heure, dans un langage à elle, très amusant, très fin, des idées vives, enthousiastes, poétiques. Son caractère se dessina, comme sa petite personne, doux, facile et gai.

Elle garda parmi les autres, en grandissant, cette place à part qu'elle s'était faite par sa grâce et sa tendresse. Quoiqu'elle fût suivie, à quelques années de distance, d'abord par une cinquième fille, Yvonne, destinée comme elle à la vie religieuse, puis par un fils, une dernière petite fille, et enfin un second garçon, dans cette nombreuse bande, « Nanane » qui tenait le milieu, ne passait point inaperçue. Elle aimait plus tard à dire d'elle-même : « Je suis l'aînée du second groupe et le Benjamin du premier. » En effet, ses trois sœurs aînées durent être un peu plus tendres pour elle que pour une autre, parce que son enfance fut très délicate, et ceux qui vinrent après elle et dont les derniers la connurent si peu, reçurent cependant d'elle tous les petits services que rend généralement une aînée.

Elle avait aussi un cousin germain, fils du frère de sa mère, né deux jours avant elle, et que, pour cette raison, elle aimait d'une affection particulière. Plus tard, cette fraternelle affection qu'elle avait pour René ne diminua point et, quoique leurs voies fussent différentes, ils restèrent très unis et très confiants l'un pour l'autre.

Elle avait trois ans lorsque la santé de sa mère réclama un assez long séjour au bord de la mer. Ce fut une joie pour les cinq petites filles, et ce spectacle nouveau ouvrit à l'intelligence naissante de Marie-Anne des horizons inconnus. Elle commençait à parler couramment, inventant les noms quand elle ne les savait pas, avec son inépuisable imagination. Toute la journée, courant sur le sable, menue et gracieuse dans ses vêtements bleus qu'elle porta longtemps, étant vouée à la sainte Vierge, toujours un bouquet à demi froissé à la main et des cheveux qui tourbillonnaient jusque dans ses yeux, elle faisait mille réflexions fraîches et charmantes.

Son cœur était très tendre et facilement ému. On en citerait mille exemples. Du reste, très craintive, un mot sévère suffisait pour corriger ses petits défauts d'enfant. Il n'était guère besoin de la punir. A la première parole de reproche, elle fondait en larmes, et il fallait la consoler. Elle avait une manière irrésistible de demander ce qui lui faisait plaisir.

— Maman, quand allez-vous à Tours ?

— Demain, ma chérie.

— Qu'est-ce que c'est demain ?

— C'est... c'est quand tu auras dormi. Faudrat-il emmener Nanane ?

— Oh ! oui, oh ! oui, maman mignonne, gentille, jolie, caressante !...

Quelle mère eût pu résister ?

Déjà pieuse, elle aimait tendrement la sainte Vierge.

— Marie-Anne, pourquoi grimpes-tu sur la commode ?

— Maman, je voudrais embrasser la sainte Vierge... Oh ! pauvre sainte Vierge, si elle n'avait pas ses pieds collés je lui ferais des chaussons.

A cette époque, elle commença à apprendre à lire et à écrire et sa mère lui enseigna les éléments de l'histoire sainte et du catéchisme. Elle saisissait rapidement et rendait compte ensuite à son père, très fièrement, de ses progrès. Peu à peu, après bien des angoisses, bien des nuits sans sommeil, bien des maladies successives et d'interminables convalescences, sa santé commença à se fortifier. Elle fut capable de travailler régulièrement chaque jour avec l'institutrice déjà chargée de ses sœurs aînées, et elle dépassa rapidement l'instruction ordinaire des enfants de son âge. Son cœur se développait, lui aussi, et s'exprimait en tendresses vives. M. Hervé-Bazin était sans cesse absent, appelé par ses amis dans toute une moitié de la France, pour défendre en public la cause de Dieu, des œuvres catholiques et du roi. Il ne refusait jamais malgré ses charges, et Marie-Anne, qui ne voyait encore, dans ces absences continuelles, que le chagrin de la séparation disait, toute petite, à l'une de ses sœurs :

— Que c'est ennuyeux d'être fille d'un papa conférencier... ça part toujours !

C'était la seule tristesse de cette famille unie et chrétienne. Groupés autour de leur père et de leur mère, les enfants s'élevaient joyeusement et grandissaient dans la paix. L'hiver on habitait Angers, puis aux vacances de Pâques, remplissant un vaste omnibus couvert de bagages, toute la maisonnée prenait la route du Patys, pour ne revenir qu'à la Toussaint. C'étaient de vrais jours de fête pour les enfants, que ces arrivées à la campagne, à l'aurore du printemps. Aussitôt descendus de voiture ils s'éparpillaient sur le sable des allées ou sur le gazon des pelouses, cherchant les premières violettes, admirant les premiers bourgeons. On courait à la basse-cour, au potager, à la rivière, aux cabanes de branches abandonnées à l'automne, babillant comme les oiseaux qui reviennent et rapportant pour le dîner du soir une provision de petites nouvelles et une folle gaîté. Ceux qui n'ont pas vécu, dans leur enfance, cette vie saine et forte de la campagne, ne se douteront jamais des enthousiasmes qu'elle fait éclore dans les âmes jeunes. Il faut savoir ce que c'est que d'assister, tout petit, au réveil de la nature, d'entendre le premier chant des merles, de suivre l'éclosion de toutes les fleurs printanières, de passer des heures de solitude, baigné de lumière et d'air pur, dans le silence et le repos. Heureuses les âmes d'enfant qui se sont formées à cette école ! Il leur en restera toute leur vie une vigueur, une puissance d'émotion que rien ne remplace. Il est bien vrai que dans ces heures bénies Dieu parle à l'âme, il se fait sentir à elle à travers la poésie des choses créées par Lui et c'est avec une telle transparence, quand elle est pure, que l'impression en reste ineffaçable.

Plus qu'une autre la nature vive et sensible de Marie-Anne se prêtait à ces enthousiasmes. Elle s'y livrait sans réserve et même avec excès, car le plus grand défaut de son enfance fut l'amour immodéré de cette solitude pleine de rêves. Elle s'enfuyait et se cachait aussitôt qu'on la perdait de vue. On la retrouvait assise sur une barrière, les yeux fixés à l'horizon ou bien pelotonnée sous les grands chênes, écoutant avidement les fauvettes et les rossignols. On la grondait, on punissait même — car sur ce point elle était incorrigible — on redoublait de surveillance et quelques jours après, l'enfant recommençait, incapable de résister à la tentation.

Quelquefois elle mettait son cousin René dans la confidence et tous deux faisaient une petite chapelle de mousse dans un buisson. Puis ils s'agenouillaient et récitaient leur chapelet. Quand on s'approchait d'eux, ils rougissaient, comme pris en faute. Puis ils s'expliquaient.

— Mais, comment faites-vous, vous n'avez qu'un chapelet pour vous deux?

— Oh ! nous le prenons chacun par un bout. Heureusement, il est cassé, c'est bien commode.

A sept ans, le 2 juillet 1884, Marie-Anne se

confessa pour la première fois. Elle en eut une impression profonde, et paraissait si troublée lorsque sa mère la conduisit au bon curé de Marans, que celui-ci, lui prenant la main, s'écria : « Mais elle est brûlante comme si elle avait la fièvre. »

Toujours elle garda cette impressionnabilité qui allait jusqu'à épuiser ses forces physiques et l'on pourrait dire d'elle, sans exagération, que la vie de l'âme, si intense, a usé l'autre, trop fragile.

Ainsi commençait-elle à grandir et bientôt elle arriva à l'âge où l'on admet, dans le diocèse d'Angers, les enfants à la première communion. Elle avait dix ans à peine quand elle reçut son Dieu pour la première fois. Toute l'année précédente, ses efforts furent persévérants pour arriver à corriger les petits défauts de son ardente nature. Elle y employait déjà le grand moyen qui fait les saints : la prière, et cette prière devenait de jour en jour plus longue, plus fervente, plus intime. Elle y joignait une simplicité et une modestie tout à fait charmantes. Un soir qu'elle s'endormait, comme de coutume, avec *Le Grand Jour approche* sous son oreiller, son institutrice s'avança près d'elle et Marie-Anne lui dit, les larmes aux yeux :

— Mademoiselle, est-ce que vous ne me trouvez pas trop méchante pour faire ma première communion ?

— Mais, Marie-Anne, vous allez vous corriger.

— Ah ! oui. Tenez, voilà ce que je vais faire. Tous les matins, je prendrai un défaut que je combattrai dans la journée, parce que si je les prenais tous à la fois, je ne pourrais jamais y arriver.

Dans cette réponse d'enfant, se trouve déjà toute la fermeté, l'ordre et la ferveur qui devaient faire son âme si sainte. Et, en effet, cette âme était forte sous son apparence gracieuse et timide. Elle traça son sillon parmi celles qui l'entouraient soit dans sa famille, soit plus tard, au couvent, toujours le même, sans rien heurter, sans rien briser, mais sans dévier jamais. Ce qu'elle voulut elle l'accomplit, sans une défaillance, jusqu'au jour où elle entrevit le sacrifice suprême que — simplement — elle accepta. Dès l'époque où elle était arrivée on pouvait prévoir cette vigueur si enveloppée de charme. Elle avait le don de se recueillir. Tous ceux qui la virent en furent frappés lors de sa retraite de première communion, sa mère, en particulier, qui écrivait sur le livre de famille :

« Marie-Anne va faire demain sa première communion. Elle suit la retraite chez les Sœurs. Tous les matins elle part à sept heures, conduite par ses sœurs et Mlle Ziégler, emportant son petit panier et elle ne rentre qu'à six heures du soir. Son visage calme, joyeux, resplendit de la paix intérieure. Hier soir, comme nous nous promenions tous dans le jardin, je l'ai vue s'éloigner dans une petite allée, ouvrir son livre de cantiques qu'elle avait apporté et puis nous avons entendu s'élever sa voix d'enfant qui doit tant plaire au bon Dieu. C'était charmant de la voir se recueillir, marchant la tête baissée en chantant. Yvonne la regarde et c'est un bon exemple. En rentrant, après la prière à la chapelle en l'honneur du Sacré-Cœur, son père l'a prise sur ses genoux et lui a fait une pieuse exhortation. Il lui a recommandé de prier pour la santé de son père et de sa mère, et surtout pour qu'ils n'offensent jamais le bon Dieu. Il lui a recommandé de prier pour nos parents et grands-parents défunts et enfin pour une grâce particulière que papa et maman désirent vivement obtenir. (Cette grâce, c'est la naissance du petit Michel qui doit venir au monde dans quelque temps). Jacques, du fond de son lit, dressait la tête et écoutait avec ses beaux yeux intelligents et moi, je ne savais ce dont je devais le plus bénir Dieu, ou du père ou des enfants. »

Et le lendemain, 5 juin 1887 :

« Notre chère Marie-Anne a fait sa première communion, une bonne et sainte première communion. Elle avait l'air d'un petit ange. Elle était si calme, si joyeuse, si peu occupée d'elle-même et de sa toilette, qu'on ne pouvait la rêver mieux. Avec quel recueillement simple elle est retournée à sa place. Comme Dieu doit écouter les prières de ces petits enfants ! En entrant aux vêpres, elle pensait, nous a-t-elle dit :

— Oh ! que je voudrais bien être à l'Assomption pour qu'on me permette de recommencer !

Le soir, en entendant sonner la prière, elle s'est mise à fondre en larmes.

— Qu'avez-vous, Marie-Anne ?

— Oh ! Mademoiselle, je ne pourrai jamais entendre sonner la cloche sans me rappeler ce que j'ai éprouvé quand j'ai entendu sonner la messe ce matin. Ah ! quel malheur que la journée soit finie !

Les Sœurs lui avaient dit de promettre quelque chose au bon Dieu. Elle a promis de dire tous les jours son chapelet et de ne jamais se coucher avec un péché mortel sur la conscience. »

Ce que son âme reçut de grâces dans cette journée inoubliable, nous ne pouvons que le conjecturer. Les assistants virent en elle une enfant petite et brune, qui semblait encore bien délicate, mais dont les yeux candides brillaient d'un éclat surnaturel. Toute simple dans cette jolie église de Marans, blanche comme la mousseline de sa robe, point distraite par un public curieux, entendant la parole plus pieuse qu'éloquente du bon curé de la paroisse, la grâce de Jésus ne trouva chez elle aucun obstacle et prit à jamais possession de son cœur. Marie-Anne, comme beaucoup d'autres, fit toujours remonter à sa première communion l'origine de sa vocation. Elle n'en eut peut-être pas ce jour-là la pensée précise, mais dans son cœur, un germe divin avait été déposé qui devait croître sans jamais s'arrêter.

Dieu, qui voulait achever rapidement en cette âme, le travail qu'il fait plus lentement en d'autres, ne laissa pas longtemps à Marie-Anne son heureuse vie d'enfant.

Un malheur foudroyant, une de ces catastrophes qui brisent les cœurs et les existences allait s'abattre sur la maison qui abritait tant de bonheur. Ce fut le 8 janvier 1889 que Dieu, dans son éternelle sagesse, rappela subitement à lui M. Hervé-Bazin.

Ceux qui habitaient Angers à cette époque se rappelleront l'explosion de regret qui éclata dans la ville à l'annonce de ce malheur. Au loin, ce fut la même chose et les témoignages en arrivèrent par centaines à la maison en deuil. Aujourd'hui, après tant d'années écoulées, ni l'homme ni l'écrivain ne sont encore oubliés. Si, parmi les lecteurs de cette biographie de sa fille, il s'en trouve qui désirent connaître le père auquel elle ressemblait par bien des points, nous les renvoyons au livre ému où M. René Bazin a mis sa plume au service de son cœur et de ses souvenirs [1].

Qu'on juge donc de ce que fut, pour sa famille, cette mort soudaine et inattendue ! Sans prépara-

1. *Un homme d'œuvres*, Ferdinand-Jacques Hervé-Bazin. Tours, Alfred Mame et Cie.

tion pour ce choc épouvantable, les enfants se serraient, en larmes, autour de leur mère, plus brisée et plus écrasée qu'eux. Jusqu'alors, la famille avait été si unie et si heureuse ! Aucune secousse n'arrivait jusqu'au nid que protégeait un amour conjugal incomparable. Et en quelques heures, tout était détruit. La douleur, si long-temps éloignée, s'asseyait pour toujours à ce foyer découronné et les années passeront désormais les unes après les autres, ramenant la paix sans doute, parce qu'elle est inséparable de la vie chré-tienne, mais plus jamais le bonheur. Ce jour de deuil laissa des traces profondes dans toutes les âmes, comme l'éclair qui raye le ciel jusqu'en ses profondeurs. A des degrés différents, suivant leur âge, tous les enfants de M. Hervé-Bazin en furent ébranlés. Cet instant rapide termina la jeunesse des aînées et les fit forcément entrer dans la dou-loureuse réalité de la vie. Les plus jeunes — Michel n'avait guère qu'un an — virent s'étendre à partir de ce moment, sur leur enfance, cette teinte de mélancolie, ce sentiment du vide, que rien ne peut exprimer, mais que connaissent les orphe-lins.

Quant à Marie-Anne, qui avait déjà douze ans et qui avait toujours eu une place de choix dans le cœur de son père, elle garda de cette heure un cha-grin intime que le temps n'effaça pas. A partir de ce moment, nous retrouvons partout dans ses priè-res, dans ses lettres, dans ses souvenirs, le nom de celui qui avait disparu. Elle en garda le culte, elle fut heureuse de répondre la première parmi les siens au désir tant de fois exprimé par son père de voir quelques-uns de ses enfants se consacrer à Dieu, et plus tard, quand une maladie qu'elle devina vite inguérissable lui laissa entrevoir la mort prochaine, ce fut une de ses joies de penser qu'elle serait la première aussi à retourner vers lui.

En attendant, le malheur mûrit plus rapidement son âme. Elle vit tant souffrir autour d'elle, elle connut de si près les innombrables déchirements de détail qui suivent la rupture violente des liens de famille, que son cœur très sensible en garda toujours l'empreinte. Elle comprit aussi que le bonheur ne peut être que passager quand on le rencontre sur la terre et nous trouvons, là encore, une des causes imprécises mais cependant efficaces par lesquelles Dieu l'amenait à son seul amour.

Il le lui fit connaître un peu plus clairement quand, au milieu de ces jours de désolation, elle dut se préparer à recevoir la confirmation. Comme il arrive à la campagne, les enfants se rendent, tous les deux ou trois ans, d'une paroisse dans une autre, pour profiter du passage de l'évêque. Marie-Anne fut conduite à Gené, à quelque distance de Marans, le 10 mai 1889.

Si elle sentit plus cruellement en ce jour le vide qu'avait laissé derrière lui son père, nul doute qu'elle ne sentit aussi l'action de ce divin Esprit qui descendait sur elle et se la réservait pour épouse.

Nous n'en possédons, malheureusement, aucun souvenir personnel. Marie-Anne avait l'habitude d'écrire ses pensées et ses aspirations dans un cahier qu'elle conservait. Lorsqu'elle partit au noviciat, elle l'emporta avec elle, et vers la fin, dans un moment de plus grande ferveur, elle détruisit ces notes qui nous seraient si précieuses! Il ne nous reste de sa vie intime que très peu de chose, quelques feuilles laissées à sa mère ou retrouvées dans ses papiers par hasard. Nous ne pouvons donc faire appel qu'au souvenir de ceux qui vécurent avec elle les années de sa jeunesse et ceux-là remarquèrent la marche progressive que suivait son âme sous la pression du malheur et le souffle de l'Esprit-Saint.

Yvonne fit sa première communion à cette même époque et Marie-Anne, qui avait comme une intuition qu'elles suivraient toutes les deux la même voie, commença à s'occuper un peu de l'âme de sa sœur.

Sa nature supérieurement douée se trahissait en toutes choses et quoiqu'elle ne fût que la quatrième elle devint vite « quelqu'un » dans la famille. Jamais elle ne s'ennuyait, quoiqu'elle fût souvent seule, ayant eu de bonne heure ce goût de la solitude que connaissent tous les saints et ceux qui leur ressemblent. Cette solitude, elle la peuplait de beaucoup d'idées, elle la remplissait de la sève surabondante de son cœur et de son esprit. Très timide, jusqu'à l'excès, elle avait cependant de l'initiative et exécutait courageusement ce qu'elle avait résolu de faire. Elle possédait ce charme un peu grave des natures qu'anime une forte vie intérieure, elle ne parlait guère, mais ce qu'elle disait était fin et plein de sens. L'émotion naissait vite en elle et se montrait sur son visage à l'expression très mobile. Elle rougissait pour un rien. Le travail lui était facile et la passionnait, surtout les travaux d'art, peinture, musique et autres. Elle apprenait l'anglais, et quand ses frères furent en âge de commencer le latin, elle le commença avec eux, et poussa assez loin ses études dans la langue de l'Église. Elle le fit dès l'abord avec piété et dans le but de se préparer mieux à la vie religieuse. Plus tard, elle ne cessait de bénir Dieu de lui avoir permis cette étude : « Je suis si heureuse de comprendre les offices, les psaumes, les leçons, disait-elle, beaucoup les récitent sans pouvoir les comprendre, s'arrêtant ou continuant sans aucun sens. Combien Dieu a été bon de me mettre à même de mieux faire ! » Elle trouvait tant de saveur au latin qu'elle l'employait souvent de préférence au français quand elle notait une pensée pieuse sur une feuille d'un carnet ou sur une image. C'était une intelligence lucide, qui ne se contentait pas d'effleurer, mais qui aimait à aller au fond des choses.

Par contre, elle n'aimait pas les ouvrages à l'aiguille et n'y était pas habile. Elle ne s'y appliqua sérieusement qu'une fois entrée au couvent et alors elle le fit par vertu.

Un accident qui faillit lui coûter la vie montre

bien quel était à la fois l'esprit chrétien et la présence d'esprit de Marie-Anne à cet âge. Un jour qu'elle se promenait au Patys avec sa mère et ses sœurs, passant sur un pont, dans le parc, elle s'accouda à la balustrade et y resta seule en arrière quelques instants. Sans doute, l'eau la fascina, comme il arrive quelquefois, car tout à coup, sans savoir comment, elle tomba en avant. La rivière était profonde et Marie-Anne ne savait pas nager. Elle eut, en tombant, la pensée d'invoquer saint Joseph et ensuite celle d'agiter les mains pour se soutenir comme elle pourrait. Quelques instants après, sans qu'elle ait jamais pu se rendre compte de la façon dont cela s'était fait, elle sentit sous ses doigts les racines d'aulnes qui bordent le petit cours d'eau, et s'y accrochant, elle remonta la berge. Elle courut ensuite, ruisselante de la tête aux pieds, rejoindre sa mère et ses sœurs qui, n'ayant rien entendu, furent très effrayées de la voir en cet état. On en fut quitte pour une peur rétrospective ; mais au fond de son cœur, Marie-Anne crut toujours qu'elle avait été l'objet d'une sorte de miracle ce jour-là.

Deux années s'écoulèrent dans le deuil, pendant lesquelles l'âme de Marie-Anne se formait : sa santé devenait meilleure et même bonne. Il n'était plus question pour elle ni d'exceptions, ni de soins minutieux. Elle en profitait pour travailler davantage, s'essayer à la mortification, allongeant ses heures de prière, à genoux dans la chapelle du Patys et cherchant à assouplir son caractère qui n'était pas toujours égal. La nombreuse famille dont elle était entourée ne lui faisait pas grâce sur ce point; et elle en profitait humblement.

Elle arriva ainsi à l'année 1891 qui marqua une grande date dans sa vie. Dès le début, il fut question du mariage de sa sœur aînée, qui eut lieu en avril. La séparation fut un grand chagrin pour ce cœur très affectueux. Marie-Anne en souffrit longtemps et remarqua une seconde fois déjà, dans sa courte vie, combien le bonheur est incomplet sur la terre. Ce fut pour son âme l'occasion de prendre son vol, car, très peu de temps après, nous trouvons la trace du grand acte qui la séparait du monde et sur lequel allait désormais reposer son avenir.

Le 28 juin 1891, approuvée par son directeur, mais sans en parler à qui que ce soit en dehors de lui, Marie-Anne prononça le vœu de se consacrer à Dieu. Elle avait un peu plus de quatorze ans.

Nous avons retrouvé la formule de ce vœu dans ses papiers, après sa mort :

« Jésus, je vous aime, je vous adore, je ne cherche et ne désire que vous; vous êtes mon Tout. Pour être plus entièrement à vous, pour n'appartenir qu'à vous seul, pour vous aimer sans contrain!e, ô Jésus bien-aimé, je fais vœu de ne jamais unir ma vie à un autre que vous. Je fais vœu de n'épouser que vous, de n'avoir d'autre amour que le vôtre. Venez donc, mon Bien-Aimé, prendre possession de mon cœur, qui se donne à vous pour toujours et tout entier. Je ne vous demande en échange qu'un amour infini pour vous, ô mon Époux, une union très intime à votre divin Cœur.

« Donnez-moi une sincère douleur de mes fautes passées et une terreur du péché qui m'empêche de le jamais commettre. Que désormais je puisse vous offrir une pureté sans tache, unie à un amour ardent. Que je consacre ma vie à vous faire connaître et aimer pour le plus grand bien de mon âme.

« Disposez à présent de moi comme d'un instrument qui se prête à tous vos désirs, je ne suis plus à moi, je suis à vous et uniquement à vous!

« Mon divin Fiancé, merci! merci! oh! oui, je n'appartiens qu'à vous, maintenant et dans l'éternité. Amen.

« MARIE-ANNE DE JÉSUS
« 28 juin 1891. »

Que ceux qui s'étonneraient de cet engagement relisent la vie des saints qui sont morts jeunes. Presque tous ont éprouvé cette hâte de se lier à Notre-Seigneur. Ils semblent recevoir une impulsion divine qui les pousse à marcher vite parce que le chemin sera court. Ils amassent les mérites comme fiévreusement, sans qu'on puisse les arrêter, sans même qu'on y songe, car ces âmes appelées dégagent un parfum céleste. Elles sont « marquées du sceau de Dieu ». L'acte que Marie-Anne venait d'accomplir dans le secret était le résultat naturel et attendu de l'orientation de son âme et de ses efforts pour y rester fidèle. Dieu, en la créant, se l'était réservée. Il le lui avait fait comprendre, peu à peu, à mesure que son esprit s'ouvrait et se développait au souffle de la grâce. Il la voulait et la voulait vite, parce que ses desseins sont insondables. Simplement et sans résistance, l'enfant avait suivi le mouvement divin. Elle avait répondu à l'appel qu'elle entendait, et, lorsque, dans une maturité d'âme précoce, elle s'offrit pour toujours à Notre-Seigneur qui l'attendait, elle reçut en récompense de sa fidélité les dons de choix qui devaient être désormais son partage.

Ce fut d'abord une grande souplesse sous la main de Dieu et un amour profond de sa sainte volonté. Nous en avons pour garant cette prière, composée par elle en cette même année 1891 :

« Mon Dieu, vous m'avez donné un père et une mère qui vous aimaient, qui m'ont élevée dans votre amour, vous m'avez repris mon père : que votre volonté soit faite !

« Mon Dieu, vous m'avez donné des frères et sœurs que j'aime. Si vous voulez les prendre, mon Dieu, que votre volonté soit faite !

« Mon Dieu, vous m'avez donné un corps et une âme pour vous servir et vous aimer, si vous voulez les reprendre, que votre volonté soit faite !

« Mon Dieu, vous m'avez donné un cœur, une intelligence, un entendement, une conscience, une raison, prenez-les ; que votre volonté soit faite !

« Mon Dieu, vous m'aviez donné une liberté pour me conduire dans le monde, vous l'avez reprise : que votre volonté soit faite !

« Mon Dieu, vous m'avez donné la vie, vous pouvez la reprendre ; que votre volonté soit faite !

« Mon Dieu, vous m'avez comblée de grâces, vous m'avez *tout* donné, je vous bénis, ô mon Dieu, et je vous aime !

« Que votre volonté soit faite ! »

Voilà bien déjà, dès le début de la consécration de Marie-Anne à Dieu, le caractère que devait toujours garder, en se perfectionnant sans cesse, sa vie intérieure. Un abandon total, qui devait aller jusqu'aux dernières limites, un abandon plein de reconnaissance pour les bienfaits sans cesse médités et reconnus, un abandon d'amour, de la part de celle qui ne se considérait plus que comme la propriété de Jésus.

Au dehors, la vocation de Marie-Anne éclatait malgré elle. A la voir si recueillie, à constater les généreux et constants efforts qu'elle faisait sur elle-même, à remarquer ses goûts de plus en plus tournés vers les choses du ciel, il était impossible de ne pas se douter que Dieu se la réservait. Tous ceux qui l'ont connue à cet âge en emportaient le pressentiment, quoiqu'elle n'eût encore rien manifesté.

Ce silence, cependant, ne pouvait se prolonger longtemps vis-à-vis de Mme Hervé-Bazin. Il n'eût été digne, ni du cœur de la mère ni de celui de la fille, que ce secret fût entre elles deux. Mais d'une part — les âmes choisies le savent bien — c'est toujours un effort douloureux que de découvrir les mystères de l'union divine, et d'autre part le chagrin que l'on va causer, malgré la plus grande foi et le plus grand esprit de sacrifice, retient la confidence sur les lèvres. Marie-Anne sentait s'agiter en elle ces mouvements divers, elle en souffrait et ne pouvait se décider à parler. Un jour enfin, se reprochant ces longs retards, elle prit le parti d'écrire. Nous y avons gagné la page qu'on va lire, que nous citons tout entière et sans y rien changer.

Dimanche, 15 mai 1892.

« Maman chérie, maman bien-aimée, je me décide enfin à vous écrire ce que je n'aurais jamais pu vous dire et que vous auriez nécessairement vu dans mon journal, mais j'ai trouvé ce moyen trop indirect et j'aime mieux vous dire simplement tout.

« Le bon Maître m'a appelée, j'ai entendu sa voix bien longtemps sans y répondre, mais l'appel devenant plus pressant, le 28 juin dernier je me suis engagée par vœu à n'appartenir qu'à Lui seul.

« Quelle douceur j'ai ressentie dans cette renonciation de ma volonté propre pour celle de Notre-Seigneur ! De quelles grâces intérieures ne m'a-t-il pas comblée depuis ce temps-là ! Oh ! je sais que j'y ai bien mal correspondu, que mon caractère n'a pas changé comme il le devait, que j'ai fait bien peu de progrès depuis ce bienheureux jour, mais je ne désespère pas, avec la grâce de Dieu, de devenir un peu plus digne de Lui !

« Vous dirai-je, bien chère maman, que ce vœu fait mon bonheur, que j'y pense sans cesse et que je remercie constamment Notre-Seigneur de me l'avoir demandé et de ne pas m'en avoir trouvée indigne ? Oh ! vous me comprenez bien, n'est-ce pas ? Vous remercierez Dieu avec moi de ce bienfait immense !

« Je crains seulement que vous vous demandiez encore davantage pourquoi je ne cherche pas plus à me perfectionner et pourquoi mon caractère ne s'améliore pas malgré cette grâce suprême. C'est ce que je me suis dit bien souvent depuis ce temps-là. Je me suis fait honte de ma lâcheté, de mon peu d'amour. Jésus me les a reprochés bien des fois et je suis restée la même...

« Maman, maintenant que vous savez tout, vous m'aiderez, n'est-ce pas ? Nous travaillerons ensemble et je me sanctifierai pour le divin Maître ! Quelle joie lorsqu'il m'appellera plus intimement encore et que je m'attacherai à Lui pour toujours !...

« Je demande à mon bien-aimé père de me bénir. Je vous le demande à vous aussi, maman chérie. J'espère, je suis sûre que vous m'approuverez tous les deux. J'ai déjà l'approbation du Père X... qui m'a montré combien le bon Dieu m'aimait pour m'appeler ainsi et combien je dois l'aimer à mon tour.

« Priez pour moi, afin que j'accomplisse sa volonté sainte en toutes choses, pour que je m'unisse complètement à Lui. Remercions-le et adorons ses desseins sur moi.

« Marie-Anne. »

On le voit, l'allégresse était grande, l'humilité toute simple et la certitude profonde. Mme Hervé-Bazin ne douta pas non plus de cette vocation. Elle l'accepta, comme sa fille le lui demandait, avec amour et reconnaissance, mais elle l'accepta comme font les mères, qui pleurent pour elles et se réjouissent pour leurs enfants.

III

La voie dans laquelle Marie-Anne s'était engagée était désormais claire et aucun obstacle venu du dehors ne l'entravait. Elle avait 15 ans, elle s'était fiancée à Notre-Seigneur, son confesseur le lui avait permis, sa mère l'avait encouragée, elle n'avait plus qu'à attendre l'heure où elle commencerait, dans quelque cloître, son union céleste. Peu de vocations sont aussi certaines que le fut celle de cette enfant, moins encore rencontrent aussi peu d'entraves ; elle alla à Jésus par un chemin rapide et facile. Plus tard seulement devait-elle être appelée à partager la croix de Celui qu'elle aimait.

Elle avait encore trois ans à passer dans le monde avant d'entrer au noviciat. Pendant ce temps, outre son instruction qu'elle développa, elle s'appliqua à se rendre digne des grâces de Dieu et de sa vocation. Quelques notes nous permettront de pénétrer dans son âme et d'y suivre le travail qui s'y faisait. Nous citerons aussi des fragments de lettres à sa famille et à une amie qui lui fut très chère. Plus âgée que Marie-Anne, Mlle de X... fut à la fois sa confidente et sa sœur aînée. Elle justifiait de tous points la confiance et l'affection mises en elle, et son influence sur

Marie-Anne fut considérable. La prière ci-jointe, qui dut être récitée souvent, car le papier sur lequel elle est écrite, en porte les traces, montrera comment Marie-Anne comprenait cette amitié et comment elle l'appréciait.

« Mon Dieu, la plus petite de vos faveurs doit nous combler de reconnaissance. Et n'en est-ce pas une grande, ô Seigneur, de m'avoir donné une amie si tendrement aimée, dont les conseils et l'exemple me portent à vous ? Merci, mon Dieu ! Si je n'ai pas assez reconnu cette grâce, montrez-moi mes torts et permettez-moi de vous remercier jusqu'au dernier jour de ma vie du bien que m'a fait cette grande sœur que vous m'avez donnée. Mon Jésus, je fais pour elle une seule prière : donnez-lui de vous aimer sans mesure et par-dessus tout, je vous en supplie par l'affection qui nous unit. Oh ! faites que nous puissions dire, lorsque nous serons ensemble : le divin Maître est entre nous deux, nous le sentons, il nous dirige, nous sommes à Lui seul ! Rendez mon amie tant aimée bien heureuse ici-bas, non pas de cette joie mondaine que je ne veux pas pour moi et que, par conséquent, je ne puis vous demander pour elle, mais du bonheur si saint et si pur que procure votre amour. Un jour, au ciel, réunissez-nous, mon Dieu. Que nous étant aimées sur la terre nous nous aimions encore là-haut, en Vous et pour toujours ! Amen ! »

On souhaiterait de voir toutes les amitiés ressembler à celle-là. Elle avait eu son origine dans une Œuvre de jeunes filles qui se réunissaient chaque jeudi pour faire le catéchisme aux petites filles des écoles laïques. Les sœurs de Marie-Anne en faisaient partie et elle-même aspirait à y entrer. Elle écrit à son amie : « Tout va donc s'arranger pour la chère œuvre des jeunes filles, quel bonheur ! Que Notre-Seigneur est bon de prendre en main les intérêts de ceux qui cherchent à le faire connaître et aimer ! Que je voudrais aussi être des vôtres pour tâcher de faire un peu de bien, dans la mesure de mes forces, à ces pauvres petites filles si ignorantes et si abandonnées ! quand voudrez-vous de moi ? »

Quelques jours plus tard, nous rencontrons ce cri du cœur et ces confidences : « Prions bien sainte Thérèse, la grande victime de l'amour de Jésus-Christ, pour qu'elle nous obtienne un peu de cet amour qui la consumait... Priez aussi pour moi... le travail de ma perfection m'apparaît si long et si dur ! J'aurais si grand désir quelquefois d'abandonner l'ouvrage à peine commencé ! »

Elle ne l'abandonnait pas, au contraire, car nous trouvons à la date du 12 juillet 1892, cette feuille intitulée par elle :

Couronne d'épines.

« M'appliquer à tout ce qui m'ennuie, principalement à ce qui est *pratique.*

« Me refuser toute gourmandise et, autant que possible, ne rien manger entre les repas, sans toutefois me singulariser.

« Être plus aimable et ne jamais me permettre un mot d'humeur, une parole piquante.

« Faire autant que possible, toutes mes prières à genoux ou dans une position incommode.

« Accepter les humiliations *joyeusement*, en union avec le divin Maître.

« Trouver des mortifications cachées qui me fassent vraiment souffrir un peu.

« Ne jamais négliger l'occasion de dire une parole aimable, un mot gracieux, ne pas réprimer un sourire qui peut faire plaisir.

« Supporter les personnes qui m'ennuient et me contrarient et m'appliquer à être plus prévenante pour elles que pour tout autre.

« Ne jamais me plaindre, même en riant, de ce que je pourrais souffrir.

« Ne pas parler de moi. »

On le voit, ces petites choses étaient l'objet de son labeur habituel. Ceux qui s'y sont exercés savent quelle vertu suppose leur accomplissement et combien la pratique en est longue à acquérir. Aussi Marie-Anne était-elle quelquefois aux prises avec le découragement. Pour l'éloigner, elle mettait tout en œuvre, et rien ne paraissait au dehors des luttes qu'elle avait souvent à soutenir au dedans. Avec une bonne humeur continuelle et beaucoup d'esprit, elle écrivait à ses sœurs ou à sa mère absentes :

Le Patys, 27 juillet 1892.

«... Allons, prie bien N.-D.-des-Victoires pour

nous, *ut simus sancti corpore et spiritu. Ut sim, ut sis sancta.* Il n'y a que cela de bien. Comprends-tu comment font les gens qui ne croient pas en Dieu, pour accepter leurs peines — et ils en ont tout comme les autres ? — Moi, je ne comprends pas, mais je les plains. »

« Ma chère maman,

« Quelle bonne nouvelle hier, elle nous a transportés ! Elle arrive le jour même où nous avons fini notre neuvaine. N'est-ce pas admirable. Ah ! que le bon Dieu est bon !... Et nous, au lieu de nous laisser guider, *porter* par la très aimable providence de Dieu et de nous abandonner sans réserve à sa sainte volonté, nous nous faisons des idées, nous arrangeons des plans humains, que le bon Dieu trouve très mal faits, bien entendu, et puis nous nous désolons, en voyant que rien ne nous arrive de ce que nous désirions, tandis que d'un autre côté, Dieu nous comble de dons bien meilleurs que ceux que nous demandions et arrange mille fois mieux que nous nos propres affaires... Est-ce admirable ! Remercions, remercions et prions. »

Le Patys, 12 juillet 1894.

« Chérie, quel bonheur de te revoir ! Comme nous allons causer ! La cloison entre nos deux chambres n'a qu'à bien se tenir, je crois ! Je suis toute disposée à lui donner la discipline à coups de poings.

« Quelle foi il y a à Marans ! Hier, comme je

l'ai dit à maman, il y avait une très nombreuse procession à la Croix-Rabault pour obtenir de la pluie. Dans l'après-midi, Gabrielle va voir la mère Chaussée qui lui dit : « Oh ! je n'ai pas arrosé mon céleri, bien sûr ! — Pourquoi donc ? — Ça ne serait-il pas douter du bon Dieu ? Ah ! quand même il sècherait, je ne l'arroserais point. C'est le bon Dieu qui en est chargé. » N'est-ce pas bien beau ? Le soir, après une journée superbe et un ciel d'Italie, de gros nuages s'amoncellent à l'ouest, la girouette tourne au sud, et à dix heures la pluie commence à tomber. L'orage gronde et de grosses averses apportent la réponse du bon Dieu Chaque ferme avait envoyé des représentants à la procession et cela, non seulement à Marans, mais à Gené et autres paroisses environnantes. »

Souvent elle notait, le soir, sur des feuilles de papier réunies à la hâte par un simple fil, le résumé de sa journée. Cela l'aidait à se rendre compte de son âme. Un de ces petits cahiers porte les réflexions suivantes :

Le Patys, 10 octobre 1892.

« Le Cœur de Jésus est la plus aimable des demeures. Pour nous y retenir notre tant aimé Sauveur n'a rien négligé et plus nous nous y plaisons, plus il l'embellit pour nous. »

11 octobre.

« Il y a des jours où j'ai envie de tout jeter par la fenêtre et d'aller me coucher, des jours où je suis d'une lâcheté qui me donne envie de m'écraser. Ah ! c'est alors qu'il ferait bon se donner la discipline ! »

12 octobre.

« Que c'est triste une journée de pluie à la campagne ! Cela donne envie de pleurer et l'on se trouve moins près de Dieu que par le soleil. Un prédicateur disait : « Il y a des femmes qui sont d'une humeur charmante quand il fait beau temps, elles chantent, elles rient, elles sont aimables... mais quand la pluie tombe !... »

« Ne suis-je pas de ces femmes-là ?...

« Malgré tout, mes jours de communion sont toujours meilleurs parce que je sens toute la journée Notre-Seigneur au dedans de moi et je rentre en moi-même avec plus de plaisir. Mais combien il y a encore à reprendre ! »

14 octobre.

« Mon cœur est froid comme l'étable de Bethléem, plus froid, plus nu encore. Aussi faut-il que j'y fasse entrer Marie et que j'y fasse venir les anges afin que mon Jésus ne s'y trouve pas trop seul. Et moi, comme le bœuf et l'âne, je le réchaufferai de mon haleine. Puisse-t-elle fondre les glaces de l'athéisme et du scepticisme qui désolent le Cœur de Jésus ! »

25 octobre.

« Dieu est si grand qu'il remplit l'univers, et pourtant quelle petite place il tenait dans l'atelier de Nazareth ! Ah ! comme j'aime à l'adorer là, dans son humble maison, travaillant ou causant avec Marie. Oh ! les conversations de Jésus et de Marie, comme c'est délicieux ! »

26 octobre.

« Que c'est difficile de ne jamais dire une parole qui ne soit pas absolument charitable ! C'est une vertu bien grande et que j'ai bien admirée à plusieurs reprises chez d'autres. Aimer à dire du bien de tous, souvent à ses dépens, c'est bien beau. Que les conversations de Jésus et de Marie devaient être charitables ! »

28 octobre.

« Délicieuse union de la communion ! Oh ! que c'est bon, que c'est beau, que c'est grand ! Dieu ne pouvait pas faire plus et lui seul pouvait en faire autant. Le quart d'heure d'actions de grâces après la communion c'est un peu du ciel sur la terre, un rayon de la vie éternelle, une goutte du bonheur céleste dans l'océan des tristesses de ce monde ! »

30 octobre 1892.

« Je suis la croix de Jésus, disait Xavérine de Maistre. Et moi ? Je veux être Simon de Cyrène, mon Jésus, mais non vous aider par contrainte et de force, mais par amour et soumission à tout ce qui m'arrivera selon votre bon plaisir. Que je sois donc le Cyrénéen, ou Véronique, ou Madeleine, mais pas votre croix, jamais ! jamais ! »

3

31 octobre.

« Si je ne défaisais pas à mesure le travail de Jésus-Christ dans mon âme, comme je serais sainte ! »

5 novembre.

« Oh ! qu'elles sont délicieuses les minutes qui suivent la venue de Jésus dans nos âmes ! Quelle douceur dans nos rapports avec lui ! quel charme dans ses paroles ! *In aure melos, in labia mel, in corde voces.* »

Souvent, l'âme poétique de Marie-Anne s'élevait à Dieu par le spectacle de la nature. Nous avons dit combien elle était sensible à ses beautés. La page qui suit montre à quel point elle en était éprise et nous donne le modèle des sentiments que devraient éprouver tous les hommes devant les splendeurs créées pour lui. »

7 novembre 1892.

« Ce matin, j'allais au potager chercher des roses. La gelée blanche avait été assez forte toute la nuit. Le soleil brillant éclairait à cette heure-là toute la campagne qui semblait d'argent tant la rosée était serrée. Les feuilles semblaient couvertes de perles, les roses en étaient toutes serties. Une vapeur légère s'élevait de toutes parts. Dans le fond du tableau, tout le troupeau venait se désaltérer, marchant lentement, tranquillement, au chant du fermier qui sifflait en touchant ses bœufs blancs. La rivière était tout éclairée, toute brillante de soleil, et les grands arbres y reflétaient leurs rameaux nus. Sous les dernières feuilles un oiseau lançait à l'air pur les trilles de l'adieu... Et moi je contemplais, ravie, touchée, élevée aux cieux... et je me demandais si j'étais digne de voir un tel spectacle et dans son enthousiasme mon âme s'envolait tout entière dans une hymne à son Dieu. Que sera donc le ciel si la terre, toute belle qu'elle est, n'est qu'un lieu d'exil ? Oh ! mon Dieu, que vous êtes bon ! Comment ne vous aimerais-je pas ? »

8 novembre.

« Ce matin, après la communion, j'aurais voulu mourir. Il me semble que je serais si bien partie ! la mort me semblait si peu redoutable ! Comme Jésus voudra ; si je dois vivre encore, je veux bien pourvu qu'il soit toujours avec moi. »

9 novembre.

« J'aime Dieu et je ne fais rien pour lui ! Peut-il croire à mon amour ? Les actes seuls prouvent l'amour ! »

19 novembre.

« Jésus était dans son tabernacle, caché, mais bien visible pour l'âme qui le cherchait. L'ombre s'étendait dans l'église et seule la petite porte d'or était éclairée par la lampe, gardienne fidèle du Dieu caché. Comme il était bien là, mon Jésus ! comme je le sentais ! Je baisais la croix de ma petite bague en lui disant : « Mon Bien-Aimé, tout ce que vous voudrez, je ne demande rien et j'accepte tout. Je suis votre petite fiancée... Oh ! ce nom, ce cher nom de fiancée, il me semblait que Jésus me le répétait en me demandant de l'aimer tellement que le jour où se célébreront nos noces tant désirées je puisse lui apporter un cœur qui n'ait de mouvement que pour lui, une âme qui s'enflamme à son seul nom. »

29 décembre.

« Jésus, mon bien-aimé ! Ah ! tout pourrait être bouleversé autour de moi, tous mes liens brisés, toutes mes affections éteintes, tout mon bonheur perdu et le monde entier contre moi, toujours il me restera Jésus, mon bien-aimé !

« Ils peuvent tous me haïr et s'acharner contre moi, ils peuvent tout m'enlever sauf Jésus mon bien-aimé !

« Et quand même on me tuerait, quand on s'arracherait les lambeaux de mon corps, toujours mon âme se reposera en vous, Jésus mon bien-aimé.

« Ah ! qu'il fait bon sentir un peu d'amour ! J'en ai été si privée depuis quelque temps ! C'est le vin qui me donne du courage pour lutter, des forces pour marcher. L'amour seul peut ranimer ma pauvre âme, hélas ! si molle ! »

A la date du 8 janvier, qui rappelait à Marie-Anne de si déchirants souvenirs, elle n'écrit que ce mot, mais il en dit long :

« Seigneur, plus vous me frapperez, plus je vous bénirai. Vous voulez détacher mon âme, brisez, rompez tout et qu'elle soit à vous ! »

Enfin ce petit cahier se termine par cette page :

31 janvier 1893.

« Jésus, oh ! quel nom que celui de Jésus ! Il contient tout : Frère, Fiancé, Ami, Consolateur, Soutien, Espoir... Il anime tout : que ne ferait-on pas au nom de Jésus ? Il purifie tout : tout est saint quand on le fait pour Jésus. Il console de tout : dans chaque épreuve ne voit-on pas Jésus. Il embaume tout : oh ! que tout est beau, doux, agréable, quand on y voit Jésus !

« Jésus, mon bien-aimé, je vous aime par dessus tout, et si je vous aime c'est parce que vous êtes Jésus ! Oh ! qui me donnera d'être une image de Jésus pour animer, consoler, purifier, embaumer comme Lui ?... »

Quand on lit les lignes précédentes on se rend compte que Marie-Anne vivait d'une vie surnaturelle très ardente. Dans sa famille, on s'en apercevait seulement à ses efforts persévérants et de plus en plus généreux, à sa gaîté souvent méritoire et qui semblait naturelle, au calme que l'on sentait en son âme et qui en rayonnait sans qu'elle le cherchât. Pendant une absence assez longue du Patys, à laquelle Mme Hervé-Bazin dut se décider, pour se rendre auprès de sa fille aînée qui attendait, déjà souffrante, la naissance d'un premier enfant, Marie-Anne écrivit à sa mère et à sa

sœur, tous les jours. On verra mieux par les extraits de ses lettres que par tout ce que nous pourrions en dire, ce qu'elle était à ce moment :

7 juin 1892.

« Ainsi donc tu vas nous voler maman, nous
abandonnant à notre malheureux sort ! Ton petit
chéri nous devra une reconnaissance éternelle !
Nous sommes recommandés à tous les saints du
paradis et à tous les justes de la terre, lesquels
viendront nous « surveiller » souvent, j'espère
bien. Nous ne serons pas perdus au milieu de ce
bon pays, et surtout confiés au bon Dieu, comme
nous le serons !

« Nous sommes allés ce matin à la messe où
Michel a été sage comme un futur capucin. La
cérémonie a pourtant été longue, à cause du *Lauda
Sion* chanté à la mode de Marans. Quoique la fête
du Saint-Sacrement soit double de première classe, M. le curé ne nous a pas fait l'honneur du
Credo de Dumont, ce qui m'a désolée. Hier soir,
nous nous sommes dit que vous étiez tous réunis
et très bien à Rouen, que M. l'abbé faisait un repas
de gala avec les X... et que nous pouvions bien
aussi nous offrir quelque réjouissance. Là-dessus,
Gabrielle a débouché le bocal de cerises à l'eau-de-
vie... et, je ne te dis que cela !... Nous nous sommes écriés ensemble : « Ah ! le jour de la naissance de Bernard !... Cela en promet de belles !... »

« Surtout, que ma chère petite maman soit bien
tranquille sur notre compte. Nous nous portons

très bien, nous nous entendons bien, les enfants sont assez obéissants, et la cinquième bouillie que Gabrielle nous a donnée hier soir a passé comme par enchantement. Tu vois que nous sommes très paisibles entre les bras du bon Dieu. »

28 juin 1892.

« Chère maman bien-aimée,

« Vos lettres nous font un plaisir immense. Vous êtes bien bonne de nous écrire ainsi à toutes les deux si souvent ! C'est notre bonheur de la journée. Vous me demandez dans votre lettre d'hier quelques détails sur mon caractère. Comme je vous l'ai déjà dit, maman chérie, je sens moins mes défauts maintenant, parce que ma vie n'est pas bien difficile avec cette bonne Gabrielle seulement. Pour vous dire tout à fait la vraie vérité, je m'inquiète un peu du retour de X..., ceci en tant seulement que j'ai beaucoup de mal à me dompter quand il me « fait le caractère », mais en réalité je l'aime beaucoup. D'un autre côté, je ne serais pas fâchée d'avoir à me battre en face contre mon orgueil et ma susceptibilité. Comme vous me le dites, ce temps de solitude est un peu une retraite, une trêve, un repos, un armistice pendant lequel je vais préparer les armes. Et quand X... sera revenu, nous lutterons corps à corps : Marie-Anne susceptible, et, comme dit le P. X... Marie-Anne de Jésus. Puisse Marie-Anne de Jésus rester victorieuse !

« Maintenant, ma bien-aimée maman, que vous

partagez mon grand secret, je n'ai plus rien de caché pour vous. Vous savez le fond de mon cœur aussi bien, mieux peut-être, que je ne le sais moi-même. Ce matin, avec la permission du P. X... j'ai renouvelé mon vœu du 28 juin 1891. C'est du fond du cœur que je me suis donnée, livrée à Notre-Seigneur pour qu'il fasse de moi ce qu'il voudra. Demandez-lui avec moi de me rendre bien soumise à son adorable volonté, quelque pénible sacrifice qu'Il demande de moi. J'ai prié mon bon père de porter lui-même aux pieds de Jésus mon cœur et ma vie, lui demandant d'en disposer comme il l'entendra. « Je ne vivrai plus, c'est Jésus-Christ qui vivra en moi. »

5 juillet.

« Maman bien-aimée, puisque vous lirez seule ma lettre de l'autre jour, gardez-la si vous le désirez. Une fois que je serai partie, cela me sera égal, tout ce qu'on verra et dira de moi, mais d'ici là, tout est absolument entre nous. J'ai reçu avant-hier une lettre du P. X... Il est vraiment bien bon de prendre ainsi intérêt à la moindre de ses pénitentes. Sa lettre m'a fait grand bien. Il me dit d'avoir la piété *large*, que les grandes intentions de l'Église deviennent mes intentions. C'est à prier pour elle que je dois consacrer ma vie. »

26 juillet 1892.

« Hier la pensée de mon bien-aimé père ne m'a pas quittée. C'était sa fête à lui aussi, et n'avait-il pas la plus belle des fêtes au ciel ? Nous lui avons offert les fleurs de nos prières, bouquets parfumés, je l'espère, qu'il a pu déposer aux pieds de saint François qu'il aimait tant, ou de la sainte Vierge ou même de Dieu. N'est-ce pas bien touchant de penser à cela ?

« ... J'ai rêvé cette nuit que la robe écossaise rose, dont me parlait Catherine, était en coton-nade usée et que le chapeau « grand prix » s'at-tachait sous le menton par deux cordons. Cela m'a réveillée en sursaut! Vous voyez que je ne suis pas encore détachée des biens de la terre, et que cela me serait très désagréable de me montrer en public avec de vilains atours.

« Petite maman chérie, merci de votre chère lettre d'hier qui m'a fait grand bien. Je sens que mon caractère est un peu meilleur depuis quel-que temps, mais je ne m'y fie pas parce que ce n'est pas bien difficile d'être aimable seulement avec Gabrielle et les petits. Je ne crierai victoire qu'après une plus forte épreuve. Vous comprenez si nous souffrons de votre retard, mais nous acceptons la volonté de Dieu, et nous deman-dons que ce nouveau sacrifice soit profitable à notre petit Jacques. Que Dieu permette que nous nous revoyions enfin mercredi! Notre joie sera encore plus grande peut-être, en tous les cas nous aurons fait notre devoir et la sainte volonté du divin Maître, et nous pourrons jouir en paix du bonheur infini de nous retrouver ensemble, après une séparation tellement longue. Cinq semaines et demie, ma pauvre maman!... Mais comme tout cela sera oublié quand nous serons réunis. Il n'y a que le bon Dieu qui ne l'oubliera pas, j'espère bien, pour nous en récompenser un jour, selon le degré de résignation avec lequel nous aurons accepté sa sainte volonté. — Soyez bien tranquille à notre sujet maman bien-aimée. Nous sommes heureuses malgré tout, parce que nous sentons la main du Maître bien-aimé, et nous ne lui demandons que ce qu'il voudra. Qu'il est bon! »

Le Patys, 28 juillet 1892.

« ... Et moi, je suis encore une mauvaise fille; cela se voit moins au dehors, mais je m'en aperçois encore sans peine au dedans; je voudrais si bien me pénétrer de cette pensée que je suis la plus mauvaise des créatures! Mais c'est si difficile! Quand je me dis cela, je suis tout de suite très fière de mon humilité. Voilà un arrangement bizarre et très désolant. Oh! que c'est triste d'avoir tant à faire, tant à travailler intérieurement, et qu'on a de mal à rendre bonne cette mauvaise nature! Mais si je ne puis rien par moi-même, *omnia possum in eo qui me confortat!* Qu'il vienne donc à mon secours!

« Maman bien-aimée, je suis absolument rendue à l'avis de la mère Chaussée : « Quand on verra Madame on dira : la v'la! » Nous n'en pouvons plus de ne pas vous voir. J'irais à Paris sur la tête, si je pouvais vous en ramener tout de suite.

Enfin, quand vous serez là!!! Hier, nous avons eu un orage terrible, effrayant. On aurait dit assister à un exercice d'artillerie. Les coups faisaient le bruit d'un obus qui éclate, et nous nous attendions à tout moment à voir tomber la foudre. Moi surtout; jamais un orage ne m'avait fait si grand'peur, je n'ai fait que prier tout le temps; j'avais pourtant, je crois, la conscience tranquille. Mais, — cela a l'air plus que ridicule, — je croyais absolument mourir et je me suis aperçue que c'est très difficile de faire le sacrifice de sa vie, du moins, ce me l'a semblé! Ceci est pour vous, maman chérie, je n'ai point communiqué mes sentiments à mes *cohabitants,* d'autant plus qu'ils en auraient beaucoup ri, parce que l'orage était très fort, mais pas épouvantable! J'avais seulement les nerfs très excités. C'est peut-être que Dieu a voulu éprouver mon détachement de la vie...

« Adieu, maman chérie; priez bien pour moi. On me fait beaucoup de compliments; j'ai beaucoup de mal à empêcher tout le monde de penser tant de bien de moi. Ce qu'il y a de plus singulier, c'est que tous les compliments partent du fond du cœur. Ainsi hier soir, on a trouvé le moyen de prouver que j'étais très instruite. J'ai eu beaucoup de peine à démontrer le contraire. Grâce à Dieu, je ne me laisse pas prendre à de si belles phrases. »

A la fin de cette même année, elle écrit encore :

« Ma petite Thérèse chérie, maman m'a chargée

de t'écrire parce que je m'ennuyais, n'ayant pas un livre à lire, pas le moyen de jouer du piano, parce qu'il y a quatre notes de suite qui refusent tout service. Tu vois si c'est triste !

« ... Personne ne vient plus nous voir. Nous vivons comme des loups. Tout le monde semble avoir oublié qu'il y a un ravissant petit coin du monde qui s'appelle le Patys et, dans ce petit coin, les gens les plus charmants qui se puissent concevoir. Cela arrange bien les gens charmants, parce qu'ils ont beaucoup d'ouvrage et pas l'habitude de perdre leur temps.

« Les jours se suivent et se ressemblent. Travail, prières, récréations, tout est réglé comme dans un couvent ; nous menons une bonne vie de famille, bien calme, occupée et sanctifiante. Quels souvenirs nous en garderons, lorsque nous serons dans tous les coins de la France et dispersés à tous les vents !.. Le Patys est nu, les arbres n'ont plus de feuilles, mais c'est quand même charmant, et partout nous retrouvons la chère figure de mon père, qui a tant aimé ce petit coin de pays.

« ... Nous sommes pour le moment, Gabrielle, Catherine, Yvonne, Françoise, Michel et moi dans la bibliothèque. Le poêle ronfle délicieusement, chacun travaille dans son coin. Je ne dirai pas que nous sommes aussi tranquilles que dans nos chambres, mais quand on est nombreux, il faut bien apprendre à s'isoler au milieu de tout le monde. Michel épelle avec Catherine ; Françoise fait une dictée avec Gabrielle ; Yvonne coud en se racontant une histoire, et ton humble servante t'écrit. »

Nous avons encore d'elle à cette époque quelques résolutions, qui nous donnent le secret de son recueillement habituel et la source des nombreux efforts qu'elle faisait pour devenir parfaite. Elles portent comme titre :

In via vitæ non progredi regredi est.

15 octobre 1892.

« Je me lèverai très régulièrement toujours. Lorsque ma première pensée n'aura pas été pour Dieu, je m'en humilierai, y voyant une marque de mon peu d'amour. Je m'habillerai vite, évitant autant que possible de me regarder dans la glace. Je sais combien cela m'est mauvais. Sitôt prête, je ferai ma prière, quand même je ne pourrais en faire qu'une partie. Les jours où je dois communier, je penserai à mon bonheur depuis mon réveil jusqu'à la messe, excitant en moi des sentiments d'humilité, de foi et d'amour. Ce dernier sentiment doit dominer, mais sans me faire oublier mon néant et la grandeur de Dieu.

« Pendant la messe, je ne quitterai pas des yeux et de l'esprit le sacrifice qui se consomme sur l'autel, n'oubliant jamais au moment de la consécration de m'unir très intimement au Cœur de Jésus pour m'offrir avec Lui et devenir *victime* comme Lui ; depuis l'*Agnus Dei* je ne penserai plus qu'à la communion soit réelle, soit spiri-

tuelle, mettant tout mon cœur et toute mon attention à cette préparation.

« J'apporterai le plus grand soin à mon action
de grâces, qui ne devra jamais durer moins d'un
quart d'heure. C'est là que je puiserai la force et
la sainteté.

« Je ne perdrai la présence de Dieu dans aucune
de mes actions même les plus matérielles. Je ferai
beaucoup d'oraisons jaculatoires. A dix heures et
demie, je ferai ma méditation, y apportant un
grand soin ainsi qu'à la préparation et à l'examen.
Il sera bon aussi, avant le déjeuner, de faire l'examen de la matinée, examen que je recommence-
rai le soir pour l'après-midi. Dans presque tous
mes repas je me priverai de quelque chose, ayant
grand soin que cela ne soit pas remarqué. Je
tâcherai aussi de m'imposer beaucoup de mortifications spirituelles qui sont les plus dures. Je
dirai mon chapelet avec beaucoup de recueillement et quelquefois à genoux. Ma grande préoccu-
pation doit être de ne *jamais perdre mon temps*.
Je ferai mes prières avec la plus grande attention,
tant celles de toutes les heures que celles du
matin et du soir.

« En chemin de fer, je ne rougirai jamais de dire
mon chapelet ou de faire mon signe de croix.
C'est là que Notre-Seigneur verra la preuve de ma
fidélité et de mon attachement. Il sait que cela
m'est très dur. En passant devant une église je
me transporterai au pied du tabernacle, produi-
sant un acte fervent d'amour de Dieu.

« Mes armes seront la prière et la mortification,

« Mon amour un Dieu crucifié,

« Ma force et ma joie la sainte communion,

« Mon heure préférée celle de la sainte messe,

« Ma devise : *Nihil sum*,

« Mon but enfin : le ciel ! »

On nous permettra de faire remarquer combien sont pratiques et étudiées les résolutions de cette enfant de quinze ans, combien elles sont loin d'un enthousiasme passager, et quelle science de la mortification intérieure elles révèlent déjà ! Sans doute, ni dans les notes citées plus haut, ni dans ces dernières lignes on ne rencontre l'extraordinaire et l'héroïque ; Marie-Anne ne devait y atteindre que plus tard et dans une mesure que Dieu seul connaît, parce qu'elle fut très cachée, mais ce qui éclate dans cette âme d'enfant, c'est la bonne volonté de profiter des moindres fautes, l'ardeur de l'amour pour aspirer très haut et obtenir des dons supérieurs. Toutes les jeunes filles peuvent faire ce que Marie-Anne faisait à quinze ans. Elle priait, elle se mortifiait, elle était attentive à réprimer ses défauts, elle étudiait et tenait sa place, parmi les autres, à la maison maternelle ; qu'y avait-il là de singulier et qui pût attirer le regard ? Rien assurément, pour des yeux humains, mais ceux des anges voyaient une pureté parfaite, une vraie humilité, une piété ardente et tendre, et l'obscur labeur quotidien. Ce sont ces vertus si simples que Dieu devait bénir et élever très haut.

IV

Il était impossible que Dieu refusât à l'âme de
Marie-Anne le trésor caché dans la souffrance.
Sans doute, il l'avait déjà éprouvée par des sépa-
rations cruelles, mais, aux cœurs très profonds,
il faut aussi des douleurs très profondes. Il y en a
qui ne sont point appréciables à l'extérieur, qui
n'atteignent pas seulement nos affections naturelles, mais qui détachent violemment des jouissances surnaturelles elles-mêmes et surtout de la
continuelle renaissance de la personnalité propre.
Ces épreuves cachées, infiniment délicates, réser-
vées aux seules âmes que Dieu veut élever très
haut, il faut les traverser pour arriver à la pureté
de l'amour. Elles sont incompréhensibles à ceux
qui ne les connaissent pas : Pierre, Jacques et
Jean étaient seuls à Gethsémani près de Jésus
agonisant. Mais quelque étranges qu'elles parais-
sent, elles existent et elles purifient.

Marie-Anne commença donc l'apprentissage de
ce dépouillement du « moi » humain. Elle sentait
en elle-même ce malaise inévitable d'une âme
appelée à la vie religieuse, y aspirant de toutes
ses forces, et obligée de rester encore quelques
années dans le monde, où, malgré le milieu très
particulièrement chrétien dans lequel elle vivait,
tout lui était comme étranger. Et qu'on ne dise

pas que cette souffrance était ingratitude ou exaltation. Les âmes les plus dévouées, — quelquefois jusqu'à l'héroïsme d'une vie entière sacrifiée, — les âmes les plus fortes et les plus calmes ont passé par ce martyre. Il dégage de tout alliage impur l'intime du cœur qui ne doit s'attacher qu'à Dieu ; il remplit d'amertume toute occupation, toute conversation, toute affection qui n'est pas Dieu ou pour Dieu, il répand les ténèbres, afin que, de cette obscurité salutaire, l'âme monte vers la « vraie lumière, qui éclaire tout homme venant en ce monde ».

Marie-Anne avait encore à se faire violence pour sortir d'elle-même et pour ne pas succomber à la tentation, commune aux débutants dans les voies spirituelles, de se renfermer dans la délicieuse intimité de leur vie intérieure, sans s'occuper du bien à faire autour de soi. Il fallait qu'elle apprît à ses dépens que les âmes appelées le sont pour les autres comme pour elles-mêmes, et que la vocation consiste autant peut-être à donner Jésus qu'à le recevoir. On aura remarqué sans doute l'attrait qui la poussait à s'offrir à Notre-Seigneur au moment de la consécration pour devenir *victime* avec Lui. Cet attrait de grâce qui devait aller si loin — et plus loin qu'elle ne le croyait elle-même, — devait commencer par l'immolation des goûts et des sentiments naturels.

Enfin elle avait à apprendre que le poids le plus lourd qu'on ait à porter, c'est soi-même, sans que jamais on en soit déchargé. S'habituer à sa misère, bien constatée, arriver à s'en réjouir, école sublime où était passé maître celui qui disait avec une simplicité admirable : « Mon Dieu, je vous remercie de n'être rien devant vous [1] . »

Marie-Anne écrivait pour elle-même les notes suivantes :

Nihil sum!

14 janvier 1893.

« Je ne sais pas trop ce que je suis, ni ce que je fais, ni ce que je dois faire. Je ne vois pas clair, rien ne se montre à moi sous un jour absolument véritable, et tout est brumeux autour de mon âme. Je crois, sans en être sûre, que cela vient d'un grand fond d'orgueil qui m'aveugle sur moi-même et m'empêche de voir Dieu.

« Je me sens seule, livrée à moi-même, sans guide véritable. Et pourtant j'ai des guides sûrs, mais je ne les sens pas. Souvent je ne sais pas si ce que je fais est bien ou mal, si cela serait mieux de faire ceci ou cela, si je suis bonne ou mauvaise... Je souffre de cette disposition à l'indécision ; je souffre de cette difficulté à voir nettement les choses. Où en suis-je ? je ne le sais pas mieux qu'où je vais. Que faire ? je n'en sais rien.

« Là où on me dit que j'ai eu tort, je n'ai pas cru faire mal, et je prends pour de grosses fautes ce qui en réalité n'est que peu de chose. Où est le remède à cet aveuglement ? Où trouver un moyen

---

1. Prière du général de Sonis.

de voir ? Je suis molle, je suis une âme faible, je le sais, mais où est le secret de ma force ?

« Est-ce dans le lever régulier du matin, le règlement et la régularité de la journée, la mortification générale de la légèreté de mon esprit ? Est-ce dans une longue oraison, de nombreuses prières vocales, des aspirations incessantes à Dieu ? Est-ce dans la mortification de mon orgueil ? dans l'amour de ceux qui m'entourent et dans la recherche de ce qui peut leur être agréable ? Est-ce dans une grande douceur ? dans la recherche de la paix ? Est-ce dans la vie commune ou dans la vie retirée le plus possible ? Est-ce dans la générosité, le dévouement ? — Mon Dieu, c'est partout, c'est en tout ce qui est bien. En un mot, je crois pouvoir le résumer, c'est dans l'amour de Jésus. Mais cet amour lui-même, comment l'acquérir ? je ne sais pas. Le seul moyen que je vois un peu vrai, c'est la mortification de tout ce qui me plaît, la soumission de mes sens à la volonté et la soumission de cette volonté même à celle de Jésus. Mais comment en arriver là ?

« Soumission des sens. Qu'est-ce que j'entends par là ? je veux dire plutôt la soumission de la chair, la chair qui demande le lever irrégulier du matin, la toilette négligée par ennui, l'inattention dans la prière par mollesse, le soin de la nourriture, le travail intermittent, le désir du bien-être ; la chair qui se révolte et veut s'élever, qui demande à être admirée, entourée, qui se regimbe contre toute humiliation, contre toute vérité qui l'offense ; la chair qui méprise, qui humilie pour s'élever, qui néglige le bien des autres, qui se recherche en tout, qui ne voit qu'elle, qui vit d'elle-même. Oh ! chair coupable et misérable ! C'est toi qu'il faut vaincre ! »

Courageusement, Marie-Anne essayait de sortir de cet état pénible, elle demandait aide et secours à Celui qui lui était tout, et, croyant l'entendre répondre à son appel, elle se trace ce programme :

Sous le regard de Jésus

31 janvier 1893.

« Voilà ce que mon Jésus me dicte comme plan de perfection :

« 1° Accepter les épreuves sans murmure, sans abattement, ne me compter pour rien alors et me remonter, être gaie pour remonter les autres. Qu'importe qu'on dise : Marie-Anne n'a pas de cœur ! Jésus verra bien que celui qu'il m'a donné est brisé au-dedans de moi-même, et puisqu'il Lui plaît que je ne le montre pas, qu'est-ce que cela fait qu'on se trompe sur mes sentiments ? — Je dois toujours prendre plus grand soin de l'inté-rieur que de l'extérieur, parce que l'intérieur c'est Jésus, et l'extérieur ce ne sont que ses pauvres créatures. Quand Jésus sera vraiment au dedans de moi, ne se montrera-t-il pas assez au dehors ? Donc, gaîté dans les épreuves, sourire aux affli-gés, quand même je suis brisée moi-même.

« 2° *Être impersonnelle.* — Que suis-je ? Qu'est-ce qu'une enfant de quinze, seize ans dans une famille, quand elle ne vit que pour elle-même ? Or, je ne vis que pour moi-même, j'en rougis, et pourtant, c'est si vrai ! Il faut ne me compter pour rien, absolument rien, ne jamais rien demander, même de raisonnable, quand il ne s'agit que de mon bien-être, de mon plaisir. Quand on me propose quelque chose, me taire : mes sœurs valent mieux que moi, il vaut mieux qu'elles reçoivent que moi. Quand on demande qui veut venir, qui veut cela, chercher à faire partir mes sœurs, à leur faire donner, à les faire s'amuser. Quand c'est quelque chose de désagréable, alors me proposer, sans éclat puisque je dois être impersonnelle, mais avec insistance, comme si cela m'amusait. Alors, passer vivement par dessus mes sentiments, mes préférences qui se révoltent, et voir derrière cet acte ennuyeux Jésus qui sourit et attend. — Dans les discussions, ne pas donner mon avis quand c'est inutile au bien. Qu'est-ce que je suis donc ? Pauvre paille légère !... Est-ce que je dois compter, voyons ? — Être impersonnelle... Ne jamais demander mieux, ne jamais me plaindre... Oh ! je sais bien que c'est difficile, mais Jésus sourit derrière tout cela ; m'excuser le moins possible, répondre doucement.

« 3° Refuser à mon corps tout ce qui ne lui est qu'agréable sans lui être utile : manger entre les repas, rechercher les bonnes choses, rester au lit plus longtemps, rester assise pendant les prières, manquer une réunion pieuse ou une visite à l'église, par crainte du froid, de la pluie, etc...

Comme je ne suis rien dans la maison, c'est toujours à moi que doivent revenir les mauvaises choses, les ennuis, les désagréments. C'est moi qui dois me priver quand les autres seraient obligés de le faire sans moi.

« 4° *Me donner à ceux qui m'entourent.* — Je suis la chose de Jésus, et par conséquent la chose, le bien de mon prochain. Je dois me donner, me dépenser, être toujours là quand il s'agit de faire plaisir, d'éviter une contrariété, un ennui. Prendre sur moi autant que possible les désagréments, tout ce dont je peux décharger les autres. Oh ! je sais que c'est dur ! Mais quand j'arriverai à Jésus, toute courbée sous mon fardeau, il se hâtera de venir à mon secours lui-même, de me décharger, de me prêter son aide divine. Oh ! alors... — Éviter tout ce qui sent l'exception, la faveur... Je me dois à tous. Un mot, un sourire, une phrase aimable, affectueuse... c'est souvent dur, mais cela peut faire tant de bien ! Ne compter pour rien mon intérêt, mon profit. C'est celui de Jésus que je dois chercher, puisque je suis sa chose. En tout donc, être le sourire du bon Dieu !

« 5° *Aimer l'âme de mon prochain.* L'aimer d'un amour surnaturel, presque infini. Aimer l'âme de mes frères, de mes sœurs, de mes amies, de tous. Faire du bien. Oh ! là encore, il ne faut se compter pour rien ! Qu'importe de s'abaisser, si c'est pour faire du bien à une âme ? N'est-ce pas plutôt s'élever aux yeux de Jésus ? Éviter une parole dure, impatiente, hautaine. O pauvre rien, comment oses-tu t'élever ? — Chercher à découvrir les penchants, les attraits d'une âme, pour l'attirer par là à Jésus. Pour cela ne jamais penser à moi, toujours aux autres ; passer par-dessus les défauts physiques, les imperfections même, voir l'âme rachetée par le sang de Jésus seulement. Prier pour tout le monde.

6° « Enfin, ne jamais laisser troubler la paix de mon âme. Épreuves, ennuis, désagréments, tout cela doit me laisser calme, comme un miroir qui reflète toujours Jésus. Après une faute, lever les yeux sur le Maître et dire : « O Maître, vous voyez encore combien je suis faible et combien j'ai besoin de vous ! Pardon ! Je vous aime par dessus toutes choses. » Alors rester en paix, m'appliquer à être plus sainte et à éviter de plus en plus le péché véniel. Aller doucement à la communion, à la confession, à la méditation, doucement à tout ce qui m'ennuie, parler doucement, paisiblement, agir en paix… toujours, en tout, au-dessus de tout, voir Jésus. »

Mais en dépit de ses efforts, Notre-Seigneur, qui la voulait très pure, continuait à la faire souffrir. Il immolait en elle, avec l'ineffable sévérité dont nous le bénirons au ciel, le désir trop vif de se sentir aimée et soutenue par lui-même. Il la laissait le chercher, content de sa persévérance, de sa générosité, de son chagrin même. Il lui laissait constater par une expérience jamais trop longue, — car elle est si vite oubliée, — que sans

la lumière de la grâce, le cœur se meut dans les
ténèbres, incapable de discerner le bien du mal.
Il lui réservait aussi le mérite très grand et très
humiliant de dévoiler sa souffrance intime pour
en demander le remède ; car lorsque le ciel se
tait, il faut bien recourir aux voix humaines qui
doivent parler pour Dieu, et Marie-Anne, non
sans effort, mais avec une simplicité courageuse,
se tourna vers sa mère. Elle employa le moyen
qu'elle aimait : écrire. Et un soir, timidement,
elle déposa dans la chambre de Mme Hervé-Bazin
la lettre qu'on va lire :

Le Palys, 30 avril 1893, dimanche.

« Ma pauvre maman chérie, vous m'avez demandé le fond de mon cœur. Hélas ! qu'est-ce que
c'est que le fond de mon cœur ? Je n'y comprends
rien moi-même. C'est un désordre affreux, un
mélange désolant, un hallier dans lequel je redoute
de chercher. Il y a là un orgueil insensé, beaucoup de lâcheté, beaucoup d'égoïsme, beaucoup
d'amour-propre et une quantité de tristes choses
encore. Que faire avec cela ? De quel côté me tourner ? Qu'est-ce qui me délivrera de moi-même ?
Ah ! je ne sais plus comment lutter, plus que faire,
et devant l'insuccès de tout ce que je fais, je suis
souvent tentée d'abandonner les armes. Que voulez-vous que je fasse, ma pauvre maman, de quelque chose d'aussi mauvais ? Ne faudrait-il pas un
grand saint pour en faire quelque chose de bon ?
Il faudrait au moins quelqu'un qui eût plus de

courage et de force que moi, quelqu'un qui sache lutter, qui ne se rebutât pas, mais moi ! Je vous l'avoue, maman chérie, je ne peux plus rien faire, parce que je suis presque découragée et désespérée. C'est la plus forte et la plus perfide des tentations, je le sais, mais comment la surmonter, quand on a devant les yeux un caractère comme le mien ? Oui, encore une fois, que voulez-vous que j'en fasse et quels sont les moyens d'action ?

« Comprenez-vous, maman chérie, qu'avec cela je ne puis rien faire de bon pour Yvonne ? Ayant devant les yeux cette pensée continuelle de lassitude et de découragement, je n'ose pas songer à entreprendre une œuvre si difficile et qui demande tant de vertu. Voilà le premier de mes obstacles et celui dont je souffre le plus.

« Ensuite, je vous le dis enfin ouvertement, ma chère maman, *je ne sais pas que faire*. Je n'ai pas la moindre idée de la façon dont il faut m'y prendre. Je ne vois ni le but, ni les moyens d'y parvenir. Tant que je n'aurai pas devant les yeux mon devoir clair et net, je ne pourrai rien faire, je le sens. Je ne puis pas me mettre à l'œuvre sans savoir ce que j'ai à faire ; or, je ne sais même pas ce qu'il faudrait à Yvonne ; je ne l'ai jamais compris et j'ai eu beau tâtonner, je n'ai réussi à rien. — Si vous pouviez, maman chérie, me tracer un tableau bien clair du but à atteindre et des moyens à prendre, je vous promets que je ferais ce que je pourrais pour me mettre à l'œuvre de grand cœur.

« En vous donnant ces deux raisons de mon inaction à peu près complète, je n'entends pas m'excuser d'avoir fait si peu. Je sais très bien qu'avec du courage j'aurais pu faire davantage, et je suis très convaincue que je ne suis qu'une orgueilleuse, lâche et molle, bonne à fouler aux pieds, à écraser dans la poussière. Je vous soumets seulement mes difficultés, dont la première me fait souffrir et la seconde me lie les mains. J'espère votre aide et je vous la demande avec instance, car j'en ai grand besoin.

« Ah! ma pauvre maman, que je suis triste! Au milieu même de mes heures les plus gaies, lorsque je ris avec mes sœurs, je suis mortellement désolée et je n'ai presque point de repos. Mes communions seules me reposent, et encore bien souvent y suis-je brisée, lorsque Notre-Seigneur me montre clairement combien je l'aime peu. Ah! qui me fera sortir de cet état, et qui donnera la paix à mon âme? La paix, je le sais, je la trouverai dans la sainteté, dans l'amour ardent et agissant. Mais comment en arriver là? Encore une fois, que faut-il faire?

« Pardon, maman chérie, de vous montrer les sombres profondeurs d'une âme aussi détestable. Je ne vous l'aurais jamais dit, j'en suis absolument incapable, mais là, seule en face de moi-même, j'ai laissé déborder mon cœur comprimé et malheureux.

« Dans une existence que tout le monde pourrait envier, ici où tout est joie et grâce, je ne puis pas être satisfaite. Je ne regrette rien, je ne désire rien, et pourtant je suis désolée. Je suis comblée de grâces, j'ai tout ce que je pourrais souhaiter, pourquoi suis-je si triste ?

« Ah ! je vous en conjure, ma pauvre maman, sauvez-moi ! donnez-moi le moyen de devenir une sainte, de plaire à Notre-Seigneur, de vous plaire à tous. J'accepte tout pour plaire au bon Dieu, et si vous voulez me montrer bien mon chemin, je crois que rien ne me semblera difficile.

« Je suis résolue à me mettre à l'œuvre, attendant tout, absolument tout, de la grâce de Notre-Seigneur qui seule peut agir en moi. Je veux bien ne plus regarder ma lassitude, mon dégoût, je veux bien fouler aux pieds tout ce qu'il y a de mal en moi.

« Dites-moi donc, maman chérie, ce qu'il y a à faire pour Yvonne et ce qu'il y a à faire pour moi. J'ai besoin d'être remontée et mise dans la voie droite ; après cela, je tâcherai de marcher vaillamment.

« Je voulais aussi vous demander pardon de ne pas savoir mieux causer avec vous. Que vous dire, sinon : je veux bien tout faire, mais je suis désolée je ne vaux rien, je ne peux rien faire de bien ? Hélas ! c'est tout moi-même et n'est-ce pas bien triste ? Je me fais si grande honte, quand je me regarde auprès de mon père bien-aimé, de vous, maman chérie, et de mes chères grandes sœurs !

« Notre-Seigneur peut tout, c'est sur lui que je compte. Me rendre sainte est une œuvre digne de lui. Bénissez-moi donc, ma bien-aimée maman, en son nom et en celui de notre cher père, pour qu'enfin je change de conduite. »

Celle à qui Marie-Anne s'adressait avec une si filiale confiance, n'eut pas de peine à lui montrer que les souffrances qu'elle endurait étaient une épreuve qu'elle devait supporter patiemment, et aussi une école qui lui apprendrait la sainteté. Conduisant, de concert avec le confesseur de sa fille, cette âme d'élite vers la perfection, Mme Hervé-Bazin appliqua Marie-Anne de plus en plus aux travaux de la maison et au soin de ses frères et sœurs. On la chargea de l'entretien de la chapelle, charge très douce à son cœur, et conforme à ses goûts naturels aussi bien qu'aux désirs de son âme. Une partie de ses journées se passait à ce travail, à renouveler les fleurs qui ornaient le petit sanctuaire, et même à réparer certains endroits où la peinture des murs était détériorée par l'humidité. Elle peignait, du reste, avec beaucoup de charme, surtout les choses fines et gracieuses. Puis elle rentrait dans sa chambre qu'elle avait ornée, à sa manière, de tous les souvenirs de famille qu'elle avait pu découvrir. Les murs en étaient couverts, et au milieu de tout cela, comme il lui fallait mettre partout la marque de son divin amour, elle avait placé une couronne d'épines tressée par elle et qui lui avait semblé rappeler le mieux possible celle que porta Jésus. Ainsi l'image de son Dieu et des souffrances de la Passion, les portraits des siens, les reliques du

passé et les emblèmes des convictions catholiques et royalistes de son pays tel était le cadre
qu'elle avait fait à sa vie de jeune fille, dans le
calme du Patys. Elle s'occupait ensuite de l'éducation des plus jeunes parmi ses frères et sœurs.
Quoiqu'elle les aimât tendrement, c'était pour
elle un effort, comme tout ce qui la sortait de
sa pensée continuelle et de son silencieux travail.
Elle avait à soutenir de vraies luttes avec elle-
même pour causer, travailler en commun, s'occuper des autres. Qui le dirait, à lire ce qu'elle
écrivait, soit à son amie, soit à ses sœurs, soit
à d'autres ? Ses lettres nous montrent ce qu'était
sa conversation, spirituelle, gaie, intelligente
et surtout pieuse. Elle ne pouvait parler ni écrire
longtemps sans que le souvenir de Dieu ne lui
vînt, et elle parlait de lui si aimablement que
cela semblait tout naturel. Voici en quels termes
elle demandait à se charger de sa petite sœur
Françoise :

« Maman chérie,

« L'autre jour, quand nous parlions d'institu-
trices et d'éducation, vous avez dit que les motifs
qui empêchaient mes sœurs de s'occuper de l'instruction des enfants, c'étaient leurs autres charges.
Mais moi, maman chérie, moi qui suis en même
temps la plus forte et la plus inutile de la maison,
je me suis dit tout à coup : Ne suis-je pas aussi
leur sœur aînée, n'est-ce pas mon devoir de faire

ce que ne peuvent pas faire pour nos petites sœurs Gabrielle et Catherine? Et, croyant que cette pensée venait de Dieu, j'y ai réfléchi, j'ai prié, et je viens vous demander, chère petite maman, de me laisser me charger de l'éducation de Françoise, au moins pendant les quelques mois qui nous séparent de notre retour à Angers, à titre d'essai si vous le voulez. Ce n'est pas une résolution prise à la légère, j'ai pesé toutes les charges et tous les ennuis que me vaudra cette occupation ; une vertu que je suis bien loin de posséder serait nécessaire, aussi, bien des fois ai-je arrêté sur mes lèvres la demande que je vous fais aujourd'hui. Mais je crois que c'est la volonté du Seigneur, que la position dépendante où je me mettrai lui plaira, et qu'il ne me refusera pas sa grâce. Je ne me sens ni assez d'autorité ni surtout assez de science pour vous demander de m'occuper d'Yvonne ; mais je me crois assez instruite pour faire travailler Françoise, au moins encore pendant quelque temps, et pouvoir même, si vous le jugez à propos, ma chère maman, lui faire commencer à étudier le piano et l'anglais. Peut-être serai-je forcément obligée de laisser un peu mes propres études. Mais sera-ce les négliger que de revoir avec Françoise ce que j'ai déjà un peu oublié? Et puis, quelque sérieusement que je me donne à cette instruction, il me restera toujours un peu de temps à moi, que je donnerai à mon propre travail, dussé-je même abréger le temps de mes récréations. Le grand obstacle, je ne le sais que trop, ma pauvre maman chérie, c'est le manque complet des vertus absolument nécessaires. Je crains que vous ne puissiez et n'osiez pas compter sur ma persévérance et sur mon véritable dévouement... Que vous répondre, sinon que Notre-Seigneur peut tout et que c'est pour lui que j'entreprends ce travail ? Je tremble, maman chérie, mais j'espère ; je prends la ferme résolution de faire ce que je pourrai, et si je succombe un jour, je ferai en sorte que le jour suivant soit mille fois meilleur que les précédents. Je voudrais, par exemple, que le travail de Françoise fût vraiment un travail sérieux et capable de lui faire faire des progrès. Autant que sa santé le permettra, je désirerais que ce travail fût réglé et régulier : nous avons besoin toutes les deux de prendre l'habitude de l'exactitude. Quant à l'autorité que je voudrais avoir, nous en reparlerons si vous voulez, maman chérie, quand vous aurez accueilli ma demande. La raison de santé ne peut être un obstacle pour moi. Les jours où je souffre vraiment trop pour travailler sont rares, grâce à Dieu ! Je pourrai donc librement me donner, sans crainte et sans arrêt ! — Encore une fois, maman chérie, ce n'est pas un désir enthousiaste que je vous soumets : j'ai réfléchi et prié, car je sens vivement les difficultés que j'aurai à vaincre pour arriver à un bon résultat. Ma résolution est donc prise, avec calme et sans exaltation : je tiens trop à ce qu'elle soit durable pour l'appuyer sur autre chose que l'amour de Notre-Seigneur. — J'attends votre réponse, maman chérie, me soumettant d'avance avec joie à tout ce que vous voudrez et ordonnerez. Vive Jésus seulement et que tout se fasse par lui ! »

Éloignée du Patys, elle écrit à Catherine :

« Ma chérie, merci de ta grande lettre qui nous a bien amusés. Moi aussi, ma chère petite sœur, je sens vivement le vide que me cause ton absence et je voudrais bien t'avoir près de moi ! Mais puisque Notre-Seigneur le veut autrement, adorons sa sainte volonté et faisons vaillamment notre sacrifice. Nous nous retrouverons bientôt, du reste, et ces deux mois de séparation seront vite oubliés, excepté par notre bon ange qui nous les comptera double, j'espère. Ce matin, nous avons eu des malheurs considérables. Figure-toi qu'à huit heures moins dix, nous partons tous les trois, *piano* mais *sano*, pour saint Patrice. Comme nous arrivions à l'église, huit heures sonnaient à toutes les horloges de la ville. Nous entrons : l'offertoire commençait ! — Jacques, si ferré sur l'heure exacte, pousse une exclamation qui fait retourner toute l'assistance. En réalité, beaucoup de personnes arrivaient en même temps que nous et par conséquent manquaient la messe de concert. Enfin, nous nous installons quand même. Passe la chaisière. Jacques l'appelle, et la tirant par le coude : « Vous allez dire au sacristain qu'il est ridicule, que sa pendule avance de plus de cinq minutes, que tout le monde manque la messe et qu'on n'a pas idée d'être inexact à ce point-là. Vous entendez ? » La pauvre femme ébahie, promet tout ce que Jacques veut, quitte à adoucir les expressions, et nous finissons d'entendre notre messe manquée. Puis nous sortons. A la porte, nous trouvons une pauvre vieille qui est toujours là pour demander l'aumône. Jacques recommence son petit speech : « Vous allez dire au sacristain... etc. » La bonne femme s'indigne avec nous contre le sacristain, promet de lui faire la commission, et nous nous rendons chez le pâtissier pour y manger un gâteau avant de retourner à la messe de neuf heures. Sur notre chemin, nous rencontrons la femme du sacristain. Jacques ne veut pas la manquer celle-là ! Nous l'arrêtons et recommençons pour la troisième fois notre petit discours, en l'accentuant. « Monsieur, nous dit tranquillement la sacristine, c'est le Père de M. qui arrange l'horloge, vous ne pouvez vous en prendre qu'à lui ! » C'était le comble. Le Père de M. nous faisant manquer la messe ! Jacques jure ses grands dieux qu'il ne l'emportera pas en paradis, et que non seulement il lui fera retarder la pendule, mais encore payer les 2 fr. 15 que nous a coûté notre déjeuner.

« ... Merci des ravissantes violettes ; elles m'ont parfumée toute la journée. Comme je tirais mon chapelet de sa gaine de cuir, je l'ai trouvé tout embaumé. Tu comprends que j'ai tout d'abord pensé que c'était le parfum de mes vertus... Ah ! bien oui, — c'étaient les violettes du Patys ! — Au revoir, ma chérie, tendresses à tous.

« Je voudrais bien chanter avec vous à la mission. Moi qui espérais si bien m'y convertir, me voilà au contraire plongée dans le monde. Convertissez-vous bien toutes au moins, et priez pour votre pauvre sœur, afin qu'elle trouve ici les grâces qui l'auraient convertie là-bas. — Qu'est-ce qui s'occupe de *ma* sacristie ? Soignez-moi-la bien, je serai si contente de la retrouver. — Cela m'amusera beaucoup de lire la lettre de X***. Je promets d'être charitable, quoique, comme Gabrielle le dit si bien, je ne sois pas convertie. Vous aurez bien besoin de me chanter : « A la mort, à la mort ! » quand je reviendrai... »

5 octobre 1893.

« Eh ! bien, ma bonne petite sœur, devenons-nous une sainte ? Saint François vous donne-t-il déjà quelque affection pour madame la Pauvreté ? — Allez-vous vous en aller instruire nos frères les petits oiseaux et les exhorter à chanter les louanges de Dieu ? — Ne crains rien, je ne vais pas te faire de sermon, malgré que je te trouve bien heureuse d'avoir été jugée digne de faire partie du tiers-ordre et je veux seulement t'exprimer ma joie de te voir entrer d'une façon plus particulière au service de Notre-Seigneur. Prie pour que j'y entre vaillamment moi aussi.

« Au revoir, ma chérie. Souviens-toi que j'ai mal aux dents, c'est nécessaire. Je t'embrasse de tout mon cœur, et te charge de toutes mes commissions pour tout le monde. Embrasse ma chère maman comme je t'embrasse et crois-moi toujours, dans le mal de dents comme partout,

« Ta fidèle,

« Marie-Anne. »

A Mlle de X...

3 avril 1893.

« Où est déjà le temps de notre retraite bénie, où nous étions si heureuses aux pieds de Notre-Seigneur ? Oh ! que je regrette de n'y pas être encore !... je m'aperçois de jour en jour davantage qu'il est beaucoup plus facile de prendre de belles résolutions que de les bien tenir, et je frémis en pensant au travail que j'ai à faire. Priez pour moi, je compte là-dessus pour devenir sainte.

« ... Je voudrais offrir mon inaltérable santé à tant de gens qui l'emploieraient si bien ! Cela fait mon désespoir de penser que des forces si résistantes ne servent à rien pour la gloire de Dieu !... Voulez-vous que nous changions ? Je prendrai sur moi vos misères, je vous donnerai... Hélas ! Dieu ne l'a pas jugé ainsi ; ses vues ne sont pas les nôtres, et il ne nous reste à tous, quel que soit notre état, qu'à bénir et remercier Dieu, sans demander de changement. — Le seul changement qu'il faut obtenir est que la pauvre Marie-Anne devienne une sainte ; alors, elle opérera des merveilles... Le temps où je serai une sainte est si loin, oh ! si loin !... Pourvu que cela ne soit pas les insaisissables « pays bleus ».

19 juin 1893.

« ... Quant à moi, je ne deviens pas grand chose de bon ; mes progrès dans les saintes voies de la perfection sont d'une lenteur désespérante. — Je suis absolument comme un lâche soldat qui, tout fier et plein d'audace pendant la paix, tourne bride et fuit au plus vite, dès qu'il voit le feu. — C'est triste à dire, mais je sens bien que c'est très vrai. »

10 juillet 1893.

« Oui, j'ai confiance, non pas en moi qui ne puis rien, mais en Celui qui me fortifie. Il fera ce que je ne sais pas faire par moi-même ; avec le tabernacle, avec la communion, il ne faut pas désespérer que même *moi* je devienne *une sainte*. Mais que d'efforts d'ici-là ! et combien j'ai besoin du secours de la grâce. — Ah ! oui, aimons, aimons ! Aimons au-dessus de tout, aimons malgré tout notre divin Maître Jésus, c'est la vie du ciel que nous goûterons ainsi sur la terre. »

A sa mère, à propos d'un déplacement nécessité par une mission de dévouement.

« La grande pensée qui domine tout et qui m'attire est celle du dévouement à exercer. Je sais que je serai absolument obligée de sortir de moi-même, de me donner, livrer entièrement sans songer à moi. Par nature, cela m'est bien dur, mais je veux y voir la grâce de Dieu qui est assez bon pour m'envoyer une telle occasion de pratiquer vraiment ce que j'admire. Voilà le moment de sortir de moi-même, d'oublier mes penchants, mes goûts, mes désirs, et si Notre-Seigneur est plus sensiblement à moi dans le calme de mon Patys, je sais qu'il le sera plus réellement dans la vie dévouée que j'aurai à mener là-bas.

« ... Il me faudra être toujours gaie, redoubler encore de gaîté quand tout le monde sera triste et que j'aurai moi-même grande envie de l'être, consoler X..., l'entourer, la soigner, la distraire, la soutenir. J'en suis ravie parce qu'au moins *Marie-Anne* va être obligée de disparaître, pour faire place à quelque chose de meilleur. Et puis, j'aurai tant de bien à faire autour de moi ! Je ne sais pas trop comment j'y arriverai, car je m'en sens bien incapable, mais je prendrai pour cela tous les moyens nécessaires ; puisqu'il est entendu que je ne dois plus compter, rien ne me sera dur.

« Enfin, je désire seulement la volonté du bon Dieu. De toutes façons je serai heureuse si je fais ce que Dieu demande de moi. Je ne cherche ni mon plaisir, ni ma satisfaction, mais la sainteté et je désire accepter de grand cœur tout ce qui m'y conduira, *ad majorem Dei gloriam !*

« ... Je vous assure, maman bien-aimée, que dans toutes mes lettres, je vous dis, ou du moins je suis persuadée que je vous dis le fond de mon cœur et de mes pensées. Je cause avec vous comme je causerais avec moi-même. La vérité, je vous assure, est que je suis gaie, calme, en paix. Si j'ai eu un ou deux petits accès de faiblesse, je m'en suis bien repentie. Quelquefois je manque d'entrain lorsque je me trouve dans le salon, et je ne puis résister au désir de me plonger dans un livre ; mais en dehors de là, je tâche d'être gaie et de rire, même à propos de choses qui ne m'amusent pas du tout.

« Je suis très reconnaissante à X... de penser à moi et de me désirer. Je ne mérite certes pas tant d'attentions, et j'ai peur de revenir maintenant que tout le monde a eu le temps d'oublier ma scélératesse. Je fais, hélas ! peu de progrès en vertu, moins même que je n'espérais en faire. J'en suis désolée et bien confuse, parce que Notre-Seigneur me fait, au contraire, beaucoup de grâces. Mais je voudrais bâtir tout sur l'humilité, et je ne trouve pas le moindre moyen d'acquérir cette vertu. Comment faire ?

« ... Je veux être charitable comme vous me le recommandiez si bien, maman chérie. Je m'aperçois de plus en plus, que c'est une bien belle chose que la charité. Je crois, en effet, que le meilleur moyen de le devenir serait de vivre quelque temps avec des gens qui ne le sont pas tout à fait ; cette manière de diminuer toujours le mérite des autres et de tout blâmer me fait horreur, et me porte immédiatement à prendre le contre-pied et à dire du bien de tout le monde. Comme j'ai justement un caractère légèrement contredisant !... Enfin, il y a encore bien à faire, ou pour mieux dire rien n'est fait. Je me recommande aux prières de tout le monde et spécialement de Monsieur l'abbé.

« ... Si vous voulez savoir le fond de mon
cœur et de mes sentiments, le voilà, maman
chérie. Vraiment je ne suis pas triste, ni malheureuse. Je ne désire absolument que ce que le bon
Dieu veut ; (je vous confie cela parce que c'est
tout à fait entre nous) ; s il lui plaît de me faire
rester ici plus longtemps que je ne m'y attends,
je crois que je l'accepterai sans me plaindre,
comme aussi je reviendrai vers vous avec une
grande joie ! Mon meilleur moment, c'est la messe
du matin, où, heureusement, nous passons très
longtemps. Hier nous sommes allés à la cathédrale
où nous avons eu les vêpres de la sainte Vierge
et un beau salut en musique. J'étais ravie. Il faut
bien que je trouve des moyens de me convertir,
moi qui ne vais pas avoir la mission !... »

27 octobre 1893.

« ... Je sens toute la justesse de vos reproches,
maman chérie. Je me cherche beaucoup trop, et
je ne puis arriver à m'enterrer complètement :
j'ai tant l'habitude de penser à moi, que cela me
semble un chef d'œuvre de m'occuper un peu des
autres. J'ai honte de moi quand j'y pense. Quand
donc mettrai-je Jésus à la place de tout cela ?

« J'ai un peu peur de mon séjour à Paris. Enfin
je vais tâcher de mettre Notre-Seigneur en avant
et de faire le mieux possible. Je tâcherai d'être,
comme dit le Père X..., « un rayon de soleil per-
pétuel et pour tous » ou encore « le sourire du

bon Dieu ». Vous prierez davantage pour moi pendant ce temps-là, ma bien-aimée maman. »

A Mlle de X...

« ... Je sens qu'une lutte dont le résultat est d'une importance extrême s'engage en moi maintenant... Eh ! bien, il faut que je meure et que Jésus-Christ règne.

« ... On sent davantage le besoin de prier dans le grand Paris où si peu connaissent et si peu aiment Notre-Seigneur, et le « *Parce populo* » monte sans cesse du cœur aux lèvres. Ne trouvez-vous pas que nous qui sommes Françaises, nous devons nous former un cœur plus fort et plus grand, un cœur de filles aînées de l'Église ! »

Enfin, dans un moment de ferveur sensible, pendant lequel Notre-Seigneur dédommageait son enfant de ses souffrances intimes, Marie-Anne ouvre son âme :

« ... Je vous confie cela, Notre-Seigneur me gâte, je ne peux pas faire le moindre effort sans que ce soit l'occasion d'une grâce plus grande, et je succombe sous les divines libéralités de Jésus. Il me visite de toutes façons, et mes actions ordinaires, mes lectures, mes prières, lui servent pour me combler de faveurs. Je reconnais sa main bénie, même dans les heures d'aridité et de désolation, c'est là qu'il m'attend pour juger de ma fidélité. Ah ! ce qui me fend le cœur, ce qui me navre, c'est que je ne réponds pas comme je le voudrais à ces grâces réitérées,... c'est que je suis tiède, lâche, incapable de faire quelque chose pour ce Dieu qui donne tant !... Je vous en prie, suppliez-le pour votre pauvre petite amie !... Je ne sais comment je vous laisse lire ainsi jusqu'au fond de mon âme, jusqu'au plus intime de moi-même. Qu'y verrez-vous, hélas ! qu'une pauvre enfant inondée de grâces, et cependant d'une ingratitude cruelle ! Lisez-y au moins la bonté, l'amour incompréhensible de Jésus pour nos âmes.

— ... Que Notre-Seigneur me donne donc l'humilité, l'oubli de moi-même avec la grâce de ne pas l'offenser, c'est tout ce que je demande. Non, ce n'est pas tout encore. Je veux l'amour, un amour infini, un amour consumant, je veux aimer comme les saints ont aimé, sans retour, sans faiblesses, sans lâchetés. Je veux un amour qui sache tout vaincre, un amour que rien n'arrête, je veux la perfection de l'amour de Jésus. »

V

Marie-Anne continuait vaillamment sa route et son âme s'élevait et se fortifiait. De temps en temps un cri d'amour, une heure de joie, interrompent la monotonie de ces longues semaines de souffrances et nous trouvons la trace de ces différents états intérieurs dans les notes hâtives confiées, le soir, aux petits cahiers.

11 novembre 1892.

« Mais, mon Jésus, je ne veux pas que vous soyez sur la croix dans mon cœur !... La croix est la voie que j'ai préférée sur la terre, et j'ai tant aimé les hommes que s'il avait fallu souffrir mille morts pour les sauver je l'aurais fait volontiers — ... Je ne soupçonnais pas tant de vertu en P... Tout le monde se perfectionne, il n'y a que moi qui reste en arrière ! C'est égal, Jésus, je vous aime de toute mon âme ! Je hais le péché, même véniel ! Mon Dieu, il me semble que, même si vous n'aviez pour moi que de la haine, je vous aimerais quand même de toute mon âme, parce que ce n'est pas pour moi, mais pour vous que je vous aime ! »

12 novembre.

« Donner Jésus aux âmes ! Quelle mission plus belle ! Pour donner Jésus, il faut le posséder, et dans sa possession consiste toute la perfection. »

20 novembre 1892.

« Après l'Annonciation, Marie s'occupe comme d'ordinaire des soins du ménage. Elle ne cherche pas à s'élever, ne trahit ni par un mot ni par un geste ce qui s'était passé en elle... Mais saint Joseph put voir son épouse tout illuminée d'une grâce qui lui manquait encore, d'un rayon qui lui venait de Celui qu'elle portait désormais dans son sein. Et quel charme, pour Marie, que la présence de son Bien-Aimé ! Combien Jésus dut la remercier de sa réponse admirable ! Avec quelle douceur, il dut lui répéter les paroles de l'ange : « *Ave, plena gratia, Dominus tecum.* Je vous salue, ma mère, je vous donne le baiser d'arrivée. Je suis heureux d'être enfermé dans votre sein. » O Marie, combien vous deviez être heureuse ! Laissez-moi, je vous en supplie, prendre une petite place entre le Cœur de Jésus et le vôtre ! »

22 novembre.

« ... Je souffre ! oh ! que je ne désire pas être délivrée de mes souffrances, demandant seulement la volonté de Dieu. Mon Dieu, je ne veux que ce que vous voulez et tout ce que vous voulez. Je vous offre mes souffrances. Ah ! quelle jouissance alors dans une telle souffrance ! Je ne souffre ni plus ni moins physiquement, mais quelle consolation ! Jésus, je vous aime...

« Une journée sans communion, c'est une journée sans soleil, une journée de brouillard, on a toujours peur que le brouillard tombe.

« ... Jésus, vous savez comme je l'aime cette chère X... vous savez que j'ai tout fait pour qu'elle m'aime, que j'ai donné mon cœur bien des fois. Vous savez si elle m'aime beaucoup mieux que moi... Vous savez si je souffre de ne pas être assez aimée. Ah! mon Bien-Aimé, jugez de tout dans votre cœur, affection, tristesse, jouissance dans l'affection... Faites-en ce que vous voudrez. Je souffre du sacrifice, mais votre amour me suffit... *Nihil sum !* oh ! je m'en aperçois bien, de plus en plus, Jésus, Jésus ! »

5 décembre.

« Ah ! mon Jésus, mon Jésus aimé, combien vous êtes maltraité, oublié, méprisé dans l'adorable Sacrement de votre amour. Faites au moins, ô mon Bien-Aimé, que toutes mes actions, toutes mes pensées, toutes mes paroles, tendent à vous aimer pour ceux qui ne vous aiment pas. O Jésus, je vous en fais le sacrifice encore une fois; c'est Vous, c'est Vous seul que je veux aimer. Tout ce qu'on dit, je le supporterai pour vous. Un peu plus de calme, un peu moins d'ardeur. »

27 décembre.

« O bienheureux saint Jean, qui seul avez eu le privilège de reposer sur le Cœur de Jésus et de suivre votre divin Maître jusqu'à la croix, faites, je vous en prie, que désirant l'amour de Jésus, j'accepte aussi sa Croix, en laquelle il se fortifie, il s'épure.

« O Jésus, puisque je suis si mauvaise, n'aurez-vous pas pitié de moi ? *O dulcissime et amantissime Jesu, miserere !* »

10 janvier 1893.

« Jésus, dans ma communion de ce matin, m'a promis, si je le voulais, de vivre avec moi, petit enfant, comme il vivait autrefois avec Marie, sa Mère, jouant autour d'elle pendant qu'elle travaillait. Mais, pour qu'il se plaise auprès de moi, il faut que, sans cesse, je lui parle de cœur, à l'imitation de Marie à Nazareth ; que je lui dise, par exemple, comme il me l'a enseigné : « Que voulez-vous, Jésus ? — Que vous faut-il ? — N'auriez-vous pas besoin de moi ?—Que je vous aime, mon Jésus ! » et mille autres choses semblables, lui parlant, comme Marie, avec beaucoup d'amour et de respect, remettant toujours ma volonté entre ses mains, afin qu'il fasse de moi ce qu'il lui plaira d'en faire, toute soumise que je suis à son bon plaisir. »

27 janvier.

« ... Le disciple que Jésus aimait... Jésus a eu des préférences. Il a sanctifié, divinisé l'amitié. Que de faveurs faites à saint Jean ! Disciple, vierge, évangéliste, seul il a reposé sur le sein de Jésus, seul il a assisté au crucifiement, il a été chargé de la sainte Vierge... Et Marie-Madeleine !... Oh !

que c'est consolant de penser que la pécheresse est devenue la bien-aimée du Christ, de Jésus lui-même ! Moi aussi, pauvre petite pécheresse, je suis aimée de Jésus ; Il a pour moi une affection toute particulière. Oh ! il faut que je me souvienne que Jean et Madeleine l'ont suivi près de la croix, qu'ils ont assisté aux douleurs plutôt qu'au triomphe. Pour avoir, comme Madeleine, le privilège de le voir tout de suite après sa résurrection, il faut l'avoir suivi au Calvaire. Jésus, je vous aime crucifié, unissez-moi à votre sainte passion. »

3 février.

« Jésus, quoi que vous fassiez, je veux vous aimer ; vous me fuyez, je vole à votre suite ; vous vous cachez, je vous découvre ; vous me montrez un visage froid, je vous répète mon amour. Oh! Jésus, faites-moi sentir toute la profondeur de l'amour et creusez, dans cet abîme, tant que j'en aurai la force, jusqu'à ma mort.

« Affermissez mon âme dans la paix. La paix, oh! la paix de Jésus, comme on fait bien toutes choses quand on a la paix ! Je cherche la paix, la paix se trouve dans le renoncement à soi-même, pour embrasser la volonté de Jésus, dans l'union au Dieu de paix, dans la douceur forte de chaque action. *Pax! pax!* Jésus, Dieu de paix, ayez pitié de moi ! »

5 février.

« Jésus, je vous aime ! Pourquoi, mon Maître, lorsque, ce matin même, je vous promettais d'accepter votre croix, me l'enlevez-vous déjà ? »

14 février.

« Tout ce que vous voudrez, Jésus. Oh ! je souffre, ayez pitié, c'est si dur ! Tout Jésus, tout, même cela, si c'est votre infiniment sainte volonté.

« Ah ! oui, Jésus, je veux bien accepter de n'être rien, pourvu que vous soyez tout ! Vous voyez comment je me redresse devant l'humiliation. Maître, ô Maître, je *veux* être humble et je suis une orgueilleuse. Je vous en prie, donnez-moi votre esprit humble, soumis, *impersonnel.* »

23 février.

« Je souffre dans les jours sans communion. O Jésus, vous m'êtes donc réellement tout ? Mais je fais si peu pour vous ! C'est ce qui me confond et me brise à vos pieds. Ah ! si je pouvais seulement vous offrir bien réellement et sincèrement le sacrifice de moi-même ! Le sacrifice de n'être rien, de ne compter pour rien, d'être oubliée, négligée ; ô Jésus, que c'est dur d'être oubliée ! Tout en moi se révolte à cette pensée. Et pourtant n'avez-vous pas été oublié, ne l'êtes-vous pas continuellement encore ? Est-ce qu'une épouse ne doit pas désirer une ressemblance parfaite avec son époux, lorsque cet époux est vous-même ? O Jésus, malgré ce qu'il peut m'en coûter, j'accepte d'être oubliée comme vous.

28 février.

« Jésus, toutes les joies que vous m'accordez sont mélangées de tristesse; je ne suis jamais complètement heureuse; il me manque toujours quelque chose. Je devrais dire merci de cela, ô Maître... mais je suis si lâche !

« Mon bien-aimé Jésus, que je voudrais sentir mon amour ! »

18 avril.

« Jésus, je suis brisée ! Brisée de ne plus vous sentir, brisée de ne plus vous aimer, brisée de lutter seule. *Fiat !* Mais, ô Jésus, que c'est dur !... *Deus meus, Deus meus, quare me dereliquisti ?* J'unis mon abandon à votre abandon... J'accepte, et toute brisée, je me jette à vos pieds. Je baise vos mains. Oui, Jésus, je ne sens plus rien. Aimer n'est plus qu'un mot, mais je veux le dire encore. Jésus, je vous aime ! »

15 juin 1893.

« Jésus, encore une fois à terre. Ah ! faites-moi souvenir que vous êtes tombé trois douloureuses fois avant d'arriver au Calvaire. Il faut que je me relève, mais je n'ai plus de force. Qui me soutiendra ? L'espérance ? Je ne puis et ne sais plus espérer. — Le désir du ciel ? Je ne l'ai plus. — L'amour ? Ce n'est plus qu'un mot ! — Ah ! Jésus, je m'accroche à votre cœur. Toute brisée, toute sanglante, je viens à vous. Aurez-vous pitié de moi ? Tout me semble noir, tout me semble terrible, je n'ai plus de force... Ah ! sauvez-moi ! Si, par cette rude épreuve, vous voulez me sanctifier, merci, je vous bénis encore. Seigneur, que votre volonté soit faite, *o dulcissime et amantissime Jesu, miserere !* »

26 juin.

« O Christ aimé, ô Maître aimé, ô Jésus aimé ! Que ma vie soit cachée en vous seul, que j'aime tout en vous et rien en dehors de vous... J'aime et je suis aimée. »

Au bord de la mer :

« Jésus, que c'est beau ! C'est vous-même qui vous cachez dans ces flots et mon âme vous y adore. Faites-moi goûter, ô Maître, la force de votre amour et qu'il monte, monte toujours en moi, comme la vague écumante qui recouvre le rocher. La mer, c'est votre chef-d'œuvre dans la nature. Mon Dieu, que mon âme soit votre chef-d'œuvre dans la grâce. Calmez-moi et remplacez mon ardeur par votre paix.

« La mer s'étend devant moi, calme, bleue, tranquille... Ainsi, Seigneur, voudriez-vous mon âme. Mais lorsque vous la regardez, hélas ! que n'y voyez-vous pas ? Que de vagues ! Que de flots soulevés ! Que de tempêtes ! Calmez, mon Dieu, cette mer orageuse, donnez-moi la paix ! Mon Dieu, aidez-moi, car je veux être une sainte et je me sens périr ! Ecrasez mon orgueil, adoucissez-moi, faites que j'aime. Oh ! je veux être une sainte ! Jésus, aidez-moi !... »

Cette année 1894 fut paisible pour Marie-Anne quant à l'extérieur. Elle la passa tranquillement entre sa mère et ses sœurs, toute à sa formation intérieure et attentive à la voix de son Bien-Aimé. Autour d'elle aussi tout était calme. Les plus petits d'entre ses frères et sœurs grandissaient, et elle s'occupait d'eux avec un intérêt de plus en plus vif. Ses sœurs aînées devenaient ses confidentes de plus en plus intimes ; à celles qui ne la quittaient pas, elle n'avait pas l'occasion d'écrire, mais sa plume ne sait pas s'arrêter en s'adressant à celle qui n'habitait plus le toit paternel. Nous ne saurions résister au plaisir de citer encore ces lettres si vivantes et si pleines de charme.

7 janvier 1894.

« Nous revenons, maman et moi, de la messe de neuf heures, messe en musique à cause de la fête de sainte Geneviève, célébrée aujourd'hui à Saint-Laud. Il y avait beaucoup de monde et c'était très joli. Je pensais que tu aurais bien voulu être là, toi aussi, ma chérie, avec nous, et si tu savais comme j'aurais bien voulu t'avoir ! Il y avait, comme toujours, une quantité de gens de connaissance et je cherchais, malgré moi, pour voir si je ne découvrirais pas, à l'ombre de quelque pilier, la chère petite Thérèse qui n'aurait pas manqué cette messe, il y a quelques années. Mais je ne la découvrais pas dans l'église et pour la trouver, il fallait monter plus haut. En regardant l'autel, au moins, je me consolais en me convainquant que nous ne sommes pas absolument séparées, puisque nous avons toujours pour lieu de réunion le Cœur sacré de Notre-Seigneur. En lui, au moins, nous nous retrouverons toujours !

«... Demain, à huit heures, Monsieur l'abbé dira la messe à l'autel de saint Joseph pour l'âme de notre cher père. Cinq ans déjà ! Il me semble être aux jours où nous le possédions encore, notre bien-aimé père, et je le revois souvent d'une façon si frappante qu'il me semble qu'il est près de moi, avec son bon et cher sourire, et je me surprends à croire qu'il ne nous a pas quittés ! Courage ! nous arrivons vite à l'éternité, nous serons bientôt tous réunis là-haut, dans le bonheur qui ne finira pas. »

20 mars 1894.

« Ma chérie, ce matin a fini notre chère retraite [1], et nous sommes encore un peu *in altis*, un peu sur les hauteurs où nous a transportées le Père de M... C'était délicieux, je t'assure... Je crois que tout le monde a pensé à toi, de celles que tu as connues ; et lorsque le Père de M... a recommandé une « associée » aux prières générales et nous a fait réciter un *Pater* et un *Ave* pour *elle*, quoique beaucoup ignorassent, je pense, que ce fût toi, on a mis dans la prière une ardeur admirable.

« Nous nous comptions ce matin, et nous nous demandions, comme toujours, lesquelles de nous

1. Des jeunes filles faisant partie de l'œuvre des catéchismes.

seraient parties l'an prochain !... Il faut toujours
partir !... »

25 avril 1894.

« Nous venons de voir monter notre grande
croix, qui se dresse maintenant au coin de la
route et du chemin de la Bellangerie. C'était très
saisissant et superbe. La lourde croix montait peu
à peu, soutenue par les câbles qui s'enroulaient
lentement autour du treuil. La composition de
lieux était toute faite pour une méditation sur
le Calvaire. Jetés çà et là, il y avait des tenailles,
des marteaux, et de gros clous épars ; puis des
cordes et de fortes chaînes. La tête de la croix
est entourée de rayons qui rappellent le nimbe
lumineux que les anges devaient voir autour de
la tête du Christ. Enfin, dans le fond, un ciel noir
que traversaient, de temps à autre, des rayons de
soleil, rappelait absolument le ciel du Golgotha.

« J'espère que le divin Crucifié était là aussi,
non plus sur la croix, mais glorifié, et satisfait de
cette marque extérieure de louange, d'adoration
et de réparation. Puisse-t-il élever sa croix dans
nos cœurs, comme nous l'élevons sur le sol de
notre Patys ! J'espère qu'il ne laissera vivre aucun
de nous sans le marquer de ce signe, et que nous
nous trouverons tous empreints de cette glorieuse
marque, lorsque la croix du Fils de l'homme
apparaîtra, rayonnante, dans les cieux. Vive la
croix de Jésus ! »

Marie-Anne avait toujours eu la vocation religieuse : aucune ombre, aucun doute ne lui vint

jamais à l'esprit à ce sujet. Mais si la certitude
était une joie profonde, et si elle l'avait rendue
plus grande encore par le vœu qu'elle avait fait
de répondre à l'appel divin, aucune lumière ne
lui était donnée sur la manière particulière dont
elle devait se consacrer à Dieu, ni sur le temps
où elle devait le faire. Très jeune, elle n'en avait
pas souffert, mais l'heure venait où l'indécision
sur l'Ordre à choisir allait être pour elle la source
de nombreuses souffrances. Marie-Anne était une
contemplative ; on n'en saurait douter à lire les
notes précédentes. Elle aimait le silence, le
recueillement, le travail solitaire. La prière lui
était facile et douce, la mortification l'attirait, et
sa santé, sans être inébranlable, ne donnait plus
aucune inquiétude. Il était naturel, dans ces con-
ditions, qu'elle songeât au Carmel. C'est par cet
attrait que commencent, assez souvent, les vocations de prière, parce que le Carmel est la quintes-
sence et la forme la plus parfaite, pour des femmes,
de la vie contemplative et apostolique. Marie-
Anne avait, de plus, une dévotion très particulière
à sainte Thérèse, qu'elle invoquait comme sa
mère. Longtemps son regard resta fixé sur les
hauteurs où la grande sainte entraîne ses filles,
longtemps elle crut qu'elle serait un jour l'une
d'entre elles. Aussi lui avait-elle composé une
prière qu'elle récitait chaque jour.

« O Thérèse de Jésus, vierge admirable, lumière
de l'Église, brillante fleur du Carmel, Etoile de
l'Espagne, pure amante de Jésus, mère des Car-

mélites et ma mère, je vous supplie et vous conjure, du fond de mon âme, de ne pas avoir égard à mon indignité, mais à mon désir d'aimer Jésus, et de m'obtenir la grâce si précieuse de connaître la place qui m'est destinée, et le couvent où il m'appelle. Je vous supplie, ô ma très chère mère, de me montrer la voie à suivre, de diriger ma vocation et de me donner la force d'accomplir en tout la volonté de Dieu. Et si cette volonté sainte est de me placer, moi, sur les hautes montagnes de votre Carmel, daignez m'obtenir, ô sainte Thérèse de Jésus, l'esprit de votre chère réforme, afin que, dès ce moment, je devienne une de vos filles, fidèle et dévouée, et que je serve Notre-Seigneur avec toute la perfection que demande de moi son saint amour. Ma mère, obtenez-moi une sûre vocation ! Ma mère, obtenez-moi le Carmel ! Ma mère, obtenez-moi l'esprit de votre ordre ! Ma mère, que Jésus soit glorifié en tout ! Amen !..»

Cette prière était renfermée dans un petit portefeuille qui ne quitta Marie-Anne que le jour de son entrée au couvent. Le papier sur lequel elle est écrite est jauni et usé aux coins, à force d'avoir été déplié et replié. Auprès de lui, sur une autre feuille, moins fanée et d'une date plus récente, se trouve la continuation qu'on va lire, écrite au moment où, ballottée entre plusieurs avis différents, la pauvre enfant ne savait plus à quoi se décider :

« Ma Mère, c'est à cause de cet abandon, que je veux rendre parfait, que je ne vous demande pas le Carmel, parce que je veux tout oublier, même mes plus chers désirs, pour recevoir, dans un cœur dépouillé de tout, l'expression de la volonté de Jésus. — Oh! Mère chérie, qu'il soit glorifié! Donnez-moi une flamme de votre saint amour, pour que je le glorifie moi-même! Que vos fils et vos filles l'aiment et le servent parfaitement! Que je ne l'offense jamais plus, mais lui procure une gloire immense. Et si c'est ma mort, l'anéantissement complet de moi-même qui peut procurer cette gloire, j'y consens de grand cœur, ma Mère, et je l'en bénirai. »

Dans le même portefeuille étaient l'offrande de sa vie et la consécration suivante :

« Si je dois mourir cette nuit, j'offre ma vie pour la réparation des outrages au très saint Sacrement et je meurs joyeusement pour Dieu. »

Consécration toute spéciale à ma Mère du ciel.

« O Vierge toute pure, vous que ne souilla jamais la tache originelle ni aucun autre péché, prosternée à vos pieds, ayant présente devant les yeux ma misère profonde, et à cause de cette misère, je me consacre et me donne à vous aujourd'hui, sans réserve, vous reconnaissant comme ma Mère et ma très chère Souveraine, en vous suppliant de vouloir bien me sauver. Je vous consacre mon corps, mon âme, mes sens, mon cœur, mes facultés, tout ce que j'ai, tout ce que je suis, tout ce que je puis avoir. Je veux désormais vous appartenir en propre, être votre bien, votre chose, votre propriété particulière. Souvenez-vous, ô Mère bien-aimée, des liens si étroits et indissolubles qui m'attachent à votre cher Fils Jésus ; c'est en son nom que je vous prie de me prendre à présent, et pour toujours, sous votre sainte garde O Vierge pure, souffrirez-vous que la fiancée de Jésus profane ce saint nom ? Oh ! je vous en supplie, je vous en conjure, ma Mère, prenez-moi en pitié, donnez-moi une place choisie dans votre cœur, et malgré mon indignité, tenez-moi toujours étroitement entre vos bras, afin que je serve Jésus à votre exemple et que par vous j'arrive à lui. Amen. »

Le confesseur de Marie-Anne, mis au courant de ces hésitations, ne se pressait pas de donner son avis, et conseillait à sa pénitente de ne pas se préoccuper outre mesure de ce qui s'éclairerait sûrement, au moment voulu. Fixé, pour lui-même, sur les destinées de cette âme d'élite, il ne voulait rien brusquer, et attendait sagement l'heure de Dieu. Elle n'avait encore que dix-sept ans ; elle avait le temps de réfléchir et elle devait prier. De cela, elle ne se faisait pas faute. Tous les moyens lui étaient bons pour fléchir le ciel. L'amour divin qui remplissait son cœur lui faisait trouver courtes les heures qu'elle donnait à son Dieu : « Ces délicieuses heures, disait-elle à son amie, que j'ai passées ainsi, la nuit, je les considère comme un avant-goût de ces heures d'oraison, d'office ou d'adoration qu'il me faudra passer plus tard, lorsque tous mes désirs, toutes les aspirations de ma vie seront enfin réalisés. »

Elle ajoute un peu plus tard, saintement jalouse :

« Marie-Louise M... a donc pris l'habit ! Heu

reuse enfant ! Que je voudrais bien être au point où
elle en est ! Et cependant je ne puis croire qu'un
jour viendra où je prendrai le voile, où je revêtirai
la robe de bure, où je n'aurai pour ornement que
la croix du Christ !... Quelle joie j'aurai à pouvoir
prier toujours, à pouvoir prier vraiment, à pouvoir passer ma vie à prier pour ceux que j'aime ! »

Pourtant, la tentation n'était pas loin et la tristesse non plus, sa grande ennemie ; elle s'en plaint
encore et se ranime elle-même :

« ... Et si je ne me disais pas sans cesse que
c'est la volonté de Notre-Seigneur, je serais tentée
bien souvent d'être triste et maussade, ce qui ne
réparerait rien du tout et serait très mal. Mais
rassurez-vous, j'ai mis sur mon grand chagrin la
grosse serrure de la volonté de Dieu, et je me
suis forcée à être très gaie, très en train, comme
s'il n'y avait pas un coin de mon cœur qui fût
sombre. »

Attentive à ne perdre aucune des grâces dont
la comblait le Dieu de son cœur, elle assigne à
chacun de ses actes une intention très haute, et
elle dresse cette liste, souvent répétée et présentée
Notre-Seigneur :

« Par chacun de mes signes de croix, j'ai l'intention de demander la contrition parfaite.

« Par toute génuflexion, la crainte et l'amour.

« En baisant la terre, l'humilité profonde et sincère.

« Par mon lever du matin, la mortification et
l'amour de la souffrance.

« Par mon coucher, l'acquiescement à la volonté de Dieu.

« Par l'eau froide, la force de supporter les rigueurs de la vie religieuse.

« Par mes repas, le détachement des plaisirs de la chair.

« Par ma toilette, le mépris du monde.

« Par toute prière, l'union.

« Par ma méditation, la connaissance de Dieu.

« Par mes conversations, l'esprit de charité.

« Par tout service rendu, la bonté.

« Par mon travail, l'amour de la pauvreté.

« Par mes lectures, la grâce d'être une sainte.

« Par mes mortifications, d'édifier sans le savoir.

« Par mes fatigues, une sainte mort.

« Par mes maux de tête, la rémission de mes péchés.

« En récitant mon chapelet, l'amour de la très sainte Vierge.

« Par les conversations ou sermons entendus, la dévotion aux anges et aux saints.

« Toutes les fois que je lèverai les yeux, le désir du ciel.

« Par les lettres écrites, le dévouement.

« Par les lettres reçues, la grâce de faire du bien.

« Par le froid supporté, la fuite du péché.

« Par la chaleur acceptée, l'amour de l'Eucharistie.

« Par toute parole, la charité.

« Par tout regard, la pureté.

« Par tout soupir, l'amour.

« Par tout battement de mon cœur, la gloire de Dieu.

« Par chaque pas, le zèle. »

Au moment où Marie-Anne écrivait ces lignes, la forme de sa vocation n'était pas décidée, mais elle avait déjà depuis longtemps l'attrait de la réparation pour les pécheurs, car elle ajoute :

« Et comme une réparatrice ne s'appartient pas, toutes ces demandes ne sont pas pour moi seule, mais pour toutes les âmes, toutes ces chères âmes, rachetées par le sang de mon Dieu, pour restaurer en elles l'image divine. »

L'amour que cette enfant de dix-sept ans avait pour Notre-Seigneur avait peine à rester enfermé dans son cœur. Il augmentait d'intensité de jour en jour, à tel point qu'il lui fallait trouver des moyens d'en parler et de le faire partager aux autres. Si Dieu n'avait voulu l'appeler à la vocation, haute et sublime entre toutes, de l'anéantissement complet, Marie-Anne, douée comme elle l'était, et si ardente, eût donné de merveilleux fruits d'apostolat. Qu'on en juge par cette lettre où le zèle déborde, et qui fut, n'en doutons pas, la source de bien des prières. »

« Très chère amie,

« Puisque c'est dans mon pouvoir, ce soir, laissez-moi vous parler d'une idée qui m'est venue, et que le peu de durée de notre entretien de cette après-midi ne m'a pas permis de vous soumettre.

Comme cette idée n'est pas encore bien arrêtée dans mon esprit, je demande instamment à Notre-Seigneur de vouloir bien me dicter lui-même ce que je dois vous écrire, et de vous faire comprendre ce que je n'exprimerais pas bien. Il s'agit d'une union de prières, qui aurait pour but d'assister, de consoler, d'aider, d'entourer Jésus dans l'Eucharistie, tant délaissé et tant outragé *pendant la nuit.* Quand le soir, les portes de l'église se ferment, que doit penser, au fond de son tabernacle, ce Jésus oublié qui voit se préparer pour lui de longues heures d'une solitude qui l'attriste ! Le soir est le moment des réunions de famille, des chères intimités, et Jésus, le Chef, l'Aîné de la grande famille catholique, est alors laissé seul ! De nos réunions, il n'est omis qu'un seul membre : Lui ! Lui, ce Frère, ce Père, cet Ami, ce Fiancé, cet Epoux, selon les âmes et toujours notre parent le plus proche,— et sans comparaison le plus aimant ! Avez-vous pensé à la longueur, à la tristesse, à la solitude de ces nuits, où, dans des centaines et des milliers de tabernacles, Jésus n'a pas un cœur qui veille avec le sien ? Quelles nuits il doit passer, quand, du fond de sa prison, il entend les échos des théâtres, des bals, de toutes ces infamies que la nuit protège, et qu'il n'a pas près de Lui un seul adorateur qui lui fasse oublier tant de tristesses et sache consoler son amour délaissé ! — Et nous, nous dormons sans y penser ! — C'est cette solitude, cette désertion des tabernacles, la nuit, qui m'a frappée. En voyant se fermer le soir la porte des églises, la pensée de cet abandon, que souffre Jésus toute la nuit, me navre, et l'autre soir, comme une illumination, la pensée de contrebalancer cet abandon m'a traversé le cœur. Mais que faire ? J'avais pensé à une offrande de tous les instants de la nuit en union avec Jésus oublié, à un acte d'adoration en vue de tous les tabernacles du monde, fait le soir avant le coucher ; à l'offrande généreuse et empressée, à l'acceptation amoureuse de toutes les insomnies en union avec Jésus veillant au tabernacle ; et au don complet de la nuit tout entière, qu'il plaise au Maître de la rendre bonne ou mauvaise, reposante ou douloureuse. La pensée du tabernacle et cette offrande seraient réitérées, autant que possible, autant de fois que l'on se réveillerait pendant la nuit. Enfin, on chercherait surtout à obtenir l'union complète au Cœur de Jésus, délaissé dans l'hostie, par la pensée vive et permanente de cette solitude à remplir... Il y aurait encore beaucoup de choses à faire ; je crois, je suis sûre que Notre-Seigneur saurait bien nous donner le moyen de consoler son cœur, si tel est son bon plaisir.

« En proposant cette union à celles de nos amies qui pourraient et voudraient l'accepter, et nos amies la proposant à leur tour aux leurs, Jésus viendrait à avoir de vrais et d'aimants consolateurs qui resteraient près de lui par l'union de tout leur être pendant la nuit, et peut-être pourrions-nous ainsi lui procurer un peu de gloire?

« En tous les cas, je vous soumets cette idée

toute simple, comme elle m'est venue. J'espère pouvoir aller vous en parler un de ces jours. En attendant, voulez-vous m'accorder que le secret de cette lettre soit gardé entre *nous deux?* — Je vous dis tout, ma bien chère amie, comme à une autre moi-même, infiniment et même incomparablement meilleure et plus sainte que moi, grâce à Dieu! j'aime à vous laisser lire tout au fond de mon cœur, et je me reproche encore quelquefois de n'être pas assez ouverte et confiante avec vous. J'ai tellement d'amour-propre! Il faut le vaincre et le remplacer par l'amour de Jésus!

« Vous me direz bien franchement, n'est-ce pas, ce que vous pensez de ce que je vous dis? Si vous ne trouvez pas cela assez réel ou pratique, nous l'abandonnerons, et nous chercherons autre chose à faire pour la gloire de Notre-Seigneur. — Aimons-le de plus en plus et laissez-moi toujours vous aimer de cette bonne et chère affection de sœur, que j'ai pour vous.

« Votre petite Marie-Anne. »

« Vous comprenez que pour faire à Notre-Seigneur cet abandon complet, il ne faut pas d'âmes molles, qui aient peur de souffrir et peur d'être mal dans leur lit. — Aussi je devrais me retirer la première et ne pas même aspirer à cette union si complète d'abandon et de souffrance. Mais si je ne sais pas, *je veux* apprendre, et j'ai trop grand désir d'aimer Notre-Seigneur pour ne pas au moins essayer de faire quelque chose pour lui. Quel bonheur d'être seulement la boue qui relie entre elles les pierres des fondations ! Qu'il plaise à Notre-Seigneur d'élever au moins un trône en son honneur, sous les pieds duquel ces fondations disparaissent ! Que Jésus brille et que nous soyions bien anéanties dans l'ombre. Je suis sûre que Jésus est content de voir que nous avons entendu son appel d'union. Vous écrire ma pensée, faut-il vous le dire, m'a coûté plus que cela n'est possible, naturellement, car l'ennemi était là qui me donnait mille prétextes pour me taire. Maintenant, j'ai hâte d'agir. Mais je ne fais rien de bon. Je vous envoie tout à la fois, pensées, considérations, prières, tout ce que j'ai pensé et écrit sur ce sujet. »

Nous ne saurions clore ce chapitre d'une façon plus charmante que par les paroles que la chère petite enfant écrivait, le 15 octobre 1894, en remettant à sa sœur Thérèse une image de la Vierge au temple, qu'elle aimait particulièrement. On ne savait point encore son grand secret dans le cercle entier de sa famille, aussi ce fut en cachette et les larmes aux yeux qu'elle présenta son humble petit cadeau à son aînée. A mesure qu'elle sentait approcher l'heure des adieux, son cœur devenait plus tendre, et le souvenir de cette dernière année que Marie-Anne devait passer à la maison, resta comme un parfum dans l'âme de ceux qui l'aimaient.

Le Patys, 15 octobre 1894.

« Thérèse chérie, voilà le tout petit souvenir d'une petite sœur qui t'aime grandement. Plus tard, bientôt, la Vierge au temple, Marie religieuse, te fera penser à sa toute petite imitatrice... C'est peut-être la dernière fête que je te souhaite dans le monde, ma grande sœur chérie, aussi j'y mets tout mon cœur. L'an prochain, vous serez tous réunis, c'est mon vœu le plus cher, autour de la grande table du Patys, et loin de vous, mais bien près par le cœur, la petite religieuse priera pour tous ceux qu'elle aura laissés dans le monde. Alors, ma chérie, plus de joyeux refrains de fête, plus de cadeaux, plus de réunions nombreuses, mais l'amour du Christ, l'éternelle fête que nous devons célébrer. — Ma Thérèse chérie, les mots ne sont rien, les dons encore moins, le tout, c'est le cœur, et par le cœur, je t'aimerai plus que jamais alors ! — Si j'ose te donner cette image qui a été si longtemps dans ma chambre, c'est bien moins comme un cadeau dont tu n'as que faire que comme un souvenir. Sa pauvreté même te parlera de la petite sœur qui a choisi pour toujours Jésus-Christ pauvre. Je t'y laisse tout mon cœur, ma sœur chérie, et je prie Dieu, qui va bientôt nous séparer ici-bas, de nous réunir à jamais chez lui ! »

A la fin de l'année 1894, Marie-Anne commença à se préoccuper beaucoup de savoir quand et comment elle entrerait au couvent. Depuis tant d'années, — dans sa courte vie, — elle aspirait à ce bienheureux terme ! Elle rêvait de ne pas rester dans le monde au-delà de sa dix-huitième année. On lui avait fixé cette date, d'abord à cause de sa santé, ensuite pour la formation de son âme et l'affermissement de sa vocation. Elle était donc bien près du moment déterminé. Ses dix-huit ans allaient sonner le 13 mai 1895, et il fallait enfin sérieusement songer aux dernières décisions. Chose étrange, Marie-Anne ne pouvait fixer son choix ! On lui avait fait, de divers côtés, quelques objections à propos du Carmel. Elle le considérait toujours comme le but de ses désirs, et ceux qui connaissaient son âme, sans exception et sans entente préalable, l'en détournaient. Était-ce raison de santé ? Craignait-on qu'elle n'eût pas la force morale nécessaire pour supporter la solitude du Carmel ? Comptait-on sur elle, voyant les grandes qualités d'esprit et de cœur qu'elle possédait, pour exercer un apostolat extérieur et actif ? Les uns présentaient l'une de ces difficultés, les autres la suivante, et Marie-Anne, déroutée et incertaine, souffrait et ne tranchait rien. Une de ses sœurs, dont elle fut éloignée une grande partie de cet hiver 1895, devint sa confidente. Rien ne nous montrera mieux les hésitations et les regrets par lesquels elle passa, que ces lettres, écrites sous l'impression du moment, dans toute la simplicité de son âme. L'histoire de sa vocation s'y déroule, racontée par elle-même.

Le Patys, 22 octobre 1894.

« ... Te dire ce que tu nous manques, c'est de trop, je crois. Nous te cherchons partout, et nous ne pouvons nous faire à ne plus t'avoir. — Mais le bon Dieu est toujours là, et qu'est-ce que c'est que quelques mois de séparation quand nous avons l'éternité pour nous réunir ! Je cherche tellement à me pénétrer de ces pensées-là depuis quelque temps, que j'ai besoin de l'exprimer. C'est si court, une vie, et cependant nous n'en n'avons qu'une à passer, une qui doit décider de nous pour toujours.

« Maintenant, laisse-moi te parler de moi. Ta pauvre sœur, que Dieu l'assiste ! est de plus en plus perplexe, et y voit de moins en moins clair. Voilà maintenant qu'on me pousse, — et de différents côtés, — vers Marie-Réparatrice. Je suis toute prête à examiner cette Société qu'on me propose, je consens de grand cœur à chercher, là comme ailleurs, la volonté de Notre-Seigneur, mais comme il y a longtemps que j'avais abandonné l'idée des Réparatrices, me voilà toute désorientée. Je pense beaucoup au Carmel, tu le sais bien, et de quelque côté que je me tourne, je ne rencontre que des visages froids et des gestes évasifs. Pourquoi ? Je le sais bien. C'est que tout le monde pense qu'avec un certain entraînement qui peut avoir du bon et me soutenir pendant quelque temps, je n'ai pas assez de vertu, pas assez d'énergie, pas assez d'esprit de mortification pour entrer au Carmel. On a peur pour moi. Je reste donc toute seule de mon avis, et dans cet abandon, on fait luire devant mes yeux la lumière douce de Marie-Réparatrice. Qu'en adviendra-t-il ? Je ne sais. Je m'abandonne le plus possible à la volonté du bon Dieu. Ne pourrais-tu pas me procurer les notices sur les quatre premières Mères dont tu m'avais parlé un jour et d'autres renseignements encore, si c'était possible ? M... me cherche la vie de la Mère Marie de Jésus. J'occupe tout le monde de moi ! Ah que de prières je devrai plus tard à toutes les saintes gens qui m'ont prise en pitié ! Aussi je ne ménagerai ni mon temps ni mon cœur. Prie pour moi, et pardonne-moi de t'avoir tant parlé de moi. »

22 novembre 1894.

« Ma chérie, merci, très vivement merci de ta lettre. Tout ce qui tend à m'éclairer, tout ce qui est sage, clair et ferme, comme tout ce que tu me dis, est pour moi pain du ciel. J'ai besoin qu'on me mette en lumière ce qu'il faut que je voie. Je suis trop aveuglée sur certaines choses, trop excessive dans mes appréciations, pour juger sainement. Quand on me montre la vérité, même si elle est tout opposée à ce que j'ai pensé jusqu'alors, la vivacité de mes sentiments me porte tout de suite à dire : « C'est vrai, ils ont raison » et à me retourner du côté opposé. Je suis un peu comme une aveugle, je ne vois que par les yeux des autres ; heureuse que ces yeux soient ceux d'un Père X..., d'une maman, d'une sœur ou d'une amie comme la mienne. Si je ne les avais pas, je ne sais où j'irais.

« Je suis absolument de ton avis sur ce qu'il faut que je me décide. Puisque Dieu permet qu'il n'y ait pas jusqu'ici d'obstacles sérieux à mon départ prochain, je crois que le temps est tout à fait venu de prendre une décision. Ceci est bien facile à dire, mais l'accomplissement en est aussi difficile que possible. Il ne s'agit pas de faire fausse route. Ma vie dépend de ce qui sera décidé cet hiver. Sans doute, je compte sur l'aide de Notre-Seigneur, sur son action toute-puissante, mais comme il n'est pas à croire que Dieu m'enverra un ange pour m'éclairer d'une subite lumière et m'exprimer sa volonté, il ne faut pas que je m'abandonne au sommeil, mais bien qu'avec l'appui des anges de la terre, je cherche partout la volonté divine.

« Au temps de mon inexpérience et de ma *jeunesse*, j'avais compté sur un appel divin irrésistible. Je sais trop maintenant que cet appel ne se fait pas entendre à tout le monde et que beaucoup d'âmes doivent chercher longtemps, au milieu de mille difficultés, « le trou de la pierre, la caverne des murailles » qui fait l'objet de leurs vœux. Qu'il en soit, en cela, et en tout comme Notre-Seigneur le voudra ! *Non recuso laborem !* Ce qu'il me faut, c'est la certitude que je suis dans ma voie, certitude que je ne doute point d'obtenir un jour, avec la grâce de Dieu.

« Maintenant donc, entre tous les autres, deux Ordres particuliers me sont proposés, deux voies très différentes, dont l'une des deux est probablement la bonne.

« J'admire quelle sage lumière tu jettes sur le Carmel. Je sais, je sens la vérité de tout ce que tu en dis, et cependant par toutes ses fibres, mon cœur tient à ce cher Carmel, sommet de tous mes désirs d'enfant, réalisation de toutes mes aspirations de jeune fille. Je n'ai pas grand'peur des mortifications du Carmel, — c'est ce que j'écrivais hier matin même, avant d'avoir reçu ta lettre, — ce que je crains, c'est cette solitude du cœur, de l'âme, du corps, de l'esprit, de tout ce qui, en moi, a besoin d'expansion, de vie physique. Tout au Carmel, me *plaît*, tout, je crois, ne me *convient* pas. Mon amour si ardent pour sainte Thérèse est peut-être pour beaucoup dans mon amour pour son ordre, et, faut-il te l'avouer, cette simple pensée qui m'est venue hier : « Être à Marie-Réparatrice une sainte Thérèse, » m'a tout de suite fait accepter avec plus de résignation la pensée que je pourrais ne pas entrer au Carmel. Encore un aveu : est-ce une épreuve ? c'est possible et même probable, mais mon indifférence pour Marie-Réparatrice s'accroît à mesure que l'on me pousse davantage vers elle. J'espère que c'est bon signe. Si j'y entre, au moins, ce sera tout à fait contre ma volonté, en tant qu'humaine et perverse. Si je m'écoutais, je jetterais au vent tout ce qu'on me dit de Marie-Réparatrice et je cacherais ma tête dans mes deux mains, en criant : « Le Carmel, le Carmel, mon Carmel! » La seule raison me fait étudier et comprendre l'esprit des Réparatrices. Tu es extrêmement bonne de m'envoyer les brochures sur elles. Je vais me mettre à les *disséquer*, à m'en pénétrer jusqu'à la moelle Je veux au moins tout faire pour m'éclairer. Ensuite, si la lumière ne vient pas, ce ne sera au moins pas de ma faute. Quant au séjour à Paris, à la rue de Naples, cela peut être pour moi, ma chérie, une vraie bénédiction. Il y a longtemps que je désire faire ainsi une retraite dans un couvent, à plus forte raison si c'est dans *mon* couvent à venir. Nous verrons cela, et nous en reparlerons quand les choses seront un peu plus avancées.

« Enfin, ma sœur chérie, tu vois si j'ai besoin des lumières de tout le monde et si les tiennes me font du bien. Ta lettre est un rayon de lumière. Il y a quinze jours, j'en recevais une de M... qui m'encourageait vivement à étudier Marie-Réparatrice. Il y a quelques mois, après ma dernière retraite, le Père de M... me disait : «Je vous crois appelée à Marie-Réparatrice. » Je me disais : «Conseil de jésuite ! Le Père de M... a été aumônier des Réparatrices, cela se voit ! » Qui sait ? Il voyait peut-être plus loin que moi, et c'est peut-être un grand endurcissement de mon cœur que de repousser encore, des deux mains, une société vers laquelle tout le monde m'entraîne. Faut-il que mon indifférence soit profonde pour qu'elle ne cède pas aux convaincantes paroles de mon amie M... qu'on m'accuse toujours de trop écouter! M. L. avait l'an dernier la même antipathie pour les Auxiliatrices ; c'est ce qui me console.

« Voilà mes idées en courant. Je n'ai pas encore assez réfléchi pour qu'elles aient une forme. D'ici quelques jours je t'écrirai plus sagement ce que je pense des renseignements que tu m'envoies sur Marie-Réparatrice. Prie bien pour moi, en attendant, la douce Vierge qui, au Carmel comme à la rue de Naples est reine de l'ordre. On prie tant pour moi de tous côtés que j'ai confiance.

« ...Vive Dieu toujours et en tout ! que nous serions saints si nous aimions Notre-Seigneur comme il faut aimer ! Tendresses, remerciements, union dans les Sacrés Cœurs... »

7 décembre 1894.

« Je suis contente d'avoir à abandonner au bon Dieu mes toutes petites dispositions pour la peinture. Léon Besnardeau disait à propos de musique : « Qu'est-ce qu'un son, même beau, auprès d'une seule pensée donnée à Notre-Seigneur ? » Je suis toute prête à dire de même pour la peinture. Sacrifier l'art à Notre-Seigneur, l'Harmonie par essence et toute divine, c'est un petit sacrifice sans doute auprès des autres, mais le cœur rayonne d'allégresse d'avoir à le faire. Nous chanterons mieux là-haut !

« Je te demande, ma chérie, de prier particulièrement pour moi demain. Il y aura quarante ans que le dogme de l'Immaculée Conception a été promulgué, et tu sais que c'est le jour même où Mme d'Hoogworst disait à la sainte Vierge le *Fiat* qui a créé son œuvre. L'Immaculée me le demandera peut-être demain, mon *Fiat*, et j'ai confiance que je vais obtenir une réponse, ou au moins une grâce particulière, à ce double anniversaire. Je suis plongée dans une étude sérieuse. Ah ! prie pour moi ! »

Quelle fut la réponse de Dieu à cet appel confiant de Marie-Anne ? Nous avons des raisons de croire qu'elle ne fut pas très claire encore. De longs mois devaient se passer avant que la décision, et la pleine joie qui la suit, ne fussent le partage de l'heureuse élue. Mais, en attendant cette certitude qui vint si tard, et pour consoler l'anxiété de son enfant, Marie immaculée lui donna la paix. Son directeur voyait très bien, et depuis assez longtemps, quelle devait être la place de Marie-Anne, mais il fallait amener doucement cette âme, qui rêvait toujours le Carmel, à vouloir et à choisir ce que Notre-Seigneur désirait et voulait.

Les fêtes de Noël se passèrent plus douces ; peu à peu l'attrait grandissait pour la congrégation de Marie-Réparatrice. Marie-Anne lut la Vie de Valentine Riant et la relut souvent avec délices.

Cette âme forte de la jeune religieuse, qui en avait séduit tant d'autres, exerçait aussi son charme sur celle qui devait lui ressembler par bien des points. Cependant Marie-Anne n'avait jamais eu que des livres pour apprendre à connaître les Réparatrices. Il y a cela d'étonnant dans sa vocation qu'elle vit pour la première fois le costume de son ordre à sa retraite de probation. Aucune attirance humaine n'agissait donc. Seule, la grâce parlait au fond du cœur. Ce que la pauvre enfant sentait le plus vivement, c'était l'approche du départ. Ceux qui ont passé par les mêmes déchirements comprendront ce qu'elle a enduré, mais seuls ils comprendront aussi les joies célestes qui l'en dédommageaient. Ses lettres vont encore nous mettre au courant de ces mouvements divers qui agitaient son âme sans la troubler, comme le vent courbe à droite, puis à gauche, les branches d'un arbre, sans en atteindre les racines, immuablement fixées dans les profondeurs du sol.

16 décembre 1894.

« ... C'est incroyable que plus je suis près du moment de vous quitter tous, plus je vous aime. N'est-ce pas insensé de s'attacher par des chaînes si fortes à tout ce qu'on doit abandonner bientôt ? Je forge de mes mains le glaive de la séparation. Mais c'est plus fort que moi ; j'ai besoin, dans ces derniers mois, d'aimer avec plus de tendresse et davantage, quitte à meurtrir plus violemment mon cœur après. Je crois qu'il en est toujours ainsi. Notre-Seigneur nous l'a bien prouvé, par le discours plus tendre et plus attendri que jamais de la dernière Cène. Notre-Seigneur allait mourir!.. la vie religieuse est une mort aussi, mais une bienheureuse mort qui mène à la vie du ciel. »

31 décembre 1894.

« Ma petite chérie très aimée, bonne, bonne année, sainte année ! Je voudrais que cette heureuse année te comble de joie, mais je voudrais surtout et de toute mon âme qu'elle te voie faire de si grand progrès dans l'amour de Notre-Seigneur, qu'elle puisse compter pour une année du ciel. Je voudrais... oh ! tant, tant de choses ! Mais Notre-Seigneur avant tout, et son amour par dessus tous les amours, sa gloire au-dessus de toutes nos peines et nos joies, voilà le bonheur, l'unique bonheur que je puisse et veuille te souhaiter parce qu'il les contient tous. Combien nous serons unies demain ! Combien nous penserons les unes aux autres dans ce premier jour d'une année qui peut amener de grandes choses ! Prions ensemble !

« Ah ! laisse-moi te dire combien je suis transportée, à l'aurore d'une année qui me verra, heureuse et trop heureuse enfant, prendre ce voile tant désiré et quitter tout pour le Seigneur ! Encore quelques mois et l'échange sera fait. Moi j'aurai tout donné, ma mère, mes bien-aimés petites sœurs et petits frères, tout ce que j'aime et tout ce à quoi je suis attachée, et pour ce tout

qui est encore si peu de chose, Notre-Seigneur
m'aura donné son plus précieux trésor. Mon cœur
souffre, — ne parlons pas de mon cœur, il importe
qu'il soit brisé, — mais mon âme est dans l'allégresse, et je souris à ce 1895 béni qui m'apportera
de si grandes grâces. Ah ! que Notre-Seigneur est
bon !

Je t'envoie, ma chérie, une très pauvre petite
image que j'ai peinte, — mais mal peinte, hélas, —
pour toi. Ce sont les emblèmes de Marie-Réparatrice, et alors je les aime et tu les aimes aussi,
n'est-ce pas ? Plantons la croix dans nos cœurs
et faisons-y fleurir le lys. Quant à l'hostie, qu'en
dire ? Transformons-nous en elle, et soyons Jésus !
mais Jésus au tabernacle, anéanti et caché. »

5 janvier 1895.

« ... Hier matin, à notre messe des jeunes filles,
c'était « pauvre moi » qui accompagnait. J'ai cru
en sécher ! Ce n'est pas amusant, mais puisque
cela rend service, qu'importe l'amour-propre ? Si
j'étais bien humble, je me réjouirais d'une note
fausse, mais je n'en suis pas là ! Notre réunion a
été très intéressante ; l'œuvre va très bien pour le
moment ; nous sommes nombreuses, les patrona-
ges sont bien tenus et nous avons des fonds. Je
vais à Saint-Laud ; nos chères enfants sont sages
et savent bien leur catéchisme.

« Je ne puis rien te dire de très neuf sur mon
départ. En principe et *en gros*, tout est décidé,
mais une question de détail peut tout faire cra-

quer. Je regarde toutes choses en me disant que je les vois pour la dernière fois. Bien des gens s'étonnent peut-être de me voir les suivre d'un long regard. Ils ne savent pas, pauvres gens, que je me dis tout bas : « Je ne les verrai plus. » Ah ! je voudrais être une âme énergique et je ne suis qu'une molle et lâche enfant. Le cœur devient trop vite chez moi la sensibilité, il fait corps avec elle et je souffre moitié plus que je ne devrais le faire. Il faut que j'apprenne à me laisser briser. — T'ai-je dit que le Père ne veut pas du tout qu'on parle de mon départ, non seulement maintenant, mais encore lorsque tout sera décidé et organisé ? Il veut me dispenser des « ah ! », des « oh ! » et des « hélas ! » du monde, dont je n'ai que faire. Maman, M... et ma chère petite sœur doivent être seules au courant.

« Il faut que j'aille dire, maintenant que j'en ai le temps, un grand chapelet à saint Antoine qui m'a fait retrouver... je ne sais pas quoi ! Ah ! mon porte-monnaie. »

19 janvier 1895.

« Ma chérie, merci de ta chère lettre qui m'a fait *grand* plaisir et qui m'a bien montré que tu n'oubliais pas la petite religieuse. Je t'assure qu'elle t'aime bien, et plus que jamais, et davantage encore, depuis qu'elle commence à apprendre à n'aimer plus que par Notre-Seigneur et à travers son Cœur. Comme on aime bien mieux ainsi ! — Je suis une heureuse, très heureuse enfant, et je t'assure que je bénis Notre-Seigneur du sort que son amour m'a fait. Ma chère et sainte M... me peint mon bonheur en termes si ardents qu'elle m'enflamme et du reste, je sens bien par moi-même combien je suis gâtée et quelle a été la bonté de Notre-Seigneur pour moi, préservée si jeune de cette *poussière du monde*, qui pénètre, hélas! les cœur les mieux fermés! Mais il faut que je rende, et je n'entends pas être une religieuse *médiocre*, comme j'ai été une jeune fille médiocre. Je veux de la vraie sainteté, et, avec la grâce de Notre-Seigneur, je veux savoir triompher de la nature. — Je t'assure que je ne suis pas trop *sensible* pour le moment. Cela reviendra peut-être, mais je sens mieux maintenant mon bonheur que les chagrins de la séparation, ce qui vaut mieux parce que cela laisse mon cœur et mon âme plus libres. »

22 février 1895.

« ... Ah! ma chérie, il y aura un lieu et un temps où nous serons tous réunis, sans crainte de séparation, et tous parfaits, ce qui sera si bon et si reposant! — Sans Jésus, que serions-nous? Que deviendrions-nous? Mais il est si bon, et c'est si délicieux d'être son enfant gâté et de se laisser aller entre ses bras, avec l'assurance d'y être porté avec tant d'amour et de telles merveilles de tendresse!... Songeons donc à rendre et donnons de nous-mêmes! Cette exhortation s'adresse à moi-même qui en ai si grand besoin. Si tu savais quel bonheur c'est de penser que l'on va se donner tout entier ! Qu'au moins il ne reste plus rien de moi-même dans le monde. Ma chérie, combien je t'aime ! Je rêve de te revoir. Aimons le bon Dieu de tout notre cœur et aimons-nous bien. »

Mars 1895.

« ... Souvent aussi le cœur est brisé et je vois toutes choses à travers un voile de larmes. Mais non, non, non ! *Gaudete semper*. Je voudrais maintenant le sacrifice fait, mais je crois pourtant que ces derniers mois d'attente et d'angoisses valent beaucoup pour le ciel et je m'en réjouis. A Dieu, aimons-nous de plus en plus et Jésus par dessus tout ! »

Déjà, à ce moment, elle était assez entraînée vers Marie-Réparatrice pour écrire à sa mère, alors à Lourdes :

« Maman chérie, combien nous pensons à vous aujourd'hui, combien nous sommes avec vous de cœur auprès de la Vierge immaculée ! Je voudrais pouvoir m'y agenouiller avec vous, offrir à Notre-Dame de Lourdes ma vocation et mettre sous sa protection cette année bénie du départ et notre séparation, pour qu'elle soit vaillante et vraiment méritoire. Mais je sais que vous y aurez pensé, maman chérie, je suis heureuse de confier à votre cœur cette mission près de ma Mère du ciel. Combien je l'aime davantage depuis que je vais devenir une autre elle-même, une Marie pour Jésus, pour mon prochain, pour ma famille aussi. Tout en nous, jusqu'à notre costume, doit faire de nous de nouvelles Marie, et cette pensée d'être Marie pour Jésus et les âmes, est le charme de notre vocation. Avez-vous remarqué que Notre-Dame de Lourdes porte le costume des Réparatrices, la robe blanche, la ceinture bleue, et qu'elle a choisi ce costume bien peu de temps après que la Mère Marie de Jésus l'eut imposé à ses filles ? C'est la sanction de la sainte Vierge et la preuve qu'elle approuvait et bénissait le choix de ses livrées. — Six mois encore, maman chérie, et je serai dans sa sainte maison ! Chaque jour qui passe m'en rapproche, et je ne puis y croire tant je suis heureuse. Pauvres, pauvres jeunes filles du monde, je voudrais les attirer toutes à la suite du Maître ! Qu'au moins il plaise à Notre-Seigneur d'en choisir d'autres parmi mes sœurs. »

A ses amies, Marie-Anne écrit sous la même impression de joie et de douleur mélangées dans une indéfinissable harmonie. Toute la tendresse de son cœur éclate dans cette lettre à une âme qu'elle savait depuis longtemps affligée :

« ... Ma pauvre amie, voyez-vous, cela me désole de vous voir toujours tourmentée, toujours souffrant d'un côté ou de l'autre, je me plains au bon Dieu de ce qu'il ne veuille pas vous donner un peu de repos, et je suis toute triste quand je me retrouve calme et paisible et que je vois, que je sais qu'autour de moi des âmes chéries, comme la vôtre, souffrent sans relâche. Je voudrais tant souffrir à leur place ! Mais c'est impossible que cela dure toujours ainsi ; il faut que cela change !

Je veux forcer Notre-Seigneur à vous rendre heureuse, calme au moins. Ces quatre ans devraient être assez longs pour apaiser la soif que Jésus crucifié a de se glorifier en vous par vos souffrances, et je veux espérer, je veux croire que l'heure de la délivrance va bientôt sonner pour vous. Quand Marie-Anne n'existera plus, que Dieu reporte sur vous, mon amie, tout ce qu'elle aurait pu encore goûter de joies et de paix en restant dans le monde, ou plutôt, qu'il vous donne une part des joies de sa vie religieuse. Après tout, nous allons au ciel, nous avons devant nous l'éternité pour jouir; souffrir convient, mais c'est dur. Prions en union d'amour et de volonté avec Jésus. »

Puis, à Mlle de X..., toujours son intime confidente, elle répète son allégresse :

25 avril 1895.

« Oui, Notre-Seigneur est bon, trop bon pour moi. Il me gâte et j'en suis tellement pénétrée que je ne sais plus que devenir devant tant d'amour de sa part et tant d'ingratitude de la mienne. Je lui fais à toute minute le sacrifice de tout ce que j'aime et que je vais si tôt quitter ! »

21 avril 1895.

« ... Je supplie Jésus de ne pas me retirer une seule des amertumes de mon départ, et la seule grâce que je demande, c'est de ne pas pleurer pour ne pas faire pleurer les miens; demandez cette grâce avec moi; je la crois très importante.

Je suis dans l'un de ces moments où l'on devient affamé de sainteté. Plus je me sens misérable et plus j'espère dans la grâce de Notre-Seigneur. Je veux bien souffrir, souffrir toute ma vie, mais je serai une sainte. »

Vers le commencement du printemps, comme il fallait quitter la ville pour retourner au Patys, où il était moins facile de traiter ces graves questions, on décida que Marie-Anne entrerait au couvent vers l'Assomption. Déjà cette perspective faisait battre plus vite le cœur de la jeune fille, elle en confie le secret à sa sœur :

26 mars 1895.

« ... J'ai souvent besoin d'être réconfortée et tu sais le faire à merveille. Plus que quatre mois et demi, et le temps passe si vite, si vite ! Il me semble encore que ce n'est pas pour *toujours* que je vais partir, et qu'il reviendra un temps où je reprendrai la vie de famille. Mais non... Dieu seul ! Dieu sait si bien se faire *tout* pour nous que nous ne sommes pas à plaindre ; au contraire, quelle grâce et quel bonheur ! Nous sommes trop heureuses, nous, que Dieu a choisies ! Ah ! je t'assure que je ne redoute pas de voir passer les jours, et que si la nature crie et se lamente, le cœur au moins est plongé dans une joie qu'aucune tristesse ne trouble. Je peux dire comme Valentine Riant : « Je souffre, mais j'aime plus encore et je crois que le secret de ce que je ressens est contenu dans ce mot : Jésus ! » Quand Notre-

8

Seigneur nous enlève d'une main, il nous donne
le double de l'autre ; comment répondre à une
telle générosité ? Ah ! si tu savais comme je me
sens indigne ! — je ne crains pas de t'ennuyer, ma
chérie, en te parlant de mon cher sujet, si souvent
et si longuement. — On ne peut pas comprendre
ce que c'est, je crois, que de partir pour le couvent avant d'y avoir passé, et il fait bon pouvoir
dire au monde, cependant : « J'ai vu de près ton
bonheur », je t'assure que je ne voudrais pas du
plus grand bonheur qui soit sur la terre en dehors
de la vie religieuse ni en échange d'un seul moment de cette ineffable union avec Notre-Seigneur. »

3 avril 1895.

« ... Nous revenons de l'enterrement de Mère
Marie de l'Assomption, à l'Esvières. Voilà une
mort secourue et entourée de prières ! En vérité,
ce n'est pas triste, et on envie cette mort plutôt
que de la craindre. Nous sommes allés hier voir
son corps, exposé dans la salle de communauté ;
c'était très touchant et si pieux, si calme, qu'on
l'aurait crue endormie. Comme tout passe vite !
Encore quelqu'un que nous avons connu, parti
pour l'éternité. La vie de l'homme a des ailes. »

Pâques, 1895.

« Ma chérie, que n'es-tu près de nous dans ce
radieux jour de Pâques ? Je t'y voudrais tant ! Il
faut toujours que l'un de nous manque à nos

fêtes, et maintenant elles ne seront complètes qu'au ciel. Hâtons-nous de nous y retrouver !... Nous avons eu ce matin une belle messe de communion. Nous avons chanté des cantiques bien laids et bien mal accompagnés. J'espère que les anges du ciel les ont chantés sur un autre ton et que le bon Dieu n'a entendu qu'eux. Ah ! que je voudrais bien être au ciel ! »

17 avril 1895.

« Ma chérie, je ne t'écris qu'un petit mot et encore sur mes genoux, parce que Catherine me compose un chapeau et que ma tête sert de mannequin. — Ici, les jours se suivent et se ressemblent... C'est la seule originalité que je leur connaisse. Je passe une bonne partie de mes jours à jardiner et à semer. J'aime beaucoup cela parce que l'esprit n'y ayant aucune part, on peut beaucoup penser au bon Dieu pendant ce temps-là. Je me plais à penser au petit jardin de Nazareth et aux heureuses fleurs que plantait Notre-Seigneur. Au reste, ces fleurs que je sème, je ne les verrai pas toutes fleurir, et quelle joie c'est de penser qu'il ne leur faut pas beaucoup de temps pour croître et que cependant je serai dans la maison du bon Dieu avant qu'elles n'aient fleuri !... Le déjeuner sonne. Catherine a fini, je n'ai plus que le temps de t'embrasser, mais si tendrement !... »

24 avril 1895.

« ... Courage, cela passera si vite et il y a le

ciel au bout de tout cela ! Quand on pense à la perfection infinie de Dieu, aux charmes, à la radieuse beauté de la sainte Vierge, aux grâces des anges et des saints et que l'on peut se dire qu'un jour nous posséderons tout cela et que nous serons inondés du même incompréhensible bonheur que tous ces bien-aimés frères du ciel, comment ne pas supporter la vie, quelque amère qu'elle soit ? « Tout ce qui se mesure est si court ! » Je crois que facilement, comme sainte Thérèse, je mourrais de ne pas mourir, si je ne voyais pas, ouvert devant mes yeux, le vaste champ de la gloire de Dieu à cultiver, et surtout, si je ne sentais pas combien je suis loin de la perfection à laquelle j'ai été appelée. Vois-tu, je crois que c'est une des grandes grâces de la vie religieuse que de mourir sans aucun regret, puisqu'on meurt sans aucune attache. Nous ne tendons qu'à mourir, le plus saintement possible, — le plus tôt possible aussi, souvent ! — Nous savons bien que notre vie n'est utile à Dieu qu'autant qu'il le voudra et que lorsqu'il la voudra prendre nous ne ferons ni trou, ni vide, mais que nous serons aussitôt remplacées « comme un carreau de vitre que l'on remet ». Quelle paix et quel abandon cela procure ! »

12 mai 1895.

« ... Oh ! cette loi d'accroissement ! je voudrais tant qu'on *nous* martyrise ! Je crains qu'on n'aille malheureusement pas jusque-là, mais est-ce que cette seule petite chance à courir n'attirerait pas au couvent? Vois-tu cela, n'avoir qu'à se faire couper la tête pour s'élever tout droit au ciel, sans passer par le terrible purgatoire! Donner à Dieu la plus grande des preuves de l'amour et une gloire infinie, pouvoir donner une sainte à l'Eglise et à sa famille, et enfin, bien petite considération, mais encore valable, pouvoir faire dire jusqu'à la fin des siècles : Sainte Marie-Anne, priez pour nous ! Il y a de quoi en mourir tout de suite de désir. Oh! prie pour que nous résistions jusqu'au bout et que nous sachions souffrir et mourir !

« ... Au revoir, chérie, prie pour que le moment de ma retraite se décide, j'en ai tant envie ! Prie pour que saint Antoine me fasse retrouver ma montre avant le 15, ce qui serait un grand miracle; prie surtout pour que je sois une sainte, miracle encore plus grand, et dis à ma Mère de Lourdes, puisque tu es à ses pieds, quelle passion j'ai pour elle. Sais-tu que je vais avoir dix-huit ans lundi ! Quelle vieillesse! Je suis toute cassée!... »

Cette dernière lettre nous montre que Marie-Anne approchait enfin du moment de la décision. Doucement conduite, depuis près d'un an, et comme portée vers Marie-Réparatrice, elle était encore quelque peu hésitante. Son directeur lui conseilla une retraite dans une maison de la Société, ce qui était le plus sûr moyen de la mieux connaître et de s'y attacher, si Dieu le voulait. La maison du Mans, étant la plus proche d'Angers, on

pensa à y envoyer Marie-Anne. Le Père X... devait
y passer; il proposait de parler de sa pénitente à
la Mère supérieure et de demander pour elle la
faveur qu'elle désirait. Il est probable qu'il fit de
Marie-Anne un portrait qui n'avait pas besoin
d'être flatté pour être séduisant, car on s'empressa
de répondre à sa sollicitation en accordant la permission demandée. L'heure décisive allait donc
sonner !... Dieu qui dirige toutes choses voulut
que Mme Hervé-Bazin, souffrante alors, ne pût
conduire elle-même sa fille à cette supérieure inconnue, dans cette Société non moins inconnue.
Sous une escorte de pure forme, la jeune fille
partit donc seule, et seule elle frappa, — on devine
avec quel battement de cœur, — à cette porte
qu'elle devait franchir plus tard avec tant de joie !
Laissons-la raconter elle-même les émotions poi-
gnantes de ces jours de salut :

25 mai 1895.

« Ma bien-aimée maman, me voici enfin chez
mes chères Réparatrices, et comme elles sont
bonnes ! Je viens de quitter la Mère supérieure,
toute céleste sous son grand voile bleu. Elle m'a
embrassée avec cette bonne tendresse religieuse
et serrée dans ses bras. Après un voyage à travers
la ville qui m'a paru long comme un siècle, je suis
arrivée ici, et j'ai été reçue par la charmante Mère
portière qui m'a introduite dans le parloir. La
Révérende Mère supérieure est arrivée quelque
temps après, et m'a tendu la main, ce qui m'a ras-

surée. Nous sommes montées presque tout de suite après dans une jolie chambre qui porte le nom de saint Louis de Gonzague. Nous avons causé un quart d'heure à peu près. Je suis ravie de cette bonne Mère supérieure qui est bien, bien pâle, mais dont les yeux ont une expression ravissante. Je crois qu'on ne me fatiguera pas ! Je n'ai la permission de me lever qu'à six heures et de faire trois quarts d'heure de méditation seulement demain matin. C'est une retraite tout à fait fermée et intime. Nous sommes quatorze ou quinze et, par faveur, les instructions seront données dans l'oratoire des religieuses. — Je voudrais mes chères grandes sœurs auprès de moi ! Je suis complètement heureuse et je voudrais être ici pour toujours. »

26 mai 1895.

« …Je crois que c'est impossible de vous décrire mon bonheur, qui est tout à fait au-dessus de tout ce que le monde peut donner, et de ces pauvres petites joies de la terre que l'on méprise si bien ici ! On m'a donné pour visiteuse une jeune Mère toute céleste, elle vient me voir plusieurs fois par jour et parle si bien du bon Dieu qu'elle vous enflamme. C'est son seul amour, et combien elle l'aime ! Quant à la Mère supérieure, elle est pour moi un reflet vivant du bon Dieu. Avec la douceur de Jésus même, elle vous ferait passer par-dessus le monde entier. A tout ce qu'elle demande, c'est un bonheur de répondre : « Oui, Mère ! » et je crois qu'elle me demanderait de me jeter dans le feu que je le ferais, tant je serais sûre que ce serait pour le bon Dieu. — Tout le monde me recommande de soigner *l'enveloppe* en même temps que l'âme, pour vous revenir aussi *guillerette* que possible. Je ne me fatigue pas du tout.

« Priez beaucoup et faites beaucoup prier pour moi. Le grand moment d'une demande d'entrée sérieuse et catégorique s'approche et il faut absolument que le bon Dieu dispose en ma faveur le cœur de la très Révérende Mère Générale. On prie beaucoup ici. Ma Mère visiteuse, mon « ange gardien », a offert pour moi sa communion de ce matin et quelle angélique communion ! Elle n'entre pas à la chapelle sans prononcer mon nom. La Mère supérieure veut bien prier beaucoup aussi, et j'ai confiance. « Quand Notre-Seigneur veut quelque chose, me disait-elle ce soir, il faut bien que ses créatures en passent par là. Ayez donc toute confiance. » Et j'espère mon bonheur. On me le prédit si grand que je n'ose croire que ce soit bien vrai et si près !

« Ah ! que ne puis-je faire goûter le bonheur de ces jours de retraite à vous et à mes sœurs, maman chérie ! C'est absolument du ciel... La plus grande charité règne entre les retraitantes. Nous ne nous connaissons qu'en Dieu, mais c'est *tout*. Ma petite voisine de chambre, — une jeune fille qui part pour le postulat dans quelques jours, — est bien gentille. Si je suis reçue, je ferai sûrement mon noviciat à Toulouse, et au mois d'octobre si c'est possible. Il paraît que c'est un très bon moment pour s'habituer au Midi.

« A Dieu, maman chérie, je vous aime en Jésus, beaucoup plus et beaucoup mieux qu'avant. »

29 mai 1895.

« Maman bien-aimée, je viens vous demander une grâce, s'il vous est possible de me l'accorder. Pourriez-vous venir vous-même me chercher ? Je voudrais tant vous faire connaître la Révérende Mère Supérieure et vous faire connaître d'elle. Je voudrais vous montrer notre vie pendant ces jours bénis, et cette bienheureuse vie religieuse, comme nous la pouvons apercevoir ici, comme nous l'entrevoyons à travers les grilles, et surtout par le contact avec nos Mères qui sont si excellentes. Je crois que cela vous ferait du bien de voir ce que votre fille est appelée à devenir, quelle grâce Notre-Seigneur lui a faite en l'appelant là ! Vous comprendriez mon désir de voler vers le couvent, et comment cette union avec Notre-Seigneur Jésus, que nous goûtons pendant cette bénie retraite, me donne des ailes pour prendre mon essor vers ces hauteurs de la vie religieuse, vie de sacrifice, mais vie d'amour. Je voudrais vous faire voir un petit coin du ciel. C'est un rêve, maman chérie. S'il est irréalisable, abandonnons-le, s'il se peut accomplir, j'en remercierai Notre-Seigneur. Vous verriez comme on sait être bon ici. »

A ceux qui se demanderaient encore si la jeune

fille heureuse qu'était Marie-Anne n'obéissait pas à un mouvement d'exaltation passagère, nous répondrons en citant ici quelques pages des notes de sa retraite. On sera sans doute étonné de tant de lucidité d'esprit, d'un jugement si droit, et au milieu de tant d'ardeur d'amour, d'une raison si sage. Comme elle avait compris, l'enfant qui écrivait ces lignes, et l'appel dont elle avait été l'objet, et la forme particulière de cet appel, dans la société de Marie-Réparatrice !

« J'ai besoin de souffrir, je veux souffrir parce que Jésus-Christ a souffert pour moi,... parce que la souffrance sauve ceux qui se perdent dans le luxe et la mollesse,... parce que Dieu la demande pour l'expiation des crimes du monde. Je veux souffrir, parce que la souffrance est la plus puissante des prières,... parce que la souffrance purifie, parce qu'elle élève... Je veux souffrir parce que le bonheur est dans la souffrance ; et mon âme est avide de vrai bonheur. *Non mori, sed pati !* Souffrir, souffrir cent ans, s'il le faut, pour sauver les âmes et glorifier Dieu !

« Je veux le cloître parce que j'y serai séparée du monde,... et je crains comme le feu son moindre contact... Dans le cloître, je n'entendrai parler que de Dieu... Je goûterai les charmes d'une cellule solitaire où Dieu viendra seul visiter sa servante, qui souffrira pour sa gloire et s'immolera à chaque seconde, par la prière et l'expiation.

. . . .

« Je veux le cloître, parce qu'on y vit essentiellement de prière, et j'ai besoin de prière continuelle... C'est la force de l'âme, notre seul moyen de salut, c'est la clef du ciel. La prière unit à Jésus, aide à tout supporter pour sa gloire... La prière est la sœur de la souffrance ; toutes deux s'unissent pour s'offrir à Dieu et sauver le monde. Jésus ne les a pas séparées : dans sa vie cachée, dans le désert, dans sa passion, sur la croix... Il a prié sans cesse ; je veux unir une vie de souffrance à une vie de prière.

« Je veux la pauvreté, parce qu'elle fut la compagne inséparable de mon Sauveur Jésus, qui se l'attacha dès sa naissance et ne la quitta plus jusqu'à sa mort sur la croix. Les âmes s'y retrempent, y puisent leur force ; la pauvreté affermit, autant que les richesses affadissent... Elle détache du monde et de tout ce qui est créé... Je veux la pauvreté parce que le monde la hait et que je hais le monde.

« Une Réparatrice doit savoir pour *qui* elle répare, pour *quoi* elle répare et *comment* elle répare ; elle n'a pas besoin de connaître *ce* qu'elle répare. Toute offense de Dieu, quelle qu'elle soit, de quelque côté qu'elle vienne, blesse son cœur, parce qu'elle atteint le Cœur de Jésus. Nous saurons toujours assez, hélas ! dans nos rapports avec le monde, que Dieu est offensé... Nous le sentirons par le choc de nos âmes où habite Jésus avec celles d'où il est absent... Offenses sans nombre qui nous entourent, mais qui ne doivent pas même nous effleurer... Nous sommes de Jésus, Jésus sera *en nous*, et il se servira aussi de nous pour se donner à d'autres.

« A Marie-Réparatrice, les trois mots qui charmaient ma piété d'enfant se trouvent réalisés : *prier, aimer, souffrir*. Et plus tard : *aimer, souffrir mourir... mourir!*... Ce sera le dernier, le suprème degré de la réparation, et sans doute le plus beau jour de ma vie... *Jamais assez de souffrance, jamais assez d'amour, jamais assez de pureté*, pour RÉPARER... aussi, quelle lutte contre moi-même!... Nous ne mourrons jamais assez ! O Jésus, faites-moi mourir sans cesse !... »

. . . .

« La société de Marie-Réparatrice est tout ce que j'aime désormais... Je suis séduite, frappée, transformée par l'esprit qui rayonne de tout ici. Que c'est profond ! large ! précis et étendu ! Cet esprit s'étend à tout, et il laisse toute sa liberté à l'âme. Il n'y a que Dieu qui ait pu l'inspirer. Tout me plaît. Je veux être une vraie fille de Marie-Réparatrice, une vaillante. C'est cet esprit qui me sanctifiera. Je ne l'avais jamais vu, ni compris avant. »

. . . .

Au sortir de cette retraite, l'entrée de Marie-Anne dans la Société de Marie-Réparatrice fut traitée, puis conclue. Le noviciat de France étant à Toulouse et les chaleurs de l'été étant très lourdes à supporter, pour ceux qui ne sont pas nés dans ce climat, on remit à l'automne le départ de Marie-Anne. Il lui restait donc quelques mois à passer dans sa famille, mois cruels et délicieux, où tout est joie et tout est souffrance, pour la future religieuse et pour ceux qui lui sont chers. Heures rapides et fugitives, qui sont le martyre des mères et leur plus pure gloire, aurore du sacrifice qui va bientôt se consommer, aube du grand jour qui se lève et va donner à Jésus-Christ une vierge de plus sur la terre et dans le ciel ! Au retour du Mans, Marie-Anne écrit à son aînée :

2 juin 1895.

« **Ma** petite chérie, je viens te chanter mon bonheur ! J'ai été si heureuse pendant ces huit jours de ma retraite, que je ne pouvais croire que ce bonheur s'ouvrira bientôt devant moi pour toujours. Dieu seul est *vrai*, Lui seul est capable de donner la vraie joie, la sérénité parfaite. Ah ! combien on l'aime dans ces saintes maisons où j'ai pu vivre pendant quelques jours ! Aussi du haut de son trône, Jésus attire. On se sent emporté vers lui, et il devient comme impossible de vivre loin de lui !... Tu connais nos couvents ; tu sais quelle bonté, quelle charité y règne. Je ne puis te dire de quels soins, de quelle tendresse, de quelle maternelle ou fraternelle bonté j'ai été entourée. Aussi Jésus a gardé une partie de moi-même là-bas, près de Lui et de Marie Réparatrice. Je ne suis plus complète désormais, et je ne le serai pas avant d'avoir retrouvé cette partie de mon être, que Jésus ne me rendra qu'après le sacrifice que je dois lui faire de vous tous. Prie pour que ces derniers mois du monde, que je redoute tant, servent à ma sanctification... Je me recommande à toutes les prières possibles pour devenir une vraie *Réparatrice*, ce qui n'est pas peu de chose. »

8 juin 1895.

« ... Quand on a vu Jésus de si près, on se dégoûte du monde et rien n'attire plus que le seul Roi de nos cœurs. Mais comme il sait attirer ! Il n'y a pas de bonheur au monde qui puisse entrer en ligne de compte avec le plus petit de ceux que sait donner Jésus. Et comme nous acquérons les joies de Jésus par le sacrifice et que le sacrifice est toujours à notre portée, nous pouvons toujours être heureux. Voilà le grand secret de la joie de la vie religieuse, si vraie, si profonde et si pure. Bénis Notre-Seigneur Jésus avec moi, ma Thérèse, et prie pour que je sois généreuse jusqu'au bout ; la nature vit tellement en moi ! »

10 juillet 1895.

« ... Mon départ, vois-tu, produit en moi deux effets diamétralement opposés. Quand je pense à vous, il me transforme en fontaine, et quand je pense à mes petites sœurs du noviciat, en rayon de soleil. Plaise à Notre-Seigneur de me faire trouver le juste milieu. Ce juste milieu, ce doit être l'arc-en-ciel, si grand, si pur, si lumineux, si calme, entre le soleil et la pluie. »

Elle n'oublie pas davantage sa grande amie, à laquelle elle confie ces élans de son cœur :

« Voyez-vous, je suis une enfant gâtée ; tout en moi est une grâce de Dieu et une grâce immense, mais je ne veux pas agir en enfant gâté, et j'espère bien donner quelque chose à Notre-Seigneur... Avez-vous été rue de Naples ? Ah ! que je voudrais y aller avec vous ! il me semble que j'en baiserais les murs ! »

6 juin 1895.

« Je ne saurais vous dépeindre l'état de mon âme, à la fois si heureuse et si triste, chantant l'*Alleluia* au milieu des larmes et souriant dans un sanglot. Tout me fait souffrir, ma famille et le couvent, qui m'attirent en sens contraire, et au-dessus de cette lutte, Jésus se montre, et sourit, et je suis radieuse de bonheur. Je sens bien que je ne serai plus heureuse maintenant avant le dernier sacrifice, et que tout, pendant ce mois-ci, me sera douloureux, parce que mon cœur ne se trouve tout entier nulle part, mais je veux accepter la volonté de Notre-Seigneur Jésus, l'embrasser avec amour, et je le bénis de savoir si bien me faire souffrir. »

5 septembre 1895.

« Mais ne me plaignez pas ; elles ont des douceurs infinies, les larmes que Jésus fait couler et qu'il essuie lui-même dans son délicieux amour.

Je les aime comme les mondaines aiment leurs bijoux, et plus elles me brisent le cœur, plus je les trouve précieuses, parce qu'elles plaisent davantage à Celui que j'aime.

« Que Notre-Seigneur est bon ! Il sait si bien me consoler au milieu de mes angoisses que je suis trop heureuse. Je voudrais qu'il me brise plus encore, qu'il me mette en pièces...

« Qu'il fait bon souffrir et que les victimes sont heureuses ! Ah ! comment refuser quoi que ce soit à ce délicieux Jésus ? Soyons crucifiées avec Jésus crucifié. Épouses de la croix, embrassons-la de toute notre âme. »

L'été s'avançait, le mois d'août vit la naissance, au Patys même, d'une petite nièce qui sembla à Marie-Anne devoir la remplacer près des siens. Près du berceau de cette petite enfant, au milieu de tous les membres de sa famille, qui jamais plus ne devait se retrouver complète en ce monde, mais dont les membres vivants étaient alors réunis, la jeune postulante voyait s'écouler, rapides, les derniers jours qui la séparaient du départ. Elle était dans le plein épanouissement de sa jeunesse, et d'une vertu qui ne pouvait plus grandir qu'à l'abri du cloître. Dès le matin, elle commençait sa journée par de longues prières à la chapelle, puis elle y revenait pour l'orner et la remplir de fleurs. Elle allait et venait, chantant presque toujours une phrase d'un cantique, ses bouquets à la main, un sourire aux lèvres. Très petite, les cheveux toujours un peu frisés en auréole autour d'un visage qui n'avait de remarquable que son expression, les gestes vifs, comme ses yeux noirs brillants, habillée avec une indifférence si profonde qu'elle s'en faisait reproche à elle-même, très gaie, très douce, elle semblait vraiment aussi parfaite que possible. Elle parlait peu de son départ, pour ne pas attrister les siens, mais elle y pensait sans cesse, et malgré son infinie tendresse pour ceux qu'elle allait abandonner, on sentait son cœur tout entier parti vers une autre existence. Toulouse étant si loin, et Mme Hervé Bazin n'ayant guère la liberté de quitter tous ses autres enfants, on lui proposa de conduire Marie-Anne jusqu'au Mans, d'où quelques religieuses devaient partir pour se rendre au noviciat et se chargeraient de sa fille. La proposition fut acceptée.

Marie-Anne devait quitter le Patys le dimanche 22 septembre 1895. La veille, après avoir fait une dernière promenade, elle s'assit sur un banc du jardin et, contemplant ce cher nid de son enfance, elle murmura : « Que c'est joli le Patys !... Je n'ai pas eu le courage d'aller jusqu'au petit bois ! » Elle resta longtemps silencieuse, emplissant ses yeux de ce spectacle qu'elle ne devait plus revoir, puis le jour baissa, et l'heure où l'on faisait en commun la prière du soir réunit encore une fois les huit enfants près de leur mère. A la chapelle, tout était illuminé comme pour une grande fête, une moisson de roses embaumait l'autel ; sans trembler, la voix de Marie-Anne se mêla à celles des autres, et ce fut elle aussi qui entonna le

Magnificat qu'elle avait demandé qu'on chantât. Enfin, avant de quitter le modeste sanctuaire, où tant de fois son âme s'était élevée vers Dieu, l'enfant se jeta aux pieds de sa mère. L'émotion la secouait tout entière, cependant elle eut le courage de dire : « Pardonnez-moi, maman... j'ai été si mauvaise !... Merci pour tout ce que vous avez fait... Bénissez-moi pour vous et pour mon père ! »

Avant de s'endormir, elle voulut encore aller embrasser cette mère si aimée. Elle s'agenouilla près du lit et ne put s'empêcher de dire : « Je ne vous reverrai plus comme cela !... » Le lendemain matin, elle parut à la messe son chapelet au cou, son crucifix dans sa robe. C'est dans la chapelle qu'elle voulut faire ses adieux à sa mère, là, qu'elle voulut en quelque sorte, la laisser aux pieds de Notre-Seigneur. Mais malgré son énergie, elle était à bout de forces et quand, au sortir de là, elle rencontra sa petite nièce Madeleine, la nouvelle-née, elle sanglotait tout haut en l'embrassant. « C'est pour le bon Dieu, maman, répétait-elle, c'est pour le bon Dieu !... Je vais aller dire adieu à ma chère petite chambre. » Là, elle se jette aux pieds de la sainte Vierge, puis, fortifiée, elle descend au salon. Tous l'attendaient ; elle passe dans les bras de ses sœurs, de ses frères, elle a un mot de cœur pour chacun, enfin, elle monte en voiture.

Ce fut le moment le plus dur dans cette rude journée. Le cœur se brise : elle éclate en sanglots !

La voiture l'emporte, au moment de passer la barrière, elle se retourne et fait un signe de croix en l'air avec son Christ : « Oh ! que Dieu garde mon cher Patys ! » Sa mère lui dit, au détour de la route : « Penche-toi, regarde-le encore ! — C'est pour le bon Dieu, maman ! » Et elle regardait son crucifix à travers ses larmes. Pendant qu'elle gagnait la gare : « Vous direz à mon oncle René Bazin que je le remercie de ce cher crucifix ; vous lui direz qu'il m'a aidé à faire mon sacrifice... Comme le ciel est bleu, maman ! Le ciel se réjouit avec nous. Il est de la couleur de mon voile... C'est un dimanche que je suis née et un dimanche que Notre-Seigneur me reprend... Vous ferez mes adieux à tout le monde... J'offre la plus grande partie de mon sacrifice pour mon père et pour les intentions que vous savez... Vous direz à nos amis de la Salmonière que je penserai bien à eux, je n'ai pas su le leur exprimer, mais je les aime et j'étais triste de les quitter. Vous direz à Mme de la P... que je prierai pour elle et pour ses intentions... »

Arrivée à Segré, une fois en chemin de fer, son calme et sa sérénité reparurent. Tout le temps du voyage, ses yeux restèrent fixés sur ceux de sa mère, elle ne pouvait les en détacher. En approchant du Mans, un peu d'effroi se peignit sur son visage : « Oh ! nous arrivons ! Là, maman, derrière la cathédrale... »

En entrant au couvent, la Mère supérieure et le confesseur de Marie-Anne les attendaient. On conduisit à la chapelle, toute blanche et si jolie, la nouvelle élue du Seigneur ; une dernière fois, elle se prosterna auprès de sa mère qui la remit, saintement heureuse, à celle qui la remplacera désormais. Un dernier baiser, c'est fini !... La porte se referme, et jamais, jamais ne la laissera plus passer !... Qui donne un pareil courage aux mères ? Qui le donne, égal, aux enfants ? Qui brise ainsi les liens les plus forts et les plus sacrés, sinon l'amour de Jésus ! Amour incompréhensible, à qui ne l'a jamais éprouvé, amour irrésistible à celui qui le possède, amour jaloux qui ne veut pas de partage, amour dévoué qui ne sépare que pour mieux unir, amour vrai auprès duquel tout autre est trompeur, amour éternel en lequel se transforment et s'immortalisent toutes les pures affections d'ici-bas.

VII

La Société de Marie-Réparatrice, dans laquelle
Marie-Anne venait d'entrer, a été fondée vers le
milieu du dix-neuvième siècle. Le 8 décembre
1854, la baronne d'Hoogvorst, veuve depuis quelques années, et retenue dans le monde par l'éducation de ses quatre enfants, s'associait à l'allégresse générale de l'Église, en prolongeant sa prière
aux pieds du saint Sacrement. Le lecteur nous
saura gré de lui laisser raconter à elle-même la
céleste visite qu'elle reçut en ce jour béni, et de
puiser dans les différents ouvrages qui ont été
écrits depuis sur Marie-Réparatrice et sur les
membres de la Société, quelques détails propres à
la faire connaître [1]:

« La pensée qu'une gloire nouvelle allait
entourer ma bien-aimée Mère, mit dans mon âme
un je ne sais quoi de si suave, de si doux, et cette
bonne Mère établit tout mon être dans un si
grand repos qu'on eût dit qu'elle voulait me révéler, en même temps que sa gloire, quelque mystère de son cœur.

« J'oubliai complètement où je me trouvais, et si
j'étais à genoux ou assise ; et ce ne fut qu'en reve-

---

1. Extrait de la brochure intitulée : *La Société de Marie-Réparatrice*, par le R. P. Delaporte, S. J. Imprimerie Dumoulin,
rue des Grands-Augustins.

nant à mon état habituel, que je m'aperçus que j'étais à genoux. A cet instant, midi sonna.

« Pendant ce temps, il me sembla que Marie m'avait donné une petite place dans le ciel pour m'y faire jouir de sa gloire.

« Je vis cette divine Mère (quand je dis *je vis,* je rapporte simplement les images qui ont frappé les yeux de mon âme et qui me restent très présentes) couronnée en même temps par la sainte Trinité comme Reine, comme Vierge et comme Mère.

« Elle me dit alors que le désir de son cœur était celui-ci et qu'elle me serait reconnaissante de le réaliser : elle me fit remarquer que Jésus, en montant au ciel, n'avait pas quitté la terre ; qu'il n'en était pas de même pour elle et que son cœur de mère souffrait de ne plus être là pour l'entourer et le faire entourer d'adoration, de respect, de tendresse et d'amour, que ce qui l'affligeait profondément, c'étaient les outrages, les sacrilèges, les profanations de tout genre dont Jésus était comblé, sans qu'elle pût le consoler, l'entourer de son amour et de ses soins, pour guérir les blessures qui lui sont faites.

« Puis, avec ce cœur de mère qui oublie tout et qui fait disparaître toutes les distances, — et qu'est le cœur d'une mère à côté de celui de Marie ? — elle me témoigna *le désir de se voir remplacer sur la terre par des âmes qui auraient pour son divin Fils une tendresse et un respect tout spécial ;* qu'elle serait heureuse de le voir entouré d'épouses fidèles, ayant pour Jésus cette délicatesse d'amour qui se trouve dans le cœur de la mère.

« Ensuite cette bonne Mère, avec une expression de *supplication* (si je puis me servir de ce terme) que je n'oublierai jamais, me dit que mon cœur maternel devait la comprendre, et qu'elle comptait trouver en moi assez d'amour pour en donner à son Fils bien-aimé, qui m'avait donné tant de preuves de sa tendresse.

« Je promis tout à Marie ; car mon cœur, mon corps, tout mon être, étaient pénétrés d'un sentiment de reconnaissance, d'amour, de douleur, qui me brisait, me confondait, me consolait tout à la fois. »

A l'heure où la parole infaillible proclamait Marie immaculée, Marie donnait à l'Église une nouvelle famille religieuse ; c'était, si j'ose ainsi parler, sa réponse, son remerciement maternel. »

[1] « Réparer, et réparer par Marie, avec Marie, auprès de Jésus : voilà tout le plan, tout le but, toute la raison d'être de la Société. Sans doute la *Réparation* s'impose à toute âme aimante ; *l'union à Marie* pour honorer Jésus date du cénacle et du calvaire. Ce qu'il y a de caractéristique et de neuf, c'est la pensée de lier à jamais ces deux sentiments, d'en faire le mobile constant, l'esprit directeur de la vie tout entière. Par là l'Institut de

---

1. *Valentine Riant*, notes et souvenirs, par le R. P. Longhaye. Avant-propos.

Marie-Réparatrice prend parmi les autres sa place distincte et originale. »

[1] « Que faut-il à une Réparatrice?

« Un cœur, dans lequel Notre-Seigneur trouve la première place, et qui est tout à Lui;

« Une grande générosité d'amour, ne refusant ni souffrances, ni sacrifices;

« Une profonde humilité de cœur devant Dieu et ceux qui le représentent.

« Un abandon de tout soi-même au bon plaisir de Dieu, et un renoncement continuel à toutes les exigences de la nature.

« Obéissance jusqu'à la mort du *moi*, mort qui donnera à l'âme la liberté de vivre.

« Que la patience et l'humilité de Jésus se retrouvent dans chaque enfant de *Marie-Réparatrice*.

« Que la Passion de Jésus soit le sujet ordinaire des méditations, pendant les heures que l'on passera aux pieds du saint Sacrement jusqu'à ce que l'on en soit bien pénétré;

« Que la douceur et la charité de Jésus soient sur toutes les lèvres et dans tous les cœurs;

« Qu'elles sachent toutes qu'une Réparatrice est une victime, et qu'une victime ne s'épargne jamais. »

[2] « La vie d'une Réparatrice a deux termes : elle va tour à tour à Dieu par la prière et la louange; au prochain, par le dévouement et l'apostolat.

« La Réparation envers Dieu offensé et mé-

1. Premier écrit de la Fondatrice sur son œuvre.
2. R. P. Delaporte, S. J.

connu, surtout dans le mystère de l'Eucharistie, s'accomplit d'abord par l'adoration du très saint Sacrement.

« Chaque jour, le très saint Sacrement est exposé, le matin vers sept heures, à la messe conventuelle; il reste exposé jusqu'à la bénédiction, qui a lieu vers la fin du jour. A partir de la messe, les adoratrices se succèdent deux à deux, de demi-heure en demi-heure. Ainsi au milieu des villes où les péchés se multiplient, où les paroles de blasphème retentissent, où le mépris de Dieu et de sa loi s'affiche par les scandales et les crimes de toutes sortes, où peut-être les sacrilèges se commettent, le divin Maître, le Roi éternel, reçoit des hommages sur le trône de son amour. On lui tient compagnie, on l'adore, on s'humilie à ses pieds, on lui demande pardon pour tous les malheureux qui ne savent pas ce qu'ils font, et pour les coupables qui ne le savent que trop.

« En réparation des offenses dont Notre-Seigneur est l'objet encore pendant la nuit, deux religieuses sont désignées pour une adoration de minuit à une heure, devant le tabernacle.

« Le jeudi de chaque semaine, en mémoire de l'institution de l'Eucharistie et de la Passion, le très saint Sacrement reste exposé toute la nuit, de même que pendant les trois nuits qui précèdent le mercredi des Cendres.

« La divine Eucharistie est le centre et le foyer de la vie chrétienne, mais surtout de la vie réparatrice. Les religieuses de Marie-Réparatrice doi-

vent vivre auprès du saint Sacrement ; elles en doivent vivre, aussi la communion fréquente est-elle
selon l'esprit, les règles et les usages de la Société.

« Outre l'heure d'oraison du matin, la messe,
l'adoration, les examens, la bénédiction, une
demi-heure de lecture spirituelle, le chapelet et
les litanies de la sainte Vierge et des saints, les
religieuses de chœur récitent à trois reprises par
jour, dans cette même vue de réparation envers le
Cœur adorable de Notre-Seigneur, l'office du Sacré-
Cœur de Jésus. Les samedis et les jours de fête
de Marie, elles remplacent cet office par celui de
l'Immaculée Conception.

« Les principales dévotions sont les grandes
dévotions de l'Église catholique : l'Eucharistie, le
Cœur sacré de Jésus-Christ, la Passion, l'Immaculée Conception. — Les principales fêtes sont
d'abord les principales fêtes de l'Église, les fêtes
qui se rapportent aux dévotions qu'on vient de
nommer, celle de saint Joseph ; puis celles qui
rappellent des dates mémorables ou des noms
chers à la Société, et aussi toutes les fêtes des
saints et bienheureux de la Compagnie de Jésus.

« Les sacrements que reçoivent les réparatrices :
Pénitence, Eucharistie, Extrême-Onction, doivent
être reçus en esprit de réparation. Jusqu'au dernier soupir, il faut que toutes soient Réparatrices.

« Ce désir, ce besoin, cette passion de réparer,
pénètrent l'âme, les actes, l'existence entière,
suivant les instructions données par la Mère fondatrice. »

[1] « Qu'aucune occasion de réparation ne nous échappe. — En commençant la journée, un acte d'amour envers Notre-Seigneur, pour ceux dont la première pensée n'est jamais pour Lui.

« Si de nous lever le matin nous coûte, l'offrir en réparation de la sensualité de ceux qui passent des demi-journées dans un lâche repos.

« Si le froid nous fait souffrir, si la chaleur nous fatigue, le supporter en réparation de tout ce que les gens du monde se donnent pour éviter ce genre de souffrances.

« Entendre la sainte messe avec le plus grand recueillement en réparation du peu de respect de tant de milliers de personnes, qui n'y assistent que pour être vues.

« Communier avec tout l'amour, la foi, la pureté d'âme que nous pourrons, en réparation des communions sacrilèges. Se confesser dans le même esprit.

« Adorer le saint Sacrement pour ceux qui l'insultent et qui refusent de croire à la présence réelle. Et ainsi du reste. Réparation de chaque moment du jour et de la nuit, par chaque battement du cœur, par chaque respiration du corps et par chaque aspiration de l'âme, par chaque mouvement des lèvres, dédommagements affectueux au Cœur de Jésus pour toutes les lâchetés du monde. » — Quelle vocation ! quelle gloire ! que de mérites et que d'amour ! »

---

1. Écrit de la Mère fondatrice sur l'esprit intérieur.

La sainteté sous toutes ses formes est de tous les temps et de tous les pays, mais il est admirable de voir comment Dieu suscite toujours en son Eglise les saints dont elle a besoin. Qu'on parcoure par la pensée l'histoire du monde chrétien, on remarquera que les trois premiers siècles furent ceux des saints martyrs. La semence de l'Evangile devait être arrosé de sang. A la période d'organisation qui suivit, la Providence accorda les grands docteurs et les grands pontifes. Pendant la longue et mystérieuse succession des invasions barbares, surgirent les saints convertisseurs, puis lorsque sortit de ce chaos la merveilleuse *chrétienté*, lorsque vint l'âge d'or du monde, le moyen âge, de cette sève abondante de vertus, une floraison de saints naquit. Toutes les nations, tous les états de vie en produisirent alors ; la terre en était pleine. Hélas ! cela ne devait pas durer. Peu à peu, les mœurs se dissolvent, le relâchement gagne jusqu'au clergé et aux moines, et en face de la prétendue réforme, se dressent les saints réellement réformateurs. Malgré tout, le monde vieillit dans le péché, la miséricorde de Dieu daigne faire un dernier et sublime effort : le Sacré-Cœur se découvre ! Et comme le Sacré-Cœur de Jésus n'a jamais battu que pour réparer la gloire outragée de son Père, à mesure que les âmes chrétiennes l'étudient et s'échauffent à ce divin foyer, apparaissent davantage les saints réparateurs. De ce dernier ordre sont presque tous les saints de nos jours. Il en est bien peu chez lesquels on ne trouverait pas cette pensée dominante : réparer pour les crimes de la terre. N'est-il pas bien permis d'espérer, et de se demander quelles merveilles nous réserve l'avenir, quand on voit cette phalange de victimes volontaires s'offrant à la Justice éternelle, en union avec le divin Réparateur ?

Marie-Anne devait être l'une de ces victimes, la plus inconnue, la plus silencieuse, et c'est pourquoi elle fut une si réelle Réparatrice. Dans sa famille, elle ne resta que le temps de se préparer à l'immolation ; dans le monde, on ne la vit jamais ; au couvent, où elle apportait de brillantes espérances, elle s'effaça bientôt dans une ombre profonde, pour finir par des mois d'infirmité, sans avoir jamais réalisé aucun de ses désirs d'apostolat extérieur. Là est le cachet des œuvres divines, le signe qui ne trompe pas, que notre nature orgueilleuse accepte si difficilement et que si peu comprennent parmi les meilleurs : l'inutilité apparente de la vie ! Mais quelles merveilles nos yeux éblouis contempleront lorsque, les ombres terrestres s'étant dissipées, le grand jour de la vérité éternelle nous montrera la valeur des choses ! Nous ne serons plus aveuglés par cette poussière d'or que l'Esprit-Saint appelle si justement *fascinatio nugacitatis* : la fascination de la bagatelle ! Et nous verrons pâlir la gloire des grands hommes de la terre, des célébrités du temps, en face de celle, beaucoup plus brillante, de la dernière de ces humbles vies immolées.

Les très courtes années que Marie-Anne avait à

passer à Marie-Réparatrice commençaient par un dur sacrifice : celui de ne voir aucun des siens l'accompagner jusqu'au noviciat de Toulouse. Ce début de Marie-Anne dans la vie religieuse mérite d'être remarqué. Elle y arrivait complètement seule, complètement étrangère, n'ayant pu avoir de rapports personnels avec aucune de ses futures supérieures, et il faut ajouter complètement pauvre, car elle voulut pratiquer le détachement au point de n'emporter que ce qui lui était strictement nécessaire. Elle laissa à la maison tout ce qui lui avait appartenu, priant sa mère d'en disposer comme elle le désirerait, négligeant même les objets qui lui étaient indispensables, si bien qu'on fut obligé de les lui renvoyer. Elle ne semblait plus s'effrayer ni de ce long trajet avec des religieuses inconnues, ni de son arrivée qui devait avoir lieu en pleine nuit, ni de l'accueil que lui ferait la maîtresse des novices, à laquelle elle avait à se présenter elle-même, ni de cet éloignement définitif de sa famille et de ses amis; elle allait en avant, poussée par cette force irrésistible de l'amour de Dieu, cherchant Jésus et traversant tous les obstacles pour accomplir sa volonté. Celui qu'elle désirait l'attendait, du reste, et la récompensa de son humble entrée en religion par un noviciat d'une ferveur et d'un éclat exceptionnels.

Laissons Marie-Anne raconter elle-même à sa mère et à ses sœurs les premiers jours de séparation :

Première lettre, en wagon, 23 septembre 1895.

« Maman chérie, la paix de Jésus ! J'espère que Notre-Seigneur vous comble de cette divine paix, et que vous êtes heureuse du sacrifice accompli. Heureuse, je le suis, maintenant que je suis toute au Dieu que j'aime. Mais je pense à vous sans cesse, et vous nomme un à un au divin Maître, à tous mes instants de prière. Que j'ai souffert pour vous quitter hier, maman chérie ! Mais Mère X... m'a tout de suite conduite à la chapelle, et là je me suis dit : « C'est fini, ne pleurons plus, j'attristerais Notre-Seigneur ». Depuis, je n'ai plus pleuré, et je me suis sentie plus aimée du divin Maître qui me veut à lui tout entière. — Ce matin, nous sommes parties à onze heures et demie, après une dernière bénédiction du Père, et nos adieux à Mère supérieure et Mère assistante. Nous avons maintenant quitté Tours. Devinez qui j'y ai rencontré ? Charlotte Sicot ! Je ne la reconnaissais pas sous son ravissant costume de l'Assomption. Elle est toujours aussi gaie et joyeuse. Je voyage avec Mère X... et Mère X..., toutes deux charmantes. Nous sommes huit dans notre compartiment, sans espérance de diminuer. Comme il faut que je vous aime pour vous écrire ainsi ! Mais je vous écrirai toujours, fussé-je mille fois plus serrée... J'espère que ma Catherine chérie a eu du courage et que tout est fini pour le chagrin maintenant.

« Ma pauvre Thérèse, que j'ai pensé à elle aujourd'hui ! — A Dieu, maman chérie. A Dieu, mes chères petites sœurs. Merci de m'avoir donnée au bon Dieu, je vous aime et vous embrasse. A vous toujours en Jésus et Marie Immaculée.

« Votre Marie-Anne.

« Si vous pouviez, dans votre prochain envoi, mettre un solide couteau de poche, ce me serait très utile. Toutes en ont, et s'étonnent que je n'en aie pas. On me trouve pauvre, je crois. Vive Jésus pauvre ! »

25 septembre 1895, 10 heures du soir.

« Ma petite maman très chérie,

« D'abord, pardon de mon 'griffonnage de ce matin. Je me suis bien appliquée, mais !... Nous venons de dîner. J'ai quitté à Poitiers Charlotte, qui est ravissante sous sa guimpe et toute sainte, ce qui vaut beaucoup mieux. Elle m'a chargée de mille choses pour vous. Jusqu'ici les saints nous ont bien gardées. Nous avons voyagé fort agréablement. Nous avons écrit une lettre collective à Mère supérieure du Mans. J'ai fait ma prière en union avec vous à 8 heures 1/2. Je ne vous quitte pas de cœur. Si vous saviez comme il fait bon se sentir tout à Jésus ! Je voudrais que toutes mes chères petites sœurs fussent à lui. Toute privation est délicieuse quand on la souffre pour lui. Nous le sentons si près de nous dans cette fatigante journée de voyage !... Je vous souhaite d'aimer Notre-Seigneur comme on l'aime dans la Société. C'est délicieux de voir comme il règne dans tous ces cœurs qui lui sont consacrés. Ah ! demandez à Dieu que je sois un jour réellement

Réparatrice... Comment vont d'âme et de corps mes chères petites sœurs ? Dites-leur combien je les aime.

« A Dieu, maman chérie. A Notre-Seigneur toujours. En lui,

« Votre Marie-Anne.

« Nous arrivons à Toulouse, sans encombre. *Laus Deo* !

« Priez pour nous. A Dieu ! »

Toulouse, 26 septembre 1895.

« ... La Révérende Mère supérieure vient de me dire que j'aurais pu vous écrire hier. Pardon d'avoir retardé d'un jour des nouvelles que vous attendez, je pense, avec impatience, par ma timidité qui m'empêche de m'instruire de ce que je puis faire. J'ai tant de choses à vous dire ! D'abord, je suis au noviciat depuis le premier quart d'heure de mon arrivée, sans avoir fait un jour de retraite avant. Voyez quelle enfant gâtée ! Mes nouvelles sœurs sont toutes charmantes, et je suis effrayée de me comparer à elles. Mais je m'aperçois que je vous parle de tout le monde et que je ne vous ai pas encore dit un mot du Souverain Maître Jésus, auprès duquel il fait si bon vivre ! Je le vois sans cesse et suis très souvent près de lui. Que ne puis-je vous procurer le même bonheur ! Ici tout le monde le sert si bien que c'est délicieux à voir ! Priez pour que je ne sois pas trop indigne Réparatrice ! Les Mères sont si bonnes que j'ai peur de ne jamais approcher de leur sainteté !

«Oh ! que je voudrais que mes sœurs me vissent sous mon bonnet de postulante ! Je ris toute seule quand je pense au grand fou rire qui les prendrait. — J'essuie la vaisselle avec ardeur. Mais j'y vais doucement, car je connais l'adresse de mes mains !

«Je n'ai pas encore mon nom. Prenez patience. Je me hâte pour que ma lettre puisse partir ce soir. — Je vous recommande tous à Notre-Seigneur sans cesse. Tous les soirs, au salut, je prie le divin Maître de vouloir bien envoyer sa bénédiction jusqu'à vous... »

Toulouse, 29 septembre.

« ... Huit jours depuis celui de la grande séparation, depuis ce jour heureux et déchirant où Notre-Seigneur m'a enlevée à vous ! Huit jours qui compteront, je l'espère, quand nous arriverons au ciel, car ils ont été durs. Je sens, par vos lettres, que vous avez souffert. Elles sont si pieuses qu'elles me ravissent, si tristes qu'elles me brisent. Oh ! que Jésus vous donne sa paix, ses divines consolations dans le sacrifice. Je voudrais vous avoir toutes près de moi. Mes sœurs seraient si bien à l'unisson des charmantes novices qui m'entourent ! Moi, je n'ai ni leur ferveur ni leur charité, et je sens un abîme entre elles et moi. Priez pour moi, de grâce. Je prie pour vous sans cesse. Partout et en tout, je vous offre à Notre-Seigneur.

« Bonne et sainte fête à mon cher petit Michel. — Je mène une vie active et occupée. Pas une minute n'est laissée à perdre ; le temps passe tout seul. Je lave la vaisselle avec toute mon ardeur, je me livre au ravaudage avec un zèle qui ferait les délices de Catherine. On m'apprend les principes, car je ne sais rien de rien sur ce point, comme sur beaucoup d'autres. Oh ! l'ouvrage manuel ! Il revient à tout bout de champ au noviciat ! Le bon Dieu me prend par mon faible ! Quand je me vois poursuivie en tous lieux par ces malheureux paniers, je voudrais fuir. Je suis obligée de prendre mes yeux les plus surnaturels pour les regarder. Je mange, bois et dors le mieux du monde, jamais je ne me suis si bien portée. Je suis du second réveil et du premier coucher. J'aurais bien honte de moi, si je n'étais guidée par l'obéissance et si ce n'était pour pouvoir plus tard dépenser plus de force au service de Notre-Seigneur Jésus.

« J'ai pour ange une Espagnole d'un dévouement admirable. Elle a fort à faire avec moi. Elle me réjouit beaucoup quand elle m'explique l'office, parce que je ne suis pas capable de comprendre son latin : *per Dominoum nostroum Jesoum Christoum,* et ainsi du reste.

« Dites à ma chère petite Françoise, que je ne me lève pas à minuit, hélas ! qu'elle dorme comme je le fais à cette heure-là, je le lui souhaite. Dites à Gabrielle et à Catherine que je les revois dans toutes mes sœurs du noviciat.

« ... Oh ! oui, donnez-moi toutes les nouvelles. Souvenirs à tous les braves gens de Marans. »

Toulouse, 20 octobre 1895.

« ... Le dimanche, je me pénètre de ce que vous me dites, pour vous bien suivre toute la semaine. Merci, maman chérie, de vos lettres si bonnes et que j'aime tant à recevoir. Vous savez et vous verrez si, par le cœur, je suis encore votre Marie-Anne, votre numéro quatre, l'aînée du second groupe et le Benjamin du premier, deux rôles que j'aime beaucoup. Tout ce que vos lettres me disent m'intéresse au plus haut point.

« ... La maison est encore plus calme que de coutume, ce qui me met au troisième ciel. Nous n'avons plus qu'une récréation par jour, et en dehors de là, nous restons dans le silence, cherchant à entendre parler Notre-Seigneur. Nous le sentons bien près de nous. Si vous saviez comme *je sens* que c'est lui qui me dirige par mes supérieures ! Quelquefois je reçois une réponse immédiate et décisive à des doutes que je n'ai même pas exprimés, à des questions que je ne savais comment poser ; ou bien c'est une permission, c'est un repos accordé juste au moment où je sentais en avoir besoin. Comment ne pas reconnaître Jésus ? Peut-être ne le verrai-je pas toujours aussi clairement, mais cette grâce du commencement de ma vie religieuse n'est-elle pas très grande ?

« ... Ai-je encore besoin de vous dire, maman chérie, que je suis infiniment heureuse ! La blessure de la séparation n'est pas fermée encore, oh ! non ! il suffit d'y mettre le doigt pour qu'elle saigne. Mais peut-elle se guérir jamais ? J'aime mieux la garder au fond de mon cœur, et souffrir toujours de m'être arrachée à vous, puisque malgré cela, et par cela, Notre-Seigneur permet que j'aille, que nous allions à lui. Être à lui, quel bonheur et quelle grâce ! Je le sens mieux chaque jour. Pourquoi ne puis-je vous amener tous ici ?

« Ma vie n'a pas changé depuis dimanche, du moins extérieurement. Je suis toujours « aide au réfectoire » quel titre pompeux ! Mes sœurs vont triompher : *je crois* que j'ai fendu un verre. S'il ne s'agissait que de le fendre, cela n'est pas difficile, mais aller avouer la faute l'est beaucoup plus, et je prie Notre-Seigneur de me faire casser beaucoup de verres, pour m'exercer à l'humilité.

« ... Figurez-vous qu'au titre de dernière postulante, (quel rang élevé !) je dois l'honneur d'enlever le voile et le manteau de Mère supérieure quand elle sort du chœur. Cela vous semble peu de chose ? Ah ! vous ne savez pas tous les soucis que j'en ai ! J'entre à l'avant-chœur comme une bombe, et je me précipite sur mon propre voile pour avoir le temps de le plier. Je trouble le recueillement d'une demi-douzaine de novices, en ouvrant l'armoire avec vivacité pour accrocher ce bienheureux voile. De là, je vole auprès de la porte du chœur, et j'attends, dans l'anxiété, la bêtise que je vais faire, — car j'en fais une toutes les fois, régulièrement. — Je ferme la porte sur le manteau de Mère assistante, ou j'oublie de la fermer. Je fais attendre Mère supérieure, ou je déploie un tel zèle, que quelquefois, comme hier

soir, je la vois retenir avec un mouvement d'inquiétude, son voile bleu, pendant que j'enlève son voile
de chœur. Enfin Mère supérieure a la bonté de me
dire toujours un merci consolant. Mais ce n'est pas
tout. Il s'agit encore de le plier, ce voile. Cela,
c'est ma croix. Je m'embarrasse dans le manteau,
je confonds les plis, j'invoque mon bon ange sur
tous les tons pour qu'il m'assiste. Régulièrement,
on éteint le gaz au milieu de mon plus grand trouble. Pendant ce temps-là, tout le monde se rend à
l'oratoire, et je me vois la dernière. J'arrive essouf-
flée, rouge d'émotion, j'invalide ma génuflexion
pour pouvoir être à ma place aux premiers mots
des prières. — Voyez mes tribulations ! Après cela,
je vous confie que cet office fait ma joie, que
j'aime beaucoup le remplir et que je serais désolée qu'une autre postulante me volât ma place.

« Je commence à savoir mettre le couvert, le
couvert de cinquante-deux personnes. Je sais dis-
tinguer les fourchettes et à qui il faut mettre les
plus *cholies*, comme dit une postulante coadjutrice.
Ce qui me fait frémir, c'est la pensée d'être nom-
mée lectrice et de monter dans cette chaire dont
la seule vue m'intimide. Je mets le ton avec une
telle conscience, quand je lis, qu'il me semble
que je raconte une histoire où il y a des ogres et
de gros loups qui effraient les petits enfants. Je
suis sûre de faire rire de moi, et comme vous
connaissez mon humilité, c'est ce qui me fait
peur. — Je ne sais pourquoi je vous raconte de si
petites choses. Mais justement, depuis que nous

n'avons plus qu'une récréation, j'ai des envies de rire désespérantes. — Voudrez-vous dire, maman chérie, à notre bon Monsieur le curé, en lui offrant mes plus respectueux souvenirs, qu'en priant pour sa paroisse, je prie avant tout pour le *Pasteur* (style bonne sœur, mes petites sœurs), et que je lui recommande bien sa petite *brebis* pour qu'elle aille jusqu'au bout de la perfection, ou du moins jusqu'au bout de ses forces. J'espère toujours voir Monsieur le curé à ma prise d'habit.

« Ne vous tourmentez pas du retard de mes lettres. Il n'a rien qui m'étonne. Je voulais vous dire aussi de ne pas vous inquiéter si une semaine vous ne receviez rien. Je puis très bien être empêchée de vous écrire un dimanche. Je constate, par expérience, que les Réparatrices sont occupées ! — Oh ! priez pour que je fasse quelques progrès de vertu. Je ne me sens pas avancer et j'ai peur ; soutenez-moi de vos prières, Je suis entourée de grâces et j'ai peur de les perdre. Je ne saurais vous dire à quel point Notre-Seigneur me gâte en tout. Les moindres détails de ma vie sont marqués du sceau de son amour, et au lieu d'être une sainte, je reste *moi* ! »

Toulouse, 3 novembre 1895.

« ... Ma semaine a été toute pleine de Jésus, mais de la croix de Jésus. Il m'a enlevé ma si bonne et si sainte Mère supérieure pour la placer à la tête de la nouvelle fondation de Bordeaux. Quelle épreuve pour la petite postulante, pour le noviciat et pour la maison tout entière ! Je vous avoue que j'en ai profondément souffert. Jésus me l'avait laissée le temps de m'attacher à elle *trop* fortement. Quand il a vu que je tenais trop à elle, il me l'a prise. Je l'en bénis dans le brisement de mon cœur, et je le remercie de signer de sa croix mon entrée dans la vie religieuse. J'espère à présent n'oublier pas que c'est la seule monnaie qui ait cours entre nous. Du reste, je commence à m'apercevoir vivement de ses desseins d'infinie miséricorde sur moi dans cette épreuve. Vous souvenez-vous de la Mère assistante ? C'est elle que Dieu a placée à la tête de la maison. Je crois qu'il faudrait être bien pervers pour ne pas faire avec elle quelques progrès dans la voie de la perfection ! A ma honte, je vous avoue que c'est ce qui m'a fait une peur affreuse. J'ai craint d'aller trop vite et d'être obligée à trop de vertu. Voilà un aveu édifiant ! Grâce à Dieu, je ne me suis pas arrêtée là, et quand j'ai découvert combien ferme et douce à la fois, serait la direction de la Révérende Mère supérieure, je me suis tournée vers Jésus pour lui dire : « Décidément, vous aviez encore une fois raison. » Désormais c'est fini, je ne m'arrête plus. Avec une croix à la base de ma vie religieuse je m'y élance, confiante. J'espère que ma Mère maîtresse ne va rien épargner de Marie-Anne, de cette pauvre Marie-Anne qui a peur de tout et qui est si lâche. Elle-même ne saurait jamais s'immoler ; mais elle a au moins la volonté de se laisser faire, et Jésus permettra

que l'immolation soit accomplie... Ah ! cette
maison de Bordeaux nous coûte cher. Elle est
arrosée de nos larmes. Il me semble que j'ai
vécu des mois pendant ces quelques jours, tant
j'ai reçu de profondes leçons de cette souffrance.
Mais Dieu est bon, louons-le sans cesse... Malgré
la croix de Jésus et à cause d'elle, je suis heureuse. Que tous prient pour moi, de grâce, et
pour tout le noviciat. »

17 novembre 1895.

« ... Saint Stanislas m'a envoyé mon nom. Le
jour de sa fête est arrivée la réponse. La très Révérende Mère Générale a bien voulu m'accorder
Marie de l'Agnus Dei, ce que je n'osais espérer.
Je suis tout à fait ravie, d'autant plus que je
sentais saint Timothée suspendu sur ma tête,
parce qu'il vient de mourir une jeune Mère de ce
nom, et malgré tout le respect que je dois à ce
bon saint, je lui préfère mille fois l'Agneau de
Dieu. La seule clause que mit Notre Mère Générale,
c'était votre approbation. Mais comme j'en étais
très sûre j'en ai répondu. Ah ! maman chérie,
comment faire pour que Marie-Anne devienne
Agnus Dei ?... A partir du 1er décembre, pendant
ce dernier mois du postulat, je commence une
sainte quarantaine, pendant laquelle je ferai jeû-
ner Marie-Anne jusqu'à extinction. Vous prierez
pour qu'il sorte de là un petit agneau bien blanc,
bien doux, bien immolé au bon plaisir de Dieu.
La tâche est grande...

« ... Figurez-vous, ma chère maman, que l'ouvrage manuel commence à faire mon bonheur. Vous voudrez bien dire à Catherine que je sais *remmailler*, que j'aime beaucoup cela et que je fais maintenant des mètres de reprises *très fines*. Une autre transformation : le céleri fait mes délices; enfin vous ne me reconnaîtrez pas. — Cela prouve que tout est bon dans la maison du bon Dieu. — Je ne vous parle pas de ma santé parce qu'elle est florissante. Je ne m'aperçois d'aucune fatigue après les adorations de nuit. L'autre jour, entre trois et quatre heures, pendant que ma compagne allait réveiller les adoratrices qui devaient nous remplacer, j'étais toute seule, dans le grand calme de la nuit, devant le saint Sacrement exposé. Quelle trop heureuse enfant, n'est-ce pas ? — Ah ! oui, trop heureuse ! — Je vous écris en courant, mais je vous aime paisiblement et profondément. »

A l'une de ses sœurs.

Toulouse, 6 octobre 1895.

« Je t'assure, ma chérie, que tu es associée à ma vie, que tu es près de moi à chaque instant, et que nos deux noms, toujours unis jadis, ne se sont pas séparés. Souvent, quand je suis en adoration, je dis à Notre-Seigneur : « Jésus, croyez que c'est Catherine et faites-lui les mêmes grâces que si elle était là. » Tous les matins, à l'oratoire, je fais pour toi la consécration demandée, et je me mets avec toi aux pieds et sur le

cœur de Jésus. — Ah! si tu savais comme il fait
bon le garder et combien j'aime nos heures
d'adoration ! Quand on peut lui dire : « Seigneur,
je suis là ; maintenant, faites de moi *tout* ce que
vous voudrez », il s'établit entre l'hostie divine
et l'âme un courant irrésistible, qui entraîne l'une
vers l'autre si je puis ainsi dire. L'âme n'est pas
exempte de souffrances, sans doute, mais elle les
accepte avec une joie profonde, parce qu'elle se
sent sous la main de Dieu. J'ai entrevu cela et je
rends grâce à Notre-Seigneur qui, en me faisant
Réparatrice, m'a donné la grâce inestimable de ces
heures de cœur à cœur avec Lui. Comme tu l'avais
bien compris avant mon départ, notre vie de Réparatrice est une vie de renoncement. Il nous faut
aller diamétralement à l'encontre de ce que l'on
aime et recherche par nature. A cause de notre
vocation même, Notre-Seigneur ne nous demande
pas de nous casser la tête ou de ruiner nos forces,
mais de renoncement, jamais assez, d'humilité,
jamais assez, d'amour, jamais assez. Je t'avoue
que cette vertu, profondément intérieure, m'a fait
peur d'abord. J'aurais presque mieux aimé qu'on
me dise d'ouvrir une porte en cinq minutes ou de
mettre ma patience à m'habiller avec trente-deux
épingles. Je craignais de ne jamais pouvoir me
vaincre, au point de devenir *ac cadaver*, oubliant
que j'existe, pour ne plus voir en moi qu'un instrument souple entre les mains des supérieures,
et propre à procurer la gloire de Dieu. Et je le
crains encore. Mais je ne veux pas penser qu'il

soit question de moi. Que Notre-Seigneur agisse, je me livre. J'ai renoncé à me répéter toute la journée que je ne serai pas une sainte et, tournant le cap vers la perfection, j'ai demandé au divin Pilote de conduire ma pauvre barque délabrée jusqu'où elle devait aller, quand il me l'a donnée neuve et puissante.

« Voilà une lettre intérieure, comme tu me demandais de t'en écrire. Je voudrais avoir beaucoup de ferveur pour te parler de notre Jésus. Mais il te parlera lui-même. Demain, vous aurez l'adoration, je vous envie ! J'aimais tant cette fête ! »

10 novembre 1895.

« Ma sœur chérie,

« Cette nuit, j'avais pour la première fois l'adoration de minuit à la chapelle. On ne peut pas se figurer les délices de cette heure, et le bonheur d'être près de Jésus, au moment où il est le plus offensé, le plus oublié. Vous étiez tous avec moi près de lui. Mes nuits entières de sommeil me sembleront maintenant plus dures que jamais. Mais ma chambre touche la chapelle, et je suis tout près de lui, ce qui me console un peu de dormir quand lui veille... Dis et redis à ma chère maman qu'elle peut être tranquille sur mon compte. Je suis heureuse, gaie, bien portante, ravie chaque jour davantage d'être dans la maison du bon Dieu. Je goûte entre mes lampes et mes chandelles un bonheur rare ! Mes petites sœurs sont bien gentilles, ma Mère sous-maîtresse parfaite, — vous le savez, — et, que voulez-vous, quand je suis trop intimidée par Mère provinciale ou même Mère supérieure, je dis un ou plusieurs *Veni Sancte*, et puis je me lance, comptant sur Dieu ! Il y a un certain corridor qui se remplit de mes *Veni Sancte*, c'est celui sur lequel donnent les chambres des supérieures. »

Le temps s'écoulait et la durée ordinaire du postulat touchait à sa fin. Marie de l'Agnus Dei — nous lui donnerons ce nom désormais, — entra en retraite pour se préparer à la vêture. Elle avait prévenu sa famille qu'elle n'écrirait plus jusqu'au jour, — qu'elle ignorait encore, — qui serait fixé pour la cérémonie, mais elle avait compté sans la bonté de ses supérieures. Le 3 décembre 1895, elle reprend la plume :

« ... Voyez comme Notre-Seigneur me fait déjà rompre le silence, — et c'est pour vous annoncer quelque chose de si joyeux ! Je prendrai décidément l'habit dans la nuit de Noël, et c'est en même temps que l'Enfant Jésus que Marie de l'Agnus Dei naîtra pour le service de ce divin Enfant. Vous comprenez ma joie, maman chérie, et vous la partagez. Je suis toujours gâtée du bon Dieu. Et quand je regarde ma vie tout entière, je la trouve couverte, inondée de grâces. Hélas ! qu'ai-je fait, moi, pour tant de bienfaits incalculables ? Jésus le sait... et cependant il m'aime encore et voyez ce qu'il me donne... Que rendrai-je ? Je voudrais tant me donner tout entière !... Venez m'aider, venez m'offrir une fois de plus à Dieu.

Quelle joie de vous avoir près de moi, de sentir que vous faites le sacrifice entier de votre Marie-Anne, et que vous ici et mon père là-haut, vous vous unissez pour me donner à Notre-Seigneur ! Ce matin, nous avions une cérémonie de derniers vœux. Le prédicateur nous a fait sentir combien était sublime cette consommation de l'alliance avec Jésus-Christ... Et voilà à quoi Notre-Seigneur me prépare. Maman chérie, ce serait écrasant si nous nous considérions nous-mêmes. Mais c'est lui qui fait tout et nous n'avons qu'à nous laisser manier par son miséricordieux amour. Je ferai mes premiers pas la nuit de Noël. Ah ! Dieu soit béni !

« Je laisse ainsi s'épancher le *Magnificat* de mon âme, parce que je sais que vous le ressentirez aussi. La Révérende Mère provinciale a annoncé la nouvelle cette après-midi, à la récréation générale. Je ne croyais pas la chose absolument *sûre* encore, de sorte que j'ai été la première surprise et ravie. Tout le monde a félicité, avec une charité toute religieuse, « le petit Agneau » — car j'ai hérité de ce titre depuis que la Mère provinciale m'a appelée ainsi une fois. — Ce nom est bien quelque peu étrange, appliqué à *moi* ; mais quand j'exprime cette pensée, on me dit que Notre-Seigneur peut tout, même me rendre douce. Alors je me tais et j'espère. »

Avant de prendre l'habit de Marie-Réparatrice, le cœur délicat de Marie-Anne sentit qu'elle devait remercier la très Révérende Mère générale qui voulait bien l'admettre à l'épreuve du noviciat. Elle lui adressa donc la lettre significative que nous citons et qui fut la dernière qu'elle écrivit autrement qu'à l'abri de son voile :

« Ma très Révérende Mère,

« J'ai hâte de vous dire tout mon bonheur et combien je vous suis reconnaissante de me permettre de prendre l'habit dans cette délicieuse nuit de Noël qui sera si complètement joyeuse pour moi cette année. Cette grâce de Notre-Seigneur, ajoutée à tant d'autres, m'a comblée de joie ; je reste confondue devant les bienfaits sans nombre dont je suis entourée.

« Je ne puis vous dire, ma très Révérende Mère, à quel point je suis heureuse d'être votre enfant, et de vivre dans la maison de Marie-Réparatrice. Tout me semble si bon, si simple et si familial, au milieu de cette paix que donne l'obéissance, que je n'ai qu'une peine : celle de ne pas souffrir, qu'une crainte, celle de faire trop peu pour Notre-Seigneur. Je me console en pensant que ce grand calme ne durera pas toujours, et, qu'un jour Notre-Seigneur me prendra au sérieux et m'enverra un peu de sa croix.

« Ma très Révérende Mère, je vous dis tout cela pour vous montrer une fois de plus combien Notre-Seigneur est infiniment bon, et combien il me comble de grâces. Il faut que je sois bien réellement mauvaise pour ne pas devenir une sainte. J'espère faire quelques progrès après ma retraite, quand j'aurai le cher habit de la très sainte Vierge et que je serai vraiment à la Société.

« Combien je vous remercie, ma très Révérende Mère, de m'avoir accordé le nom de *Marie de l'Agnus Dei*. Je l'aime de tout mon cœur. Maman le trouve délicieux et vous est très reconnaissante de me l'avoir donné.

« S'il vous faut une victime, ma Mère, vous savez que l'agneau naît pour être immolé, et vous demanderez le petit *Agnus Dei*, né près de la crèche. Mon nom semble me donner le privilège de payer pour tous. Aussi comme ma vie ne peut être que de bien peu d'utilité, s'il vous la faut pour le salut de la Société, ou même simplement pour son bien, ma très Révérende Mère, elle est entre vos mains. Je suis toute prête à m'offrir pour souffrir et mourir avec Notre-Seigneur.

« Je vous remercie encore, et avec mille fois plus d'ardeur, ma très Révérende Mère, depuis que je sais la grâce que vous m'avez faite en m'acceptant pour être votre enfant. Je vous demande pour Marie de l'Agnus Dei votre maternelle bénédiction, et vous prie d'agréer, ma très Révérende Mère, l'expression du profond respect avec lequel je suis,

« Votre soumise et dévouée fille en Notre-Seigneur,

« Marie-Anne Hervé-Bazin. »

VIII

Le jour est venu où Marie-Anne va devenir comme elle le dit : « victime avec l'Agnus Dei ». Elle avait, sur ce nom symbolique et qu'elle devait si justement porter, des lumières toutes spéciales. Nous les retrouverons souvent. Elle disait de lui : « C'est dans la chapelle de la crypte de notre maison du Mans : en regardant la porte du tabernacle, sur laquelle est gravée l'image de l'Agneau immolé et vainqueur, que j'en ai eu la pensée et l'intelligence. »

Mme Hervé-Bazin et quelques-uns de ses enfants purent se rendre à la prise d'habit de Marie-Anne. Quand elle arriva à Toulouse, dans la vieille maison où habitent tant de souvenirs, cachée entre plusieurs rues, qui sont des ruelles, et n'ouvrant que comme à regret une de ses portes sur la place de l'Inquisition, on lui amena la jeune postulante. Elle la vit avec sa robe noire, sa pèlerine, son bonnet de tulle à brides, toutes choses qui se ressemblent dans tous les noviciats, mais si l'extérieur manquait d'élégance, l'âme rayonnait dans les yeux, toujours vifs et brillants, de l'heureuse fiancée du Christ. La cérémonie se fit immédiatement avant les trois messes que devait célébrer le R. P. de L..., de la Compagnie de Jésus. Pour cette raison, et afin de ne pas imposer une trop longue attente aux assistants, l'allocution d'usage fut supprimée. Jésus parla seul au cœur de son enfant. On remarqua le cachet de recueillement dont cette cérémonie portait l'empreinte. Mise à même de recevoir le voile le matin du 24, Marie-Anne avait sans hésiter choisi le soir, préférant, disait-elle, « que le divin Enfant parlât lui-même, et être l'agneau offert à Jésus dès sa naissance ».

Conduite par ses supérieures, elle s'avança vers l'autel avec sa robe noire de postulante. Devant elle, suivant une jolie coutume de la Société, toute sa future toilette religieuse était pliée dans une corbeille blanche, aux pieds du saint Sacrement. L'autel était couvert de lys et étincelait de lumières ; le chœur des religieuses était plein jusqu'à la dernière stalle, leurs longs voiles immaculés ondoyaient selon le mouvement de leurs prières, et au-dessus de toutes ces blancheurs célestes, il semblait qu'on entendît la musique des anges aux bergers de Bethléem, tant étaient pures les voix qui chantaient. — Marie-Anne répondit aux questions qu'on lui posa, elle disparut ensuite avec ses Mères. On la revêtit de la robe virginale, du scapulaire bleu, et du voile blanc des novices, et elle revint s'agenouiller au milieu du chœur. — Que dit-elle à Celui dont elle portait les livrées ? Que se passa-t-il dans son cœur ? Ce sont les secrets du Roi et de ses épouses fidèles. N'essayons pas de les pénétrer. Envions les âmes appelées à devancer ainsi l'union divine, et qui, au milieu de tant d'amertumes, en savourent quelquefois les ivresses.

Malgré sa générosité, c'était pour Marie de l'Agnus Dei l'heure fugitive de la joie et du triomphe. Elle possédait ce qu'elle avait rêvé, elle jouissait de la présence des siens, elle était appréciée et heureuse dans sa famille religieuse, sa santé était excellente ; aucun nuage n'obscurcissait son horizon. Elle goûtait pleinement toutes ces douceurs, et jamais nous n'oublierons l'expression de béatitude infinie qui transfigurait son visage, quand, au sortir de la chapelle, elle se jeta dans les bras de sa mère.

Deux jours plus tard, Mme Hervé-Bazin avait regagné Angers, et le noviciat de Marie de l'Agnus Dei commençait. Ce qu'il fut, nous le demanderons à ses compagnes, à ses supérieures, et aussi à ses papiers personnels, bien que, à dater de ce jour, elle écrivit rarement pour elle-même. Nous la suivrons de notre mieux, silencieuse, quoique toujours vive, passant les yeux baissés et la prière aux lèvres, dans les interminables corridors de la maison. Elle avait gardé son allure rapide, le costume religieux soulignait sa petite taille, et les plis de son manteau de chœur enveloppaient un corps si menu qu'il semblait n'exister déjà presque plus. Malgré leur bonne volonté, aucune de ses sœurs ne parvenait à la devancer le matin aux pieds du saint Sacrement. Elle y fut partout et toujours rendue la première. Plus tard, une de ses compagnes de noviciat, se retrouvant avec elle à Bordeaux, lors-

que la maladie l'avait réduite à un état des plus
pénibles, constata que, même alors, elle ne s'était
pas départie de sa fidélité sur ce point.

« J'étais toute jeune novice quand arriva Marie-
Anne, écrit une autre de ses Sœurs ; dès le début,
je remarquai dans toute sa personne quelque chose
de peu ordinaire, c'était une maturité, s'alliant à
une candeur d'enfant ; une ferveur et une régularité exceptionnelles. J'en étais si frappée que je
la nommais en moi-même : « le petit saint Jean
Berchmans ». Je la vois encore, avec sa robe noire,
sérieuse et recueillie, s'appliquant avec tant de
soin aux plus petites choses... et plus tard, si
heureuse de prendre l'habit à la messe de minuit,
auprès du berceau de l'Enfant Jésus. »

« Jamais, disait une autre, jamais on ne la vit
transgresser aucune règle, pas même celle qui
concerne le silence ; elle était fidèle aux moindres
usages, aux plus petites observances. »

« De sa part, écrit-on encore, je n'ai jamais été
témoin d'aucune action d'éclat, j'en aurais été
bien moins édifiée que de sa constante exactitude
aux moindres prescriptions de l'obéissance. »

Un jour qu'on lui demandait ce qu'elle pensait
d'une gravure suspendue à un mur du noviciat,
elle rougit et avoua en souriant qu'elle ne l'avait
jamais vue, car bien qu'elle fût chargée du ba-
layage de cette salle, elle avait cru devoir imiter
saint Louis de Gonzague, même en s'acquittant de
son emploi.

En toutes ses sœurs, elle ne voyait que Dieu :

« Ma Mère, disait l'une d'elles, cette novice est un ange, elle se prête à tout, obéit au moindre signe, se met avec cœur aux choses les plus ennuyeuses et les plus humbles et, malgré son intelligence, demande des explications comme si elle ne savait rien. »

Voulant éprouver jusqu'où elle portait cet esprit de détachement, au plus fort d'une épreuve, alors qu'elle ne trouvait de soulagement qu'en se confiant à sa Mère maîtresse, celle-ci lui défendit de s'occuper d'elle-même pendant un mois, pour demander avis et conseil : durant ces trente jours, la chère novice sembla ne plus se souvenir de ce qu'elle ressentait, seulement, pour renouveler ses forces, elle s'arrêtait souvent et relisait un petit billet qu'elle avait écrit et placé dans le tiroir de sa table, afin de l'avoir facilement sous les yeux. Il était ainsi conçu : « De ma sanctification dépend peut-être le salut d'un grand nombre... oui... et tout au moins la ferveur du noviciat. »

Cette vertu, déjà si remarquée, n'avait rien de triste. La petite novice était la plus gaie et la plus spirituelle de la maison. Elle avait le talent de faire rire toute la communauté, à l'heure de la récréation. Telles sont ses lettres, telle était sa conversation ; elle avait gardé de la tendance mordante de son esprit d'autrefois, une pointe de malice tout à fait innocente, qui ne s'exerçait jamais aux dépens de la charité. Elle « racontait » peu, n'aimant pas se mettre en évidence, mais elle jetait de ci, de là, des traits d'esprit si spontanés, des réflexions si fines, des fusées de gaîté si vraie, qu'elle eût déridé les fronts les plus moroses, s'il eût pu se trouver des fronts moroses à Marie-Réparatrice.

Le sentiment d'admiration était si général autour d'elle qu'une de ses supérieures écrivait à Mme Hervé-Bazin :

« ... Parmi les excellentes vocations que la Providence divine dirige vers Marie-Réparatrice, celle de votre chère fille est particulièrement appréciée.

« Bénédiction de votre famille, elle sera pour le Cœur de Notre-Seigneur, tant offensé de nos jours, un délicieux oasis de pureté et d'amour. Que vos autres enfants, chère Madame, répondent à vos si maternelles et chrétiennes sollicitudes. »

Reprenons maintenant sa correspondance, volumineuse, quoique limitée par les usages de la Société. Marie-Anne avait tant de frères et sœurs ! Tous ont conservé comme des trésors les lettres de la chère petite religieuse, et c'est ce qui nous permettra de la suivre, au hasard des jours, heureux ou éprouvés, graves ou souriants, telle qu'elle était elle-même, telle qu'est la vie.

A sa mère.

Toulouse, 5 janvier 1896.

« J'ai bien pensé à vous le jour de l'an. Nous étions tous si dispersés ! Il y avait des membres de notre famille partout : au ciel, au pied du saint Sacrement, en voyage, à Angers... tous en exil, excepté celui qui a enfin atteint la patrie. Quel bonheur quand nous y serons avec lui ! Plus je vais, plus je voudrais aller retrouver mon père, plus j'envie son bonheur d'être parti le premier. Et cependant, il aime en jouissant, tandis qu'ici-bas, nous pouvons aimer en travaillant à la gloire de Dieu. Double bonheur, et double consolation pour accepter de continuer à vivre... Mais je ne sais pas pourquoi je vous dis tout cela, maman chérie ; je me porte à ravir, il fait un temps de printemps, et le bon Dieu n'a pas du tout l'air de vouloir tout de suite de moi dans le ciel. »

Toulouse, 12 janvier 1896.

« Mon cher petit Michel,

« La paix de Jésus ! Combien tes deux petites lettres m'ont fait plaisir ! Je suis si contente quand tu m'écris, qu'il faudra le faire souvent n'est-ce pas ? Je suis tout à fait de ton avis, mon chéri : si on connaissait le bon Dieu, on l'aimerait et jamais on ne voudrait l'offenser. Ainsi tâchons, nous qui le connaissons un peu, de l'aimer de tout notre cœur... Je te charge, mon petit Michel, d'embrasser de ma part ta Catherine que je ne puis plus embrasser, et de dire à ta bonne et aux autres domestiques que je ne les oublie pas et que je prie pour elles.

Toulouse, 12 janvier 1896.

« Mon cher petit Jacques,

« La paix de Jésus ! Si tu avais pu entrer cette nuit dans la chambre où dormait Marie de l'Agnus

Dei et saisir la pensée de ta petite sœur Réparatrice, tu aurais vu qu'elle rêvait de toi. Oui, je t'ai
vu en rêve cette nuit, je t'ai vu jeune homme... et
ce que je veux te dire, c'est que je t'ai vu « com-
battant le bon combat » sur les traces de mon
père, vaillant, généreux, bon chrétien, enfin le
vrai modèle de ce que doit être Jacques Hervé-
Bazin. Et quand je me suis éveillée, j'ai remercié
Dieu parce que j'ai pensé que ce jeune homme, vu
en songe, tu le serais plus tard, et que vraiment
tu serais ce qu'était notre cher père. Et puis j'ai
prié pour que le bon Dieu fasse son œuvre en toi,
pour que tu sois la joie de ma chère maman et sa
consolation. Ah ! mon Jacques, que tu pourrais
faire de bien plus tard, avec de tels exemples
devant toi. Oh! oui, je vais prier, supplier Dieu
pour que tu sois un chrétien et un vrai. Je ne te
laisserai perdre ni ton temps, ni ton cœur ! —
Merci de ta lettre, mon cher petit frère ; elle m'a
fait plus de plaisir que tu ne saurais le croire. Je
voudrais bien te montrer ma robe blanche ; ce
sera pour bientôt, je l'espère. En attendant, prie
pour ta grande sœur qui t'aime tant *in Christo*.

« Marie de l'Agnus Dei. »

26 janvier 1896.

« ... Sais-tu ce que la Mère supérieure m'a
reproché l'autre jour? « Savez-vous, m'a-t-elle dit,
que vous deviendriez facilement... *bonne sœur?*
J'ai frémi... et puis j'ai ri de tout mon cœur et je
me suis écriée : « Ah! ma mère, si Catherine

vous entendait, elle triompherait ! » Je t'en conjure, prie et supplie tous les saints pour que je ne sois jamais « bonne sœur », pour que je n'aie plus de petites idées, « petites comme moi », suivant l'admirable comparaison de Mère supérieure qui, elle, est très grande et a les idées aussi grandes qu'elle, au moins. — Un autre reproche, c'est que je ne sais pas m'habiller. Pas du tout, pas mieux que dans le monde. Mère sous-maîtresse passe son temps à redresser ma guimpe ou mon voile, et je ne vois pas Mère supérieure sans qu'elle me repique une épingle. Cela me fait penser à toi et me rappelle le temps où j'allais te trouver avec ma boîte d'épingles d'une main, et tous les ornements de ma robe, de l'autre. Grâce à Dieu, je suis pourtant délivrée des petits nœuds, des petits choux, des petits cols de velours, des petits boutons, uniquement destinés à exercer une patience angélique que je n'ai jamais eue. Dis-moi quel saint tu pries pour être toujours correcte... »

Toulouse, 2 février 1896.

« ... En fait de grande nouvelle, je dois vous annoncer que j'ai changé de chambre pour la quatrième fois. Je suis avec Mère X..., dans la chambre qui fut habitée, paraît-il, par le P. de Ravignan. J'espère trouver quelque peu de ses vertus dans les coins. Malheureusement, les novices sont si ferventes que la poussière n'a pas le temps de vieillir sur les murs. Il ne doit pas y en avoir un seul grain du temps du P. de Ravignan. Je suis quand même heureuse d'habiter cette chambre sanctifiée.

« ... P.-S. — Ah ! remerciez Dieu avec moi de ma vocation, je suis si heureuse ! »

A sa mère, avant le Carême.

Toulouse, 7 février 1896.

« ... Ah ! maman chérie, nous allons souffrir de la privation de nous écrire, mais une âme qui veut être Réparatrice pourrait se plaindre devant les infinies souffrances, devant les tortures de Jésus, en ces jours de carnaval?... et nous sommes toutes réparatrices, ou nous voulons l'être, n'est-ce pas?

« ... Vous pouvez me croire toujours de plus en plus heureuse et en paix, ma chère maman. Chaque jour je vous suis plus reconnaissante de m'avoir donnée au bon Dieu. Il y a des bonheurs bien grands dans la vie religieuse, et surtout l'inépuisable source de paix et de joie d'être tout à Notre-Seigneur et de vivre près de lui. »

Toulouse, 5 avril 1896.

« Alleluia ! n'est-ce pas ? Quelle joie de le chanter enfin après ce long silence de la semaine sainte ! et comme il jaillit du cœur, quand on a tant souffert avec Notre-Seigneur ! J'ai reçu et lu vos lettres avec une joie profonde. Oh ! que je suis jalouse ! Comment, il suffit que je m'en aille pour que vous ayez le saint Sacrement, et moi qui avais tant prié pour le voir dans notre chère petite chapelle, je ne l'y aurai jamais vu ! Entourez-le pour moi aussi ; dites-lui de bien près tout ce que je lui dirais moi-même. Je suis si heureuse de cette incomparable joie que je ne puis vous l'exprimer autant que je le sens. J'avais été inspirée de beaucoup prier pour obtenir cette grâce, ces temps-ci, et je crois que c'est le jour de saint Joseph que je l'avais demandée le plus instamment.

« Je ne vous avais pas dit que je suis non seulement chanteuse de première classe, mais organiste de quatrième. Les vendredis de carême, la maîtresse de musique me laissait répandre sur la communauté la note du jeûne. »

19 avril 1896.

« ... Laissons-nous porter entre les bras de la douce Providence. Dieu sait le temps et le moyen de nous secourir. Je me reproche souvent de trop oublier combien Dieu nous aime, et combien il veut notre bonheur. Si nous étions bien persuadés de cela, nous ne ferions pas si souvent la moue aux manifestations de sa sainte volonté. Quand je m'examine, que je me trouve impolie envers Notre-Seigneur ! Souvent gémir, peu remercier, rarement donner, et toujours en faisant remarquer que je suis d'une *rare* générosité dans l'occasion, voilà ma conduite. Et Notre-Seigneur est assez bon pour ne pas se formaliser ! Oh ! maman chérie, qu'il est bon ! »

26 avril 1896.

« Je suis obligée de m'y reprendre tant de fois
pour arriver au bout d'une lettre un peu longue !
C'est l'office, c'est une adoration, c'est quelque
charge qui me réclame, et il faut tout abandonner,
sans savoir si le temps d'achever se trouvera dans
la suite. Notre vénérée Mère fondatrice s'est
arrangée pour que notre vie soit toute coupée en
petits morceaux, sachant bien que c'était l'exercice le plus réparateur du monde. Elle s'y connaissait en abnégation : c'est visible. Les bons
anges doivent sourire de nous interrompre ainsi
sans cesse, de la part du Seigneur. Mais il faut
leur rendre la pareille en riant plus fort qu'eux,
quand le son de la cloche vient couper en deux
la plus belle phrase du monde... Mon bon ange
me prévient à l'instant même que j'ai l'adoration
d'onze heures, et qu'il me faut partir. J'étais trop
fière d'avoir écrit deux pages sans m'arrêter.

« ... Entre nous, ma Catherine chérie, — parce
que cela pourrait scandaliser, — je suis effrayée
de mon peu de progrès, de ma lâcheté, des obstacles que j'apporte à la grâce. Je n'avance pas,
et plaise à Dieu que je n'aille pas à reculons !
C'est toujours le même orgueil, la même raideur,
le même manque d'abnégation. J'ai moins d'occasions de montrer mon mauvais caractère, et voilà
tout. J'ai peur que cela ne te fasse de la peine,
mais je te le dis pour que tu pries pour moi. J'en
ai beaucoup besoin. Reprends-moi sans crainte,
des défauts aperçus dans mes lettres. Il faut que

je m'humilie, et tout instrument est bon pour briser ma vanité. Prie surtout pour que je comprenne certaines choses qui me semblent impossibles à lier ensemble. Demande pour moi l'énergie qu'une Réparatrice doit avoir en partage. Je ne veux pas d'une piété de nuages et de points d'exclamation. Je veux servir Notre-Seigneur par la lutte et l'épreuve, jusqu'à en mourir.

« A Dieu. Demande à Notre-Seigneur que je sois une sainte... mais une vraie, une sainte qui souffre et qui travaille. »

2 mai 1896.

« ... J'aime bien les grandes lettres toutes simples qui me peignent la vie du Patys. Ah ! oui, dites à Catherine que je me souviens du pommier tout rose au-dessus de l'eau, et des perdrix, et des fougères, et des délicieux chemins creux ! Pour qui que ce soit au monde, jamais je n'aurais pu quitter tout cela. Mais Jésus, à lui seul, surpasse toute joie et toute beauté, et j'ai tout dans son cœur. Qui lui est comparable ? »

Toulouse, 2 mai 1896.

« ... Catherine m'amuse en me reprochant d'avoir chanté deux fois seule sans vous en prévenir ! Si je vous prévenais toutes les fois que je fais un solo, je n'aurais pas fini ! Mère X... m'appelle son tambour-major. A moins d'indication expressément contraire, je pars toujours, que je sache le morceau ou que je ne le sache pas. Alors.

trois fois sur quatre, j'entends murmurer autour de moi : « C'est en solo ?... solo ?... solo ?... » **Je** fais les plus grands gestes de dénégation, tout en continuant à chanter, et quand on commence à m'aider, le solo est fait. Heureusement je ne monte pas tous les jours à la tribune, car ce serait un peu trop fréquent. J'ai, vous le pensez bien, beaucoup d'humiliations avec ces solos improvisés. Hier, ne trouvant pas d'épithète mieux appropriée, la Mère m'a dit avec une conviction sincère, que j'avais chanté comme un *mouton*. J'avoue, en effet, que j'avais horriblement mal *bêlé* les litanies de la sainte Vierge. Dieu me pardonne les distractions que je donne à la communauté. »

Toulouse, 7 juin 1896.

« ... Je passe un mois de juin très occupé, mais très sensiblement consolé. Je suis sacristine de l'oratoire et je fais mon premier expériment de catéchisme. Double joie très grande. J'ai trois enfants qui viennent tous les matins : Louise, Reine et Françoise — cette dernière, qui est charmante, me fait penser à la nôtre. — Elles se préparent à leur première communion. Louise a cependant *quinze ans*. Elles ont grand besoin de la visite du bon Dieu. Je les recommande à vos prières. C'est incroyable comme on se passionne pour ces petites âmes que Notre-Seigneur a tant aimées.

« ... A Dieu, maman chérie. Restez bien persuadée que je suis la plus heureuse des enfants du bon Dieu. Jamais je ne vous remercierai assez de m'avoir laissée partir si jeune. Je vois à chaque instant combien on a moins de mal à mouler une jeune pâte qu'une pâte durcie. Si j'étais plus âgée, lâche comme je le suis, jamais je ne pourrais me mettre aux habitudes de la vie religieuse. Il faut un grand courage pour s'y engager quand on grisonne. Mais à dix-neuf ans, c'est délicieux ! Oui, tout est délicieux ici, parce que tout est parfumé du bon Dieu.

« Au Patys aussi, n'est-ce pas, tout est au bon Dieu ? Ah ! comme il fait bon l'aimer. Soyons des saints ! »

Toulouse, 19 juillet 1896.

« Vous le savez, nous sommes Réparatrices, il faut bien que nous souffrions toujours par un bout ou par l'autre. J'espère que le bon Dieu ne me laissera pas manquer de ce pain de chaque jour. Mais pour le moment, j'ai bien plus à me plaindre d'en avoir trop peu que trop...

« ... Oh ! ne priez pas en effet pour que je me porte bien, mais pour que mon âme soit belle ! Qu'importe que je vive ou que je meure, pourvu que la volonté de Dieu s'accomplisse en moi ? »

19 juillet 1896.

« Malgré tout, vois-tu, mes grands chênes et mes petits chemins creux me tiennent toujours au cœur, et il bat encore quand on m'en parle. Ce qui ne veut pas dire que je quitterais le bon Dieu pour aller les retrouver. Grâce à Dieu, non ! Le tabernacle, tu le sais, a des mystères plus ravissants à découvrir et des aperçus plus radieux que toutes les beautés de la nature réunies. Les quatre murs de la chapelle semblent renfermer le paradis, et ne le renferment-ils pas, puisqu'ils abritent Dieu, et que Dieu est tout ce que nous désirons au ciel?... »

Toulouse, 16 août 1896.

« ... Je suis désolée de voir que vous n'êtes pas encore bien remise, ma chère maman. Il faut vous soigner beaucoup et vous ménager le plus possible. Si mon rôle d'infirmière pouvait s'étendre jusqu'à vous, avec quel bonheur je vous donnerais des tisanes ! A partir du moment où je suis arrivée à l'infirmerie, chaque jour quelqu'un a eu l'amabilité de rester au lit. Mère assistante m'a même offert une bronchite. C'était beaucoup de dévouement. Mais il n'y a pas eu moyen de tenir cette bonne Mère au lit. Au bout de deux jours, elle se promenait comme avant, c'est désolant !... Je fais rire la sœur infirmière par mon inexpérience en fait de drogues. Elle a beaucoup à m'apprendre.

« ... Je vous raconte ces petites choses, ma chère maman, pour que vous puissiez me voir de loin, avec mon grand tablier et une armée de tasses et de cuillers de toutes les formes. L'autre jour, j'ai renversé un plateau au milieu de l'escalier. Le bouillon est allé rendre visite au fromage, et l'œuf a donné le baiser de paix à la viande.

Jugez de mon embarras ! L'Angelus sonnait et je frémissais à la pensée d'arriver au réfectoire en retard devant Notre Mère, Mère Provinciale et les autres supérieures. Heureusement, les bons anges sont nombreux ici ; ils m'ont tiré de peine aussi bien que possible. »

Tolouse, 13 septembre 1896.

« Nous entrons en retraite vendredi, pour en sortir le 27. Je ne puis pas vous dire dans quelle joie est le noviciat à cette pensée. Nous comptons les jours, presque les heures. Quoique notre vie, surtout au noviciat, semble une retraite perpétuelle, nous sentons intimement le désir de nous rapprocher plus près du Cœur de Jésus, et de lui rester encore plus unies pendant ces quelques jours. Il fait bon revoir sa vie à la lumière des Exercices, et reprendre un élan nouveau, à la suite du divin Maître. Je me recommande très particulièrement à vos prières pendant ce temps...

« Adieu, ma chère maman, je vous reste bien unie, plus que vous ne le croyez peut-être. Voilà bientôt un an que nous nous sommes séparées pour l'amour de Jésus. Vous souvenez-vous du dernier *Magnificat,* chanté samedi soir, veille de mon départ, dans la chère chapelle ? et des roses que mes sœurs avaient mises partout ? et du ciel si bleu qu'il me faisait penser au voile que j'allais chercher ?... Ah ! de quel cœur je le chante à présent, ce *Magnificat* du sacrifice joyeux entre les bras de Jésus ! Unissez-vous à moi. Le 24, j'entendrai

12

résonner, n'est-ce pas, dans le Cœur de Jésus où je veux me blottir, les échos de vos chants d'allégresse. Vous avez donné une âme, une épouse à Jésus, et lui vous donne sa Croix, son Cœur et son Ciel. »

A Michel.

26 septembre 1896.

« Je te souhaite une très bonne fête... Mais qu'est-ce que cela veut dire ? Eh bien, cela veut dire que je te souhaite de devenir un saint. Je t'envoie trois modèles au choix, Louis de Gonzague, Stanislas et Berchmans, et je te laisse libre de choisir, pourvu que tu marches sur les traces de l'un d'eux. Tu ne risques rien : c'est là le vrai bonheur. Comme je pense que Monsieur l'abbé est revenu, je te souhaite encore de bien travailler, de savoir le latin et d'être très sage, et je suis sûre que mon souhait sera exaucé, n'est-ce pas ? »

Toulouse, 27 septembre 1896.

« Je vous quitte pour aller en adoration. Que c'est bon, n'est-ce pas, de penser que nous n'avons que quelques pas à faire pour être près du souverain Maître du ciel et de la terre ! Vous jouissez du même bonheur, ma chère maman, et je bénis Dieu qui met ainsi près de vous la suprême consolation et qui nous unit dans son Cœur divin, qui est également près de nous deux. Jamais je ne vous dirai assez le bonheur de la vie religieuse, et l'incomparable paix que l'on y goûte. On peut souffrir, mais Jésus soutient, on peut pleurer, mais Jésus console, et plus la croix devient pesante, plus il s'unit à l'âme qui la porte. »

Toulouse, 1er novembre 1896.

« Est-ce qu'en dehors du couvent le temps ne passe pas bien vite? Ici, il s'envole et je suis effrayée de la rapidité des journées et des mois. Nous touchons au ciel, à ce cher ciel où nous attend mon père et où nous serons si tôt rendus. Comme cela est bon d'y penser aujourd'hui.

« ... Pauvre petite sœur, combien je te plains d'avoir retrouvé la vie d'Angers, avec son tapage, son agitation, son absence d'ordre et tout ce qui s'en suit. Combien je te plains d'être obligée de changer de robe et de mettre un voile et des gants. Si tu savais combien c'est agréable de n'avoir qu'une robe et de ne jamais avoir à s'habiller pour sortir. Cela doit être une occasion de mérites de moins. Il me semble que l'on doit en acquérir beaucoup, en offrant à Notre-Seigneur chaque détail d'une ennuyeuse toilette, et en ne cherchant que lui dans tout ce que l'on semble faire pour le monde.

« ... Il faut maintenant que je te parle de mes progrès... en cuisine Ah ! bientôt j'en saurai plus long que notre excellente cuisinière. Je sais déjà tremper la soupe, l'écumer, faire les œufs frits, les œufs pochés, l'omelette, et beaucoup d'autres choses. Il faut bien ajouter que je brûle l'omelette, que je fais crever les œufs pochés et durcir les œufs frits, mais à part cela c'est parfait. Je me coupe de tous les bouts ; je m'échaude et j'inonde la cuisine. La sœur cuisinière est d'une patience admirable. »

A sa sœur Yvonne.

26 décembre 1896.

« ... Enfin, prie beaucoup pour moi. Le bon Dieu m'a donné une splendide mission et une grande vocation qu'il faut que je remplisse. Je sens mieux chaque jour combien je devrais être sainte, et combien je le suis peu. Prie pour que je n'aie pas peur de souffrir, à la suite de Jésus crucifié. »

Toulouse, 26 décembre 1896.

« ... Oui, voilà, le silence rompu et nous allons pouvoir causer de nouveau ensemble. C'est le cher petit Jésus de la crèche qui nous vaut cela en naissant pour nous ; c'est lui qu'il faut remercier. J'ai tant pensé à toi pendant cet Avent, et tant prié pour toi, comme toujours ! Je suis ici pour vous tous, pour vous obtenir la grâce de vivre le plus saintement possible, et de porter votre croix le mieux possible. Je suis bien indigne de cette admirable fonction de vous représenter tous, à chaque heure du jour, aux pieds de Notre-Seigneur. mais puisque le bon Dieu a voulu me la confier, je n'ai qu'à me soumettre à son bon plaisir, et à compter qu'il fera tout ce que je ne sais pas faire.

« Bonne et sainte année, ma Thérèse, mais *sainte* dans toute la force du mot. Je ne demanderai pas au bon Dieu que tu n'y souffres pas, parce que ce serait bien perdre mon temps et que tu ne voudrais pas d'une telle prière ; mais je demanderai que Notre-Seigneur reste tout près de toi, pour t'aider sans cesse, te soutenir sans cesse ; je demanderai que la très sainte Vierge notre mère et notre modèle te fasse sentir plus que jamais la tendresse de son cœur : je demanderai que ton bon ange te prouve mieux chaque jour qu'il veille sur chacun de tes mouvements. Je demanderai, ma Thérèse, que Notre-Seigneur te fasse croître en amour et en force, que ton âme grandisse et s'élève, et que tu ne saches plus voir que ce qui est du ciel. Vivons davantage au milieu de ce qui ne passe pas, « faisons de l'éternel ».

« … Merci, ma bien chère Thérèse, de prier pour moi. J'en ai un profond et bien réel besoin. Il faut savoir ce que c'est que d'être Réparatrice, pour comprendre ce que Dieu demande à ces âmes qui sont comme chargées devant Lui de tous les péchés du monde. A mesure que l'horizon s'ouvre devant moi, je suis plus persuadée que notre vocation splendide est aussi une vocation *terrible*, comme le disait un Père qui nous connaissait bien ! Notre vénérée Mère fondatrice ne l'ignorait pas. Elle ne veut que des âmes d'une générosité à toute épreuve pour marcher à la suite de Jésus et de Marie-Réparatrice. Prie donc et supplie Dieu que je ne me montre pas indigne de l'incomparable grâce qui m'est faite. La vocation religieuse, c'est le bonheur des bonheurs. Dieu veuille la donner à tes enfants ! Combien je la leur souhaite ! Je voudrais tant voir mes petits neveux ! Embrasse-les plus tendrement que jamais pour moi. Fais-les prier pour leur tante. Je pense à eux sans cesse et les aime de tout mon cœur.

« ... A Dieu ! C'est dans le Cœur de Jésus que je te donne rendez-vous pour toute l'année. Je ne veux plus vivre que dans ce divin Cœur et pour lui. Aimons-le comme il a su nous aimer, et comme cette fête de Noël nous le prouve si bien. Remercie notre Jésus de m'avoir donné l'habit et prie pour que j'arrive un peu mieux préparée à l'immolation complète des vœux.

« *In Christo Jesu*, tout à toi.

« Marie de l'Agnus Dei. »

IX

Un peu plus d'un an s'était écoulé depuis que Marie-Anne avait franchi le seuil de la maison de Toulouse. Elle y avait rapidement conquis, non seulement l'affection de ses Mères et de ses Sœurs mais leur estime et même leur secrète admiration. A la voir si régulière à tous les exercices de communauté, si aimable dans sa vie habituelle, si recueillie à la chapelle, si parfaitement et profondément entrée, en un mot, dans l'esprit de sa vocation, on se prenait à espérer qu'elle irait loin et deviendrait plus tard un des plus fermes appuis de la chère Société qu'elle aimait tant! Déjà la vertu qu'elle avait montrée pendant son postulat avait étonné ses supérieures. Quoi qu'on fasse pour la soumettre, comme les autres, aux salutaires humiliations du début, sa supériorité naturelle et surnaturelle se trahissait trop visiblement pour que Marie de l'Agnus Dei en restât complètement ignorante. Elle avait cependant à lutter contre le découragement, son ancien ennemi, qui, parfois, pendant ce temps du noviciat, lui fut une rude épreuve, mais au fond, le découragement n'est qu'une des formes de l'amour-propre froissé, une des formes de l'orgueil. L'orgueil! l'écueil des âmes que ne touchent ni l'amour du plaisir des sens, ni celui des richesses terrestres, l'orgueil qui fit tomber les anges du ciel, l'orgueil que Dieu cherche par tous les moyens possibles à éloigner des âmes qu'il appelle à le suivre de plus près. Il savait que ce danger immense menaçait son enfant, et d'autre part, il voulait d'elle quelque chose de plus que des autres. Il avait obtenu beaucoup, il désirait plus encore, et la petite novice sentait au fond de son cœur cet appel inexprimable, cette voix qui ne se traduit par aucune parole humaine, mais qui retentit sans relâche au cœur de ceux qui l'entendent. Dieu, qui la voulait, lui inspirait de s'offrir à lui. Elle le faisait avec toute son ardeur et elle y avait du mérite, car il faut savoir se laisser emporter sans crainte par ce tourbillon du ciel, qui vous enlève souvent dans l'inconnu. Dieu aime les cœurs ardents qui ne calculent pas ; Il écoute les prières suppliantes échappées de ces âmes qu'il a Lui-même marquées de son sceau divin et qui, ne trouvant rien sur la terre qui les satisfasse, soupirent après son éternelle beauté. C'est lui qui inspire les généreux désirs, lui qui les écoute et les bénit, qui les exauce toujours quelles que soient les conséquences souvent imprévues et presque toujours terribles de ces pures offrandes ; mais il les exauce à son heure. Il semble prendre plaisir à se les faire répéter, jusqu'à ce que, levant enfin les voiles, il montre à l'âme qui lui appartient sans réserve le rude chemin qu'elle aura à parcourir pour aller à Lui.

Pendant la retraite qui sépara ses deux années de noviciat, Marie de l'Agnus Dei en était là. Elle sentait confusément l'appel particulier de Dieu, elle sentait aussi sa répugnance à y répondre, mais généreuse et ardente, elle cherchait à offrir ce qu'elle croyait lui devoir être le plus pénible. Ses notes montreront mieux que toute autre chose le besoin de sacrifice qui la tourmentait.

« O mon Dieu, très sincèrement, je vous conjure de n'avoir aucun égard à ma nature, aux répugnances de ma chair, et, malgré moi-même, de me faire arriver à la perfection la plus entière, la plus absolue, la plus *crucifiante* pour ma nature, la plus glorieuse pour vous. Agissez comme si je n'avais aucune crainte, aucun désir contraires aux vôtres. Menez-moi par le chemin le plus court, et s'il le faut, le plus ensanglanté pour arriver jusqu'à vous. Mon Dieu, je mets mon âme tout entière dans cette prière, sans écouter les frayeurs et les répugnances de la chair. O bon Jésus, exaucez-moi !

« ... Le Père m'assure que je suis en état de grâce comme l'enfant qui sort du baptême... que Notre-Seigneur est en moi... Envahie par la pensée de cette pureté, de cette union, je suis montée à la tribune, et, tombant à genoux, je fondis en larmes... Il me semblait monter au ciel... O Jésus, mon Jésus !

« ... Mon Seigneur et mon Dieu, je viens vous offrir aujourd'hui le sacrifice qui coûte le plus à ma nature et à mon cœur. Vous voyant, ô mon Jésus, réduit chaque jour, par tous les péchés du monde, aux inexprimables tourments que vous avez endurés pendant votre agonie et sur la croix, lorsque sentant peser sur vous les crimes de tous les hommes, vous vous sentiez comme repoussé et abandonné de votre Père, je veux unir mes souffrances aux vôtres et boire au même calice que vous. O Jésus crucifié, mon Époux et mon Roi, dès aujourd'hui et pour toujours, j'accepte l'abandon, la sécheresse, l'aridité, la désolation qui peuvent broyer mon cœur. J'accepte de me sentir impuissante, inutile et misérable, comme délaissée et repoussée par vous, comme sans vie à vos pieds... à la seule condition que par cet état de martyre intérieur je procure votre gloire et je sauve les âmes.

« Je sais que c'est la plus sanglante partie de votre croix que j'embrasse, je sais que dans cet état je souffrirai les plus cruels tourments, je sais que je me livre ainsi à la plus grande douleur qui se puisse ressentir ; mais, comptant sur votre grâce, je vous fais, ô Jésus, le sacrifice entier de ce désir si naturel de goûter dans la prière la douceur et la suavité de vos consolations. Je sais que vous ne me les refusez que pour me conduire par une voie plus sûre tout en étant si douloureuse ; c'est pour vous imiter et pour vous suivre de plus près que je m'attache aux souffrances intimes de votre agonie et de votre crucifiement. C'est pour réparer la sensualité du monde, que je consens à fermer à mon âme cette source de jouissance... O Jésus, je sais que vous m'en aimerez mieux et c'est ce qui m'entraîne... Pourvu que je vous aime uniquement et parfaitement, et que je vous fasse aimer, prenez tout le reste... Crucifiez mon amour-propre, mon intérêt propre, ma volonté propre... Que votre cœur soit l'autel de mon immolation, et votre amour le feu qui consume votre indigne victime.

« ... O Marie Immaculée, très sainte Mère de Dieu, moi, Marie de l'Agnus Dei, votre petite enfant très indigne, je me donne à vous en ce jour, pourque vous disposiez de moi selon votre désir, remettant entre vos mains, mon corps, mon âme et mon cœur, sans rien me réserver et sans vouloir jamais rien reprendre de ce que je vous donne. Daignez donc, ô très douce Mère, être la pureté de mon corps, la force et la sainteté de mon âme, la joie et l'amour de mon cœur. Transformez-moi en vous, ô Marie, afin que je devienne, pour mon bien-aimé Jésus, le lieu de son repos, que vous avez été pour lui... Je proteste, ô ma Mère, que je ne veux rien faire que par vous. Vous régnerez sur moi du matin au soir et du soir au matin. Très sainte et très douce Marie, oh ! combien je vous aime ! Je voudrais vous donner tout ce que j'ai et cent fois plus encore... Si vous ne possédiez pas Jésus et son ciel, je voudrais donner ma vie pour vous les obtenir... O Marie, prenez-moi, gardez-moi, faites-moi une Marie de Jésus ! Je prie mon bon ange de vous saluer très humblement et de baiser très amoureusement vos pieds bénis pour moi.

« Marie de l'Agnus Dei. »

« ... Marie-Anne est morte ou du moins mourante ; Marie de l'Agnus Dei n'existe pas tout à fait encore... Est-ce assez vrai, mon Jésus, que je ne suis rien, que cette âme et ce corps sans nom sont bien à vous ? Mon *moi*, c'est Jésus ! »

Puis, après ces élans, avec la précision qui est le seul moyen de se vaincre entièrement, elle entre dans le détail de ses projets de perfection :

« La générosité sera le caractère de ma vertu, générosité contre le découragement, dans la désolation spirituelle, dans la maladie, dans les sacrifices, dans la dépense de soi-même ;

« 1° *Au réveil* : résolution énergique de passer bravement et joyeusement la journée, en dépit de toutes les peines et tristesses qui viennent m'assaillir.

« 2° *Pendant la méditation*, ne pas me décourager si je suis dans l'aridité complète, et même s'il me semble que j'aurais pu faire mieux.

« 3° *A la messe*, m'encourager si je me trouve désolée, m'offrir généreusement avec Jésus victime, et maintenir mon âme dans la paix, malgré tout.

« 4° *A la conférence de Mère supérieure*, ne pas me décourager si elle nous montre un point de perfection auquel je croirai ne jamais pouvoir atteindre.

« 5° *A l'examen*, me remonter si je constate quelque découragement dans la matinée ; remettre mon âme dans une joyeuse paix pour la soirée.

« Après-midi :

« 1° *Pendant la récréation*, ne pas me décourager si je dis quelque bêtise... fais quelque faute... parle de moi.

« 2° *Pendant l'exercice*, ne pas me décourager, si je me sens peu recueillie, de mauvaise humeur.

« 3° *Pendant l'ouvrage manuel et ma charge*, ne pas entretenir d'idées noires, propres à me décourager.

« 4° *Pendant le salut*, ne pas me décourager si je suis fatiguée, sans idée.

« 5° *Pendant l'examen*, faire comme le matin.

« 6° Ne pas m'endormir sur une pensée de découragement, mais de joie et de confiance.

« 7° Si je m'éveille la nuit, réveiller mon courage et ma confiance. »

Points généraux à examiner matin et soir.

« Si je ne me suis pas découragée :

« 1° Pendant mes adorations, en me sentant comme un morceau de bois devant Notre-Seigneur.

« 2° Pendant l'office, en m'entretenant d'idées sombres, ou à la vue de mes distractions.

« 3° Dans mes rapports avec Mère supérieure si je la trouve moins accueillante que de coutume ; ... si elle ne me garde pas aussi longtemps que je le voudrais ;... si elle n'a pas l'air de faire autant de cas de moi que ma vanité le désire ;... si elle ne me console pas autant que je le voudrais.

« 4° Dans toutes mes prières en général.

Preuves de générosité envers Dieu :

« A table, ne jamais choisir un morceau ou l'autre, mais prendre ce qui se trouve devant moi.

« Dans ma tenue extérieure, montrer toujours de l'énergie et surtout quand je suis fatiguée ; continuer à ne jamais m'appuyer le dos

« M'obliger à des oraisons jaculatoires, surtout quand j'ai moins envie d'en faire. »

Ces résolutions n'étaient point lettre morte dans la pratique de sa vie. Elle les gardait et les accomplissait fidèlement. Elle luttait de son mieux contre cette pensée toujours renaissante qu'elle ne faisait pas tout ce qu'elle aurait pu et voulu faire. Éternelle angoisse des âmes très délicates et très généreuses ! tourment qui fait durement souffrir, mais qui n'était rien cependant comparé à tout ce que Dieu réservait à l'humble petite novice. On remarquera qu'elle se plaignait de sa santé ; non pas que celle-ci fût mauvaise, mais le climat de Toulouse et surtout les étés du Midi l'affaiblirent un peu. Elle avait gardé de son ancienne fragilité de fréquentes douleurs de tête, des névralgies douloureuses, et vers la fin de son noviciat, elle commença, sans que personne ait eu la pensée de s'en inquiéter, à ressentir les premiers effets extraordinaires du mal qui devait être si long à reconnaître et si prompt à l'emporter. C'était ce qu'elle appelait des rhumatismes dans les mains, qui la rendaient tout à fait maladroite, un peu de faiblesse des jambes et surtout des impossibilités subites de chanter. Ses lettres nous ont montré combien elle avait à utiliser une voix qu'elle avait très belle. De temps en temps, arrivée à la tribune, il lui devenait extrêmement difficile de prononcer ce qu'elle avait devant elle et de donner sa voix. On mettait cela sur le compte d'une impression nerveuse, Marie de l'Agnus Dei ayant toujours été timide, on en riait, ou on l'en reprenait sévèrement ; des jours et des semaines se passaient sans retour de ces petits accidents, puis subitement elle s'enrouait de nouveau, mais au demeurant, elle semblait très bien portante.

La vie du noviciat est monotone à la surface, nous n'aurions rien à en dire, si nous n'avions le récit que la petite religieuse en faisait elle-même à sa famille. Revenons à cette source pour la prendre sur le fait et pénétrer jusqu'au fond de son cœur.

Toulouse, 6 janvier 1897.

« Je commence très haut, parce que j'ai beaucoup de choses à te dire, oui, beaucoup. — Comment, ma petite sœur se décourage ? Et quand Notre-Seigneur est si bon pour elle, qu'il l'aime tant, qu'il l'a comblée de ses grâces, elle va croire que jamais elle ne sera bonne à rien et qu'il lui faut « désespérer du monde et d'elle-même » ? Si tu étais seule, je serais la première à trembler, parce que, de nous-même nous n'avons que la misère, mais Notre-Seigneur est avec toi du matin au soir et du soir au matin. Quand tu souffres, c'est sa divine main qui te donne sa croix, quand tu travailles, il est là, pour t'épargner la moitié de la peine ; quand tu pleures, il s'approche pour sécher tes larmes ; quand tu pries, c'est lui qui prie en toi. Et tout cela, il n'y a pas besoin de le *sentir*. Je sais combien c'est fréquent de trouver en soi le vide, l'absence de Dieu pour ainsi dire. Il n'y a plus rien, tout est misère, tout est peine, tout est crainte. Voilà le triomphe de la foi, le triomphe de l'abandon. Sentir Dieu dans la partie supérieure de l'âme, et par la volonté, quand naturellement on ne sent que ses misères, que son néant, voilà la foi, la pure foi qui glorifie Dieu... Vois-tu, notre grand défaut, à toutes les deux, c'est de vouloir sentir, nous sentir croître en perfection, sentir que le bon Dieu est content de nous et que nous nous approchons de lui. Nous cherchons là une satisfaction naturelle, et le bon Dieu qui sait que par là, nous gâtons toute son œuvre, nous envoie l'épreuve de ne rien voir, de ne rien sentir, de croire que nous reculons, qu'il s'éloigne, que tout est perdu... le découragement, enfin ! Veux-tu me dire maintenant à quoi cela sert, le découragement ? Une âme souffrante, triste, éprouvée, avance vers Dieu, gagne du terrain. Une âme découragée ne fait que reculer. Elle laisse s'éloigner Notre-Seigneur, qui ne s'arrête jamais dans la voie où il nous appelle. Et quand l'âme reconnaît son tort et reprend sa course, que lui reste-t-il sinon le regret de ce qu'elle a perdu, et le chagrin de s'être retardée ? Ah ! de grâce, pas de découragement, c'est l'inverse de l'esprit de Notre-Seigneur. Le Père X... me disait autrefois que c'était *l'amour-propre souffrant*, et je le reconnais mieux chaque jour. Nous comptons sur nos forces, et Dieu, pour nous punir, se plaît à nous faire sentir notre misère. Ne comptons donc plus sur nous-mêmes. Fermons les yeux pour ne plus voir que Dieu, qui nous permet et nous demande de nous appuyer sur sa toute-puissance.

« Il y a une chose qui me semble très juste, je l'ai entendu dire et je te la répète : il ne faut pas se faire son idéal de tel ou tel, et s'opiniâtrer à s'y conformer en tout. Les attraits, les grâces diffèrent. Notre-Seigneur demande plus ou moins des âmes. Admirons les progrès, les vertus que nous voyons autour de nous ; humilions-nous de répondre moins bien à la grâce ; remercions Dieu des dons qu'il a faits à ces âmes de choix ; puis, avec une humble et paisible confiance, relevons nos regards vers le divin et unique modèle de toute perfection, Jésus, et attachons-nous à ce qu'il nous demande, à nous, à chaque instant du jour. J'admire et j'aime en Y... sa ravissante charité, son dévouement, son amabilité charmante, — en Z... sa ferme et admirable douceur, si rare à ce degré, — en X... tant de choses que nous savons. Pour moi, Seigneur, il me suffit de m'abandonner entièrement à votre volonté divine pour la suivre en toutes choses, profondément pénétrée de ma misère, profondément confiante en votre miséricorde. Mais la vertu est là, pas ailleurs ! La sainteté, c'est uniquement l'accomplissement de la volonté de Dieu sur nous. Et s'il plaît à Dieu que nous soyons moins parfaites, mais plus humbles, acceptons de voir tant de défauts en nous, continuons avec courage la lutte contre nous-même, et jetons-nous à corps perdu dans le mépris de nous, de cette nature corrompue, qui cherche toujours à s'admirer, à se relever à ses propres yeux. — Vois-tu, nous cherchons toujours des satisfactions naturelles dans la vie surnaturelle, c'est ce qui nous perd.

« Si, si, le monde peut, il doit s'améliorer : ce sont les individus qui font la société. Que l'un se sanctifie, tout un noyau d'âmes s'en ressentiront. Dans une famille chrétienne comme la nôtre, les grâces pleuvent, les secours abondent. Ce n'est pas Dieu qui nous manque, c'est nous qui manquons à Dieu. Crois-tu qu'il suffise de passer la clôture pour être une sainte ? Crois-tu que nous n'ayons pas, nous aussi, des combats, des luttes, et de grandes souffrances ? Ce ne serait pas comprendre la vie religieuse, la vocation de Réparatrices que d'en douter. Nous avons la paix, c'est très vrai, seulement ce n'est pas sans travailler pour l'acquérir. La paix, c'est un trésor Aussi semble-t-il que tous les démons de l'enfer se joignent aux choses extérieures pour nous l'arracher. Il faut sans cesse se remonter, rejeter son âme en haut, se *rediviniser,* c'est-à-dire, remettre plus de Jésus dans sa vie. Nous sommes tellement rabaissés en bas et si portés à nous arrêter au vulgaire ! Ou bien alors, nous nous envolons dans les nuages ! — Ah ! que Dieu nous accorde la grâce d'aller enfin simplement, doucement et directement au Cœur de Jésus, toujours joyeuses parce que nous savons qu'il nous aime, parce que nous avons le ciel devant nous, et parce que malgré nos faiblesses, nos misères, nos montagnes de défauts, nous avançons vers Dieu chaque jour, et d'autant plus, peut-être, que nous le sentons moins.

« Je proteste contre la gravité que tu me prêtes ! Sérieuse, oui, et, en effet, plus pratique qu'autrefois. Mais gaie, « en tout, partout et toujours » avec de désespérants fous-rires, à propos d'un rien. Je sens la nécessité de cette joie dans la vie. Sans cela, la position ne serait pas tenable. Mais j'apprends ici, par des exemples, que l'on peut souffrir du matin au soir, et la nuit encore, et déborder de joie. Mais c'est une vertu. Il faut l'acquérir... »

5 février 1897.

« ... Je me hâte un peu aujourd'hui, parce que ma délicieuse charge de sacristine me prend presque toute ma journée, les jours de fête. Mais je vous donnerai tout ce qui m'en reste, et le bon Dieu fera que vous n'ayez pas à vous plaindre. Je suis trop heureuse dans ma nouvelle charge. C'est un bonheur que chaque minute renouvelle et augmente. Vivre ainsi dans l'intimité si grande du divin Maître, n'être jamais séparée de lui que par quelques pas si vite franchis, et m'occuper directement de lui toute la journée, c'est trop bon ! Je ne puis pas exprimer ce qui se passe quand je me vois, moi, qui l'ai si souvent offensé, chargée de veiller sur tout ce qui touche au Roi des rois ! Les anges n'approchent pas si près de son trône. Je pense qu'ils envient mon bonheur quand je frotte la porte du tabernacle, et qu'il n'y a ainsi, entre Jésus et moi, que l'épaisseur de la petite porte que son regard divin traverse et que mon cœur a vite franchie. — Vingt fois par jour, je trouve des prétextes pour entrer dans le sanctuaire, je voudrais que tous les cierges s'éteignent tour à tour, pour avoir le bonheur d'aller les changer. Il faut avoir été là, en face du saint Sacrement exposé, touchant presque l'ostensoir, pour comprendre quelle impression l'on éprouve. L'or qui les entoure, en se réfléchissant sur les saintes espèces, et, bien plus encore, sans doute, l'invisible présence de Jésus, leur donne une teinte qui n'est pas de la terre. Quand on les voit de si près, on les sent vivre, on les sent regarder, il semble qu'elles vont parler. Oh ! qu'il nous faudra bien une éternité pour comprendre ce que c'est que Jésus-Hostie ! »

A sa sœur Yvonne.

Toulouse, 20 avril 1897.

« ... C'est une telle grâce que celle de la vocation religieuse, ma petite sœur, que jamais nous ne la comprendrons assez. Les dix-huit mois que j'ai passés ici commencent seulement à me révéler les grâces infinies de l'appel divin, qui se découvrent chaque jour davantage. Une âme généreuse doit trouver dans une vie comme la nôtre des trésors incalculables, puisque, lâche et faible comme je le suis, j'y trouve bien déjà tant de merveilles. Ah! si l'on savait la paix de la vie religieuse, sa douce charité, les secours que l'on trouve auprès des supérieures si bonnes, et les grâces de chaque jour, quel attrait pour tant d'âmes qui ignorent tout cela! Remercions-le d'avoir été choisies. — Je te parle déjà comme si tu étais au but, ma sœur. Ah! c'est que déjà mon regard te suit dans cette carrière où tu vas entrer. Je rêve que je te vois sous le voile. Bientôt! Bientôt, peut-être! Ma petite sœur Yvonne, si tu savais ce que c'est que d'être à Dieu seul! Je ne te cacherai pas cependant que pour être à Dieu, il faut souffrir beaucoup et toujours. Plus tard, si je ne te la disais pas maintenant, cette nécessité si vraie, tu pourrais m'accuser de t'avoir trompée. Il faut se mettre dans l'esprit, en entrant au couvent, que l'on y vient pour souffrir; alors, tout devient naturel, épreuves, souffrances et tout le reste. Mais le bonheur est au fond de la souffrance et Dieu le mesure à la grandeur du sacrifice. Voilà une lettre bien sérieuse, ma chère petite sœur, et il me prend l'envie de commencer une cinquième page un peu moins grave que les précédentes. Mais le temps me manque et je n'ai plus que celui de t'embrasser bien tendrement comme je t'aime en Notre-Seigneur. »

Toulouse, 19 avril 1897.

« Mon cher Jacques,

« Tu vas peut-être te demander pourquoi je t'écris, car toi, tu ne *m'accables* pas de ta correspondance, mais vois-tu, probablement je t'aime plus que tu ne m'aimes, parce que moi je suis la grande sœur bien éloignée et partie pour toujours, tandis que toi tu es mon cher petit frère très aimé, le remplaçant de mon père, un futur soldat du Christ, auquel je m'intéresse doublement comme sœur et comme religieuse. Sur ce préambule, un peu malicieux, n'est-ce pas? je te souhaite un joyeux alleluia! Je charge un des rossignols qui doivent commencer à chanter au Palys de te le porter de ma part. Ainsi, écoute bien, et, quand tu en entendras un, le soir, au clair de la lune, tu penseras à moi, et tu demanderas au bon Dieu de bénir ta grande sœur. »

Toulouse, 20 avril 1897.

« ... Allons, ma petite sœur, bon courage! La vie est souvent dure, c'est bien vrai, mais le ciel est au bout, d'autant plus radieux que la croix qui nous le cache est plus sombre. Il ne faut pas te figurer qu'au couvent on ne souffre pas. Il y aurait de quoi révolter les âmes qui n'y sont pas appelées. Le chemin du ciel, de quelque côté qu'on le prenne, n'est jamais bordé de roses. Seulement, la grâce de la vie religieuse, c'est d'apprendre à aimer les épines, au point de s'en couronner. Tu m'avoueras que cette grâce-là peut bien être partagée par tout le monde ?... Il faut du courage et de la générosité, Dieu fait le reste. »

A sa sœur Yvonne.

22 avril 1897.

« Voilà que tu vas revenir auprès de maman dans votre calme Patys, avec le bon Dieu tout près et la vie réglée qui porte si bien à lui. Comment ne trouverais-tu pas la voie qu'il te faut suivre, quand tout se calme ainsi autour de toi pour te laisser en face de la grande décision ?... C'est là, dans notre chère petite chapelle, ou toute seule, dans le coin le plus désert du bois que j'ai trouvé mon but et que j'ai acquis la conviction que Notre-Seigneur me voulait Réparatrice, quoiqu'il pût m'en coûter. J'ai la certitude que Dieu te ramène au Patys pour te découvrir dans le calme le secret de ses desseins sur toi. — Ah ! oui, ma petite sœur, j'ai passé par tes incertitudes et tes ténèbres ! Que de fois je me suis vue aveuglée et ne sachant plus de quel côté me tourner ! Mais Notre-Seigneur a tout dévoilé, tout arrangé, tout éclairé, quand il l'a voulu, et, quand, rendue au port, je me suis retournée pour regarder en arrière, je suis restée stupéfaite devant l'action toute-puissante de la grâce. Espère et prie, et Notre-Seigneur et la très sainte Vierge t'aideront.

Oui, je t'ai parlé de souffrances pour ne pas te laisser dans l'illusion ; mais ces souffrances dont tu cherches la cause, je crois qu'on ne peut les connaître qu'après y avoir passé, parce qu'elles sont en dehors de toute explication. Pour tout dire, en un mot, la souffrance de la vie religieuse, c'est quand Dieu se cache. Alors, plus rien n'a d'attrait. L'âme seule et troublée ne voit plus rien, semble ne plus comprendre, se retourne en vain pour chercher la présence du Seigneur et ne trouve jamais ce qu'elle cherche, parce que Dieu s'est caché. Quand Dieu ne se montre pas, rien ne console, rien ne réjouit. Le devoir semble bien lourd, la règle bien austère, la prière bien froide et la croix bien pesante. Sans doute, Dieu est toujours là, parce que sans lui, nous ne pourrions plus vivre, mais il se voile, il se déguise si bien que rien ne le découvre. Il semble prendre plaisir à s'éloigner de l'âme. Mais comment dépeindre cela ? Il faudrait la plume de sainte Thérèse. Il y a des tortures sous cette croix intérieure, et l'expérience seule peut en donner une idée. C'est dans cette mort spirituelle que Dieu forme les âmes, c'est le creuset qui épure le métal dont Dieu veut se servir pour sa gloire. La raison le dit bien, mais la nature se révolte. Elle semble conspirer avec tous les ennemis du dehors pour accabler l'âme qui veut régner sur elle. Et Dieu se cache ! Ah ! comme il faut lutter pour porter sa croix jusqu'au bout, pour se laisser meurtrir, détruire ! — Mais encore une fois, je ne peux pas te décrire cette souffrance. Je crois que toutes les âmes religieuses y passent plus ou moins, et qu'elle diffère pour chaque âme. Peut-être ce que je t'ai dit ne servira-t-il qu'à te troubler davantage ?... Alors, dis-le-moi, et surtout ne t'inquiète pas. Il faut s'abandonner à Dieu et ne pas devancer son action. Il n'envoie la souffrance qu'après avoir muni de forces, pour la supporter ; on ne sent pas toujours cette force, mais elle existe, et malgré ses luttes, l'âme avance. Tout cela, c'est bien sérieux, et de l'intime même de la vie religieuse. Mais tout n'est pas teint de cette sombre couleur. Une des grandes douceurs de la vie religieuse, c'est la direction des supérieures qui sont pour nous Notre-Seigneur rendu visible. Si tu savais de quel respect on se sent touché en leur présence !

« Et puis, elles nous connaissent si bien et nous aiment tant ! Quelle grâce que d'avoir toujours leur vertu sous les yeux et leur direction à notre portée !...

« Allons, petite sœur, courage ! Sois plus généreuse que moi, et dis au bon Dieu de tout ton cœur que tu veux bien souffrir pour lui, autant qu'il le voudra. Plus tu seras disposée à une énergique générosité, plus Notre-Seigneur t'aidera ! »

« Mes bien chères petites sœurs,

« ... Vous voulez que je vous raconte un peu ce que je fais. Je vous assure que cela ne change guère. Ce mois-ci je balaie au lieu de laver la vaisselle, et voilà tout. Et puis, j'ai déménagé. Je suis maintenant seule dans ma chambre. C'est un vrai palais. D'abord, je prétends qu'elle a un cabinet de toilette, parce qu'elle est moitié parquetée, moitié carrelée, et que la table de toilette se trouve juste sur le carreau, dans une sorte d'alcôve. Ensuite il y a *huit* espèces de papier dans la tapisserie, *deux* différentes hauteurs d'étage et une fenêtre qui sert de balcon car elle ouvre sur un escalier, dans lequel tout le monde passe, ce qui fait mon bonheur. A cause de cette situation de la fenêtre, nous appelons cette chambre « la chambre qui prend l'air par procuration » ou « la chambre de la lanterne ». J'y suis très heureuse. Toute la journée, je me réjouis de m'y retrouver le soir, toute seule avec le bon Dieu, entre mes huit espèces de papier. Le bon Dieu est si bon de loger dans sa maison une misérable comme moi !

« Il faut que je vous dise qu'il s'opère ici un grand miracle... oui, un miracle... L'autre jour, à brûle-pourpoint, la Mère sous-maîtresse me dit : « Allez vous installer à la machine à coudre, et piquez ce que l'on vous donnera. » Vous jugez de ma figure ! Mère X... était partie avant que je ne sois revenue de mon étonnement. Je n'avais donc qu'une chose à faire : obéir sans réplique. J'arrive devant l'instrument, (qui me faisait autrefois l'effet d'un horrible monstre, vous vous en souvenez). Une sœur qui ne se doutait certes pas de ma radicale incapacité me dit : « Vous ferez comme ceci, et comme cela », puis elle m'installe, et je reste là, me sentant responsable d'une machine à pied, et de l'ouvrage que l'on m'avait donné. — Vous devinez quel signe de croix j'ai fait ! Hé bien, cela a été très bien ! si bien que j'y retourne chaque jour, et que maintenant je fais toutes les petites manœuvres toute seule. — Si tous mes ennemis d'autrefois se soumettaient ainsi à mon empire, quelle conquête ! Mais hélas !! »

A sa sœur Yvonne

16 mai 1897.

« Je commence par t'embrasser avec toute mon affection de grande sœur, pour tes dix-huit ans et puis pour ta fête. Je te souhaite, ma petite sœur, tout ce que Notre-Seigneur peut désirer pour toi, et surtout la grâce de te donner bientôt à lui. J'ai offert pour toi ma communion d'hier et le 19, je serai encore tout occupée de toi dans mes prières. Si tu veux me retrouver ce jour-là, sois entre neuf et dix heures aux pieds du bon Dieu, pendant que j'y serai moi-même en adoration. Là, nous nous entendrons pour obtenir du bon Dieu des grâces très grandes et surtout celle que nous avons bien à cœur toutes les deux. — « Si tu savais le don de Dieu ! »... Si tu savais ce qu'il y a de joie, de paix, de calme pour les âmes religieuses, dans l'immolation religieuse, tu aurais plus soif encore de venir goûter combien le Seigneur est doux ! Le noviciat, avec sa vie toute réglée par l'obéissance, sa grande charité fraternelle, ses instructions particulières et sa forte formation est vraiment un petit coin du ciel pour qui sait

n'y rien refuser à Notre-Seigneur. Malheureusement, la peur trop naturelle du sacrifice fait que
nous n'y trouvons pas toujours ce que nous de-
vrions y goûter de bonheur, mais cela dépend de
nous et non pas de Dieu, et je suis sûre que toi tu
voudras te donner tout entière, et que Notre-Seigneur se donnera aussi tout entier à toi. »

Toulouse, 30 mai 1897.

« Plus je vais, et plus je vois que Dieu seul est
tout : tout dans notre vie, comme il sera tout dans
l'éternité. Chercher à ne mettre que Dieu seul en
tout, voilà bien l'œuvre unique des quelques
années que nous vivons. Et c'est incroyable comme tout s'éclaire à cette lumière divine. Plus on
cherche Dieu, et plus Dieu se montre digne de
nos recherches. Oh ! ne vivons plus que pour le
ciel, pour le ciel qui apparaît déjà derrière la
croix, comme aussi derrière les fleurs qui peuvent fleurir sur nos épines. Le vrai bonheur, n'est-
ce pas, c'est de marcher ainsi le cœur en haut,
droit vers Dieu, à travers les devoirs dont se com-
posent nos journées.

25 juin 1897.

« ... Et moi, ma chère maman, comme je serai
heureuse de vous revoir aussi. Nous aurons été
séparées deux ans, c'est beaucoup, et cependant
il viendra peut-être un temps où nous nous rever-
rons moins encore. Aussi je sens qu'il faut que
Notre-Seigneur soit de plus en plus le vrai, l'unique lien entre nous et que nous habitions ensem-

ble dans son Cœur pour nous y retrouver toujours, sans crainte de séparation. »

Toulouse, 29 août 1897.

« Ma bien chère petite Thérèse,

« La paix de Jésus ! » La paix à votre nouvelle demeure, à ce coin de terre, si cher déjà, où j'aime à vous aller trouver ! La paix à tout ce qui vous entoure, la paix en vous et autour de vous ! Que Notre-Seigneur règne dans ces murs où vous habiterez, que la Vierge Marie vous y assiste, que les saints anges vous y gardent. Trouvez-y le vrai bonheur, celui que Dieu donne, et vivez-y de la vraie vie, celle que Dieu demande. Que Dieu bénisse tout autour de vous, vos arbres et vos champs, et tout ce qui fleurira pour vous.

« J'aurais voulu vous y aller trouver dès le premier jour, si j'avais su la date de votre installation. Au moins ce jour-là ai-je eu l'inspiration de prier tout particulièrement pour vous. J'étais presque étonnée de me sentir comme poussée à demander des grâces spéciales pour vous, et je ne comprenais pas ce qui se passait. Tout s'est expliqué quand j'ai compris que vous arriviez à X...., au moment où, à genoux devant le très saint Sacrement, je priais pour que Notre-Seigneur vous soit en aide. Oh ! comme nous sommes unis dans notre séparation même.

« Je m'aperçois que je parle à vous deux ensemble, et c'est bien, en effet, le cri de mon cœur. C'est vous deux que cherche mon regard de sœur

au fond de mon Anjou si aimé, pour vous unir
dans la même affection et les mêmes vœux.

« A Dieu, soyez heureux et surtout *très saints.*
Je vous répète mon cher vœu de Réparatrice : que
la paix de Jésus soit avec vous ! Soyons unis de
prière et de cœur dans le divin Cœur de Jésus, en
qui je suis toute à vous. »

Toulouse, 5 septembre 1897.

« Ma chère petite Catherine,

« Pour la quatrième fois en trois semaines, j'ai
changé de chambre. J'habite maintenant le paradis de Madame la Pauvreté ! Mais quelle jouissance
pour le cœur ! Un seul petit mur me sépare de la
chapelle. Après cela, comment s'apercevoir même
de l'exiguité de la table qui m'oblige de mettre la
moitié des objets par terre ou sur le lit ? Cette
table, du reste, est en même temps une armoire
à glace... sans glace. Figure-toi une caisse de
chocolat d'Aiguebelle, mise debout et séparée au
milieu par une petite planche. En guise de porte,
un rideau de cretonne à carreaux noirs et blancs !
Voilà mon armoire à glace, mon étagère, ma table
de toilette, ma bibliothèque, mon bureau, ma
cassette, etc... etc... Le reste de la chambre est à
l'avenant. Je ne pouvais pas m'endormir hier au
soir, tant je débordais de bonheur en pensant que
ma chambre rappelait enfin un peu Bethléem,
l'Égypte et Nazareth.

« Vendredi, Mère supérieure nous commentait
une conférence de notre vénérée Mère fondatrice,

sur la solitude du cœur, nécessaire pour entendre
la voix de Notre-Seigneur. J'ai d'abord écouté
pour moi jusqu'au bout, puis, quand nous allions
nous lever pour partir, tout émue des belles choses
que j'avais entendues : « Oh ! me suis-je dit, si
Catherine entendait cela, comme elle saurait en
profiter ! » Cela m'a fait prendre la résolution de
mettre doublement à profit les conseils donnés.
Après avoir parlé du silence de paroles et d'actions,
— c'est l'attention à ne pas faire du bruit, — notre
vénérée Mère en venait au silence du cœur, et
surtout au silence de *l'imagination !* Ah ! celui-là,
comme il est fait pour... nous deux ! Essaie un
peu de la faire taire, et tu verras comme c'est
difficile. Depuis ce matin, je m'y suis bien reprise
soixante fois. Impossible de calmer cette folle du
logis. On la ramène au foyer, elle repart à l'instant. Et que de lieues elle fait ! Que de victoires
elle gagne ! que de conquêtes ! que de sainteté !
Qu'en reste-t-il ? Un peu moins de ferveur vraie
et de sérieuse vertu. Je le vois bien, il faut dompter cette terrible faculté, la tourner du côté du
ciel, ne lui permettre de reproduire que Jésus, de
ne chercher que Jésus,... et nous en aider pour
nous humilier et nous anéantir. *Deo gratias !*
Alleluia ! Alleluia !

« Mais je crois que je médite tout haut. Tu vas
me gronder de mon sérieux. Je ne suis pas triste,
ni bien grave, tu peux le croire, mais au noviciat
tout s'oriente du côté du ciel.

« On m'apporte une image pressée à peindre.

Cela veut-il dire que je t'écris trop longuement et qu'il faut cesser? Peut-être. L'image à faire est justement un encadrement pour une photographie qui représente un petit Jésus entouré de croix et semblant réfléchir à qui il les donnera. A moi, Jésus, à moi! Donnez celle qui est dorée à Catherine, et donnez-moi, à moi, celle qui est en gros bois brut, comme la vôtre.

« A Dieu, chère petite sœur ; est-il besoin après ce long cœur à cœur, de te dire que je t'aime toujours comme autrefois? Non, n'est-ce pas? Nous savons que Jésus nous unit de plus en plus. Ah ! soyons des saintes pour sa gloire.

« *In Corde Jesu,*

« Marie de l'Agnus Dei. »

Toulouse 24 septembre 1897.

Ma chère petite Yvonne,

« La paix de Jésus ! » Il y a bien longtemps que je ne t'ai écrit, mais, depuis lors, combien de fois n'ai-je pas pensé à toi ! Je n'oublie pas, tu peux le croire, que Jésus t'appelle à sa suite et je le supplie de hâter pour toi l'heure où tu te donneras à Lui. Que de fois, prosternée à ses pieds, lui ai-je demandé pour toi la grâce qu'Il m'a faite à moi-même ! Ah ! que faisons-nous sur la terre si nous n'aimons pas, si nous servons mal notre Seigneur et notre Dieu ! Je ne veux pas dire qu'il en soit ainsi pour toi. Ah ! non certes et je suis sûre du contraire, mais je voudrais que nous nous jetions à corps perdu, à *cœur* perdu, dans le service du divin Maître, et je ne puis me comprendre moi-même. Quand je pense que je n'ai encore rien fait purement pour Lui depuis vingt ans que je vis ! — Ma petite sœur, hâte-toi de te préparer pour que Notre-Seigneur vienne te chercher. Médite la parabole des dix vierges. La robe nuptiale qu'il faut revêtir, c'est la pureté du cœur, et l'humilité qui s'abaisse et laisse Jésus nous recouvrir de Lui-même ; l'huile de la lampe, c'est la douceur, la flamme, la prière et la générosité. Le sommeil qui surprend les dix vierges, c'est l'abandon total à la volonté de Dieu, l'oubli de soi-même ; l'appel qui se fait entendre, c'est cette pensée que Dieu nous veut et la joie qu'elle fait naître en nous ; le réveil des vierges, c'est le dévouement et l'amour... Préparons-nous, Jésus vient, il te veut pour fiancée, il me veut pour épouse. Également miséricordieux pour l'une et pour l'autre, Il demande nos cœurs par son ineffable bonté. *Exite obviam ei.* Allons au-devant de Lui, et ne laissons pas infructueuse la grâce qu'Il a mise en nous. Ah ! si tu savais ce que c'est que la vocation religieuse ! Je voudrais bien savoir si *oui* ou *non* tu es décidée quant à l'Ordre. Depuis le temps que je prie le Saint-Esprit de t'éclairer, je voudrais bien savoir le résultat. Si je suis trop curieuse dis-le moi. »

A Michel.

29 septembre 1897.

« Je n'oublie pas que c'est ta fête et quoique

14

j'arrive un peu en retard, je veux absolument te la souhaiter, et t'envoyer une image à cette occasion. Je prierai beaucoup le bon Dieu pour toi, afin que tu sois un grand chrétien, comme mon père, et même un grand saint, comme saint Michel.

« Je te souhaite pour ta fête d'avoir plus d'esprit que moi, et de savoir mieux pratiquer la vertu. Figure-toi, qu'avant-hier, il avait fait une vraie tempête, et comme je me promenais au jardin hier, j'aperçois presque toutes les plantes de la sacristie couchées par terre. « Ah! quelle bonne idée, je vais faire un bon acte de charité! » Je cache mon livre sous mon bras, et je me mets à relever successivement toutes les plantes. J'arrivais presque à la dernière et je commençais à en avoir assez, quand j'entends une voix désespérée qui disait : « Mais elle n'entend pas, elle continue toujours! » Je regarde et je vois la sacristine qui levait les bras au ciel avec un vrai désespoir : « Mais, ma pauvre sœur, s'écrie-t-elle, c'est exprès qu'on les a couchées! » Tu comprends si j'ai ri! Il m'a fallu reprendre une à une chaque plante et refaire toute la besogne. On les avait couchées ainsi pour les préserver du vent. Ce petit ouvrage d'agrément a un peu raccourci ma lecture spirituelle. Quand tu voudras pratiquer la charité, ne m'imite pas. »

A sa mère.

Toulouse, 10 octobre 1897.

« ... Oui, nous allons bientôt nous revoir, s'il

plaît à Dieu. Je bénis les feuilles qui tombent et le froid qui vient, et l'hiver qui arrive, parce que tout cela prépare un temps qui rappelle de doux souvenirs et fait luire de saintes espérances. Je suis bien indigne de prononcer mes vœux, et je le sais mieux que personne. Mais malgré tout, j'espère que Notre-Seigneur, infiniment miséricordieux, m'y admettra, et quand j'y pense, — j'y pense sans cesse. — je déborde de bonheur. Mes sœurs me plaisantent sur mon « amour de l'hiver ! » Ce n'est pas l'hiver que j'aime, mais l'Enfant Jésus de la crèche ! »

Toulouse, 10 octobre 1897.

« Ma bien chère Thérèse,

« Je viens t'offrir mes vœux et te dire combien particulièrement je prierai pour toi, en cette fête de sainte Thérèse que nous aimons tant. Que te souhaiter, ma chère petite sœur, sinon de croître dans la science des saints et de servir Dieu toujours mieux ? Je laisse à d'autres le soin de te souhaiter le repos, le bonheur, les joies de ce monde et tout ce qui passe avec le temps. Tout cela est très bon quand cela aide à servir Dieu. Mais nous voyons plus haut que tout cela, n'est-ce pas ? et l'amour du Christ a été trop grand pour nous, pour que nous cherchions autre chose que sa gloire, au mépris de nous-mêmes. Que sainte Thérèse, ma bien chère petite sœur, te donne son grand cœur, sa grande foi, son grand amour. Voilà la vraie joie, celle dont surabondent les saints, et c'est celle que je demanderai pour toi, en te priant de la demander aussi pour moi à la chère sainte qui a bien failli devenir ma mère ! Ne crois pas que je regrette de n'être pas au Carmel ! Je suis *passionnée* pour ma vocation, et rien ne m'attire en dehors d'elle. Ici, nous avons beaucoup de l'esprit de sainte Thérèse... Avec la règle et l'esprit de saint Ignace, cela s'accorde à merveille, et rien n'est beau comme nos constitutions ! Ne ris pas de mon enthousiasme, c'est l'esprit de corps. Que vaudrait un soldat qui n'aurait pas au cœur l'amour ardent de son drapeau ? »

A sa sœur Yvonne.

« Depuis longtemps, ma petite sœur, tu me demandes de te mettre devant les yeux la vie religieuse, la vie que je mène, par conséquent. J'ai un peu étudié les autres ordres, surtout certains d'entre eux, avant de me décider pour la Société, mais je les connais bien peu, en comparaison de cette chère Société — mon idéal, naturellement. — Donc pour que tu sois pleinement renseignée sur cette Société, où Notre-Seigneur peut t'appeler par sa grâce, je veux te parler un peu de notre chère vie de réparation... Notre vie se partage entre la contemplation et l'action, répondant ainsi aux différents attraits des âmes. Après les heures de prière viennent les heures de charge. Là, tout le monde trouve à exercer à la fois son dévouement et son abnégation. Lingerie, vestiaire, cuisine, infirmerie, sacristie, dépense, — c'est l'endroit où se gardent les provisions, — et beaucoup de choses encore, et surtout pour les novices de nombreux balayages où elles acquièrent tous les mérites possibles si elles le veulent bien. En dehors de là, nous avons des œuvres, catéchismes aux enfants pauvres et retraites de première communion. Après les vœux, on peut être chargée des retraites de Dames, des réunions d'Enfants de Marie, de l'Œuvre Apostolique, etc... etc... Pour reposer notre cœur et reprendre des forces, nous avons environ sept heures de prière, ce qui est bien bon, et puis la nuit, mais non pas *toutes* les nuits, une heure d'adoration, ce qui est délicieux. »

« ... Maintenant, ma petite sœur Yvonne, quelques détails puisque tu me les demandes. Notre vie est non seulement la grâce des grâces mais le bonheur des bonheurs. Les novices sont gaies au point qu'il faut l'avoir vu pour le croire ; c'est une joie *débordante*. Quant à l'obéissance, c'est notre repos et notre joie. C'est ce qui rend notre vie si facile et si douce. Les supérieures sont tellement bonnes que tout ce qu'elles veulent est bien bon aussi. Quant à l'ouverture de cœur, peut-être n'est-elle pas aussi facile pour toutes, mais pour moi je n'y ai jamais trouvé la moindre difficulté ; au contraire, c'est le plus grand des bonheurs. Je crois, du reste, que la vie religieuse en elle-même y porte. Vivre avec des âmes qui n'ont toutes qu'un même but, un même désir, et les mêmes moyens pour y tendre, cela porte à l'ouverture et à l'entière franchise comme naturellement, et je ne puis pas comprendre que l'on cache la moindre chose à la maîtresse des novices. On jouit d'une grande paix quand on se sent parfaitement connue d'elle ! — La vie du noviciat est occupée par une foule de travaux divers. Depuis le matin jusqu'au soir, chaque minute est réglée, — de même que la nuit où nous avons l'ordre de dormir, — conférences, exercices, travaux manuels, études des règles, travail de nos charges, puis tout d'abord nos heures de prière. Notre vie est très coupée, ce qui est une vraie mortification pour la volonté, qui n'aime guère à quitter sans cesse le travail commencé. Ainsi, c'est excellent pour l'amour-propre. Ici, du reste, il ne trouve pas son compte. Il faut de gré ou de force qu'il déloge ! — Hier, nous avons eu une ravissante fête de saint Stanislas. L'autel était tout garni de lys. Nos mères ont délicieusement chanté, pendant que nous autres novices nous étions bien tranquillement dans les stalles à les écouter (cela n'arrive pas tous les jours). Tout le monde s'est dévoué pour nous faire passer une sainte et heureuse journée, — que je te souhaite de voir l'année prochaine sous le voile blanc ! »

Toulouse, 23 novembre 1897.

« Ma bien chère maman,

« ... Avec quel bonheur je déchire ma lettre de dimanche pour vous annoncer aujourd'hui l'incomparable grâce que Notre-Seigneur me fait : je suis admise à prononcer mes vœux ! Ah ! que

Dieu est bon ! c'est tout ce que je trouve à dire depuis que je sais le bonheur qui se prépare pour moi. Je commence seulement à comprendre dans toute son étendue ce bonheur qui, à première vue, m'a éblouie. On a beau l'espérer et s'y attendre, c'est absolument nouveau et délicieux quand on l'apprend.

« Voilà donc le rêve de mon enfance et l'unique but de ma vie, depuis bien des années déjà qui va se réaliser. Je vais être religieuse et devenir pour toujours l'épouse du Maître adoré qui se plaît à combler de ses grâces ses créatures les moins dignes. Oh ! priez et faites prier pour moi, afin que je me prépare vraiment à ce jour béni de Noël qui verra éclore toutes mes espérances passées, en me donnant Jésus !

« Et bénissons-le ensemble ! Jamais je ne pourrai dire assez le bonheur si profond que cette annonce des vœux apporte. Il me semble que tout est oublié, le passé et ses regrets, le présent et ses difficultés, tout s'efface devant cet avenir béni qui ne me montre que Jésus ! »

A Thérèse.

« *Gloria in excelsis Deo et in terra pax hominibus bonæ voluntatis !*... Oui, Jésus veut bien de moi, et dans quelques jours le grand Roi du ciel s'unira à sa très petite créature. Et ce sera une gloire très grande pour Dieu de voir son Verbe éternel s'abaisser ainsi, comme ce sera une paix profonde pour l'âme de se sentir unie à son souverain Seigneur. Ah ! bénis Dieu avec moi, car je suis trop heureuse et trop comblée de grâces !

« ... Vraiment, on a besoin, à ce moment, de s'humilier et de souffrir pour lui ressembler davantage. On se ferait un crime de tenir à quoi que ce soit qui ne soit pas lui seul. On sent Jésus grandir et le monde devenir si petit qu'il se perd dans l'infini de ce Dieu que l'on aime. Alors, tout ce qui est de l'ordre de la souffrance, si vivement qu'on le sente, il semble que ce soit un repos et un soulagement, parce que cela rapproche de Jésus. »

Ce rapprochement de Jésus par le sacrifice, la pauvre petite novice allait avoir une occasion inattendue de le pratiquer : retenus les uns et les autres par d'impérieux devoirs, aucun des membres de sa famille ne put annoncer sa présence pour cette nuit de Noël. Seule Marie de l'Agnus Dei était venue à Toulouse, seule elle devait consommer avec Jésus-Christ, sur la terre, son union courte et profonde. Elle en souffrit beaucoup, et ne le laissa pas voir autant qu'elle le ressentait. Mais il convenait aux mystérieux desseins de la Providence sur cette enfant de prédilection qu'ainsi se passât le grand jour que nous allons la voir préparer. Avant d'entrer en retraite, elle sut que personne n'assisterait à ses vœux, et elle essaya d'en consoler sa mère par la lettre suivante :

« Ma bien chère maman,

« La paix de Jésus ! Que la volonté de Notre-Seigneur s'accomplisse en toutes choses ! Il sait mieux que nous ce qu'il nous faut. Votre lettre m'a fait beaucoup de peine, vous le pensez bien ; je ne m'attendais pas à ce chagrin. Mais Mère supérieure m'a doucement fait accepter la volonté de Notre-Seigneur et je lui ai, comme vous tout offert de tout mon cœur. La pensée du sacrifice que vous faites m'est plus dure que ma souffrance propre ; je voudrais souffrir plus pour que vous souffriez moins.

« Je sentirai votre cœur bien près du mien en cette nuit si belle, et vous aurez une bien grande part de mes prières et de la grâce de mes vœux. Mon père sera là, près de moi, et c'est lui que je chargerai de vous transmettre, de la part de Dieu, les grâces que Notre-Seigneur Jésus m'accordera pour vous.

« Voyez-vous, maman chérie, le bon Dieu veut vous prouver que vous ne m'avez pas donnée à demi, et il veut me faire sentir que je ne suis pas Réparatrice pour rien. Oh ! qu'Il soit béni ! Jésus si abandonné dans sa crèche veut nous faire partager son isolement ; Jésus si délaissé au tabernacle veut bien nous donner quelque ressemblance avec son état d'hostie. Bénissons-le du fond du cœur, et que de notre âme s'échappe, plus joyeux que jamais, le *Magnificat* de l'amour et de l'abandon. »

Ce sacrifice fait, elle se tourna, de tout l'élan de son cœur, vers Celui qui l'attirait tout entière. Pendant ces jours ineffables, qui précèdent les grandes époques de la vie religieuse, Dieu avait résolu de découvrir à l'âme éblouie de Marie-

Anne le pacte qu'il lui proposait de conclure avec elle : souffrir toute la vie, mourir de souffrance, et par ce moyen réparer pour les âmes, en union avec Jésus-Christ.

Elle lui avait spontanément offert bien des immolations, mais nous restons toujours si au-dessous des vues admirables que Dieu poursuit en chacune de ses créatures ! Avec une précision qui nous semble étonnante, maintenant que nous savons à quoi elle devait aboutir, il fit entrevoir à Marie de l'Agnus Dei, pendant sa retraite, ce qu'il demandait d'elle. Qu'elle le comprit assez pour en être effrayée jusqu'au plus intime de son être, il n'y a aucun doute à cet égard ; assez pour avoir tout le mérite de l'acceptation, c'est encore évident ; mais le comprit-elle assez pour déduire, dès le premier jour, toutes les conséquences de l'acte de générosité par lequel elle répondit aux avances divines ? nous ne le pensons pas. Il faut du temps à nos intelligences pour monter jusqu'aux lumières divines ; il faut du temps à nos cœurs pour accepter jusqu'au fond le calice des amertumes, et Dieu, qui le sait, ne nous demande pas la clairvoyance. Il nous la dispense à mesure que nos forces grandissent. Il veut seulement une fervente promptitude à accepter ce que nous entrevoyons de ses volontés sur nous. Marie-Anne, donc, gardera, même après son sacrifice et pendant longtemps, le désir de se dépenser extérieurement pour la gloire de Dieu, le désir de se rendre humainement utile à sa chère congrégation, le désir d'être envoyée aux missions lointaines, et tous ces désirs, l'un après l'autre immolés, la feront grandir et feront d'elle, mieux que par leur réalisation, la victime qu'elle souhaitait d'être. Pour nous, qui lisons ces pages après que la vie et la mort de Marie de l'Agnus Dei leur ont donné leur vrai sens, nous ne pouvons manquer d'admirer l'unité parfaite et la hauteur des vues de Dieu sur cette âme, et aussi la fidélité avec laquelle elle y répondit. Nous touchons au point culminant de cette très courte existence, au mystère qui en a fait un exemple et une leçon, mystère gardé si jalousement que nous n'en saurons jamais exactement les détails. Cherchons cependant à découvrir, dans ses notes de retraite, les traits de lumière qui éclairèrent son âme et la poussèrent vers la voie où Dieu la voulait engager :

« Notre-Seigneur m'a demandé si j'accepterais une vie toute de croix et de sacrifices. Comme je ne veux rien lui refuser, j'ai dit *oui* de tout mon cœur. Alors, il m'a montré l'image d'un cœur entouré d'épines comme le sien, avec un glaive enfoncé dedans, la blessure saignante, et de ce cœur germait un lis. Puis, il m'a dit : « Tu sentiras la blessure, mais tu ne verras pas la fleur. » Et comme mon âme était inondée de joie et tout embrasée du désir de plaire à Notre-Seigneur, j'ai tout accepté, à la condition qu'il m'aiderait. Maintenant, j'attends la désolation de pied ferme, et j'espère, avec la grâce de Notre-Seigneur, n'être pas lâche, mais courageuse et généreuse... »

« ... Il m'a semblé que Dieu m'envoyait son ange pour m'annoncer qu'il choisissait mon infinie bassesse pour faire éclater son infinie miséricorde. Pourquoi ne pas croire que le bon Dieu peut faire quelque chose même de moi ?

« ... Que j'ai lutté avant de tout offrir, l'intérieur, l'extérieur, pour que Notre-Seigneur mortifie tout ! Que c'est humiliant d'être si lâche ! Enfin tout est donné, et je supplie Notre-Seigneur de ne rien me rendre. J'ai embrassé la croix, — la croix de mes vœux, — *o bona Crux, tam amata, tam diu desiderata !* Notre-Seigneur m'a regardée avec amour. Il a dit : « *Mecum !* » Alors, j'ai tout compris, tout voulu, tout accepté : *O bona Crux !* Merci, Jésus ! A nous deux !

« ... Notre sort est digne d'envie ! Vivre hosties et mourir victimes, c'est bien beau ! Que notre mort vienne vraiment de nos souffrances, de ces souffrances réparatrices, généreusement acceptées, vaillamment supportées. »

On le voit, l'amour divin n'avait pas triomphé sans combat dans cette âme angélique. La souffrance est si dure à accepter, même de loin et en perspective ! Mais, quand l'acte d'amour et d'abandon est fait, Dieu aide sa créature, il se penche vers elle, et lui communique quelque chose de la divine folie qui l'a lui-même poussé vers le Calvaire.

Dieu était satisfait, l'offrande était sans retour et sans réserves. La victime de son choix lui appartenait ; il allait poursuivre, sans rencontrer d'obstacles, son œuvre connue et acceptée. Si l'on veut savoir à quoi s'attendait Marie de l'Agnus Dei en se consacrant publiquement à Dieu, qu'on lise cette dernière page de ses notes de retraite :

« *Quid retribuam Domino ?*

« *Calicem salutaris accipiam...* oui, le calice du sacrifice, le calice de l'humiliation, le calice du renoncement, le calice de l'abnégation complète ; ce calice, je le prendrai avec sa grâce. *Et nomen Domini invocabo !* Je me ferai âme de prière, sans cesse orientée vers lui, parce que sans lui, je suis sans force, mais avec lui je puis tout.

« La croix,... le cœur ! j'ai tout mon bien, j'ai toute ma vie. Et si je souffre, c'est ce qu'il faut. *Licet pati.* »

« *Licet pati !* — écrit une religieuse qui la connaissait bien, — licence à la souffrance !... Encore un instant et cette merveilleuse ouvrière de Jésus, cette compagne tant aimée de son passage ici-bas, répondant à l'appel de la petite épouse du Verbe, va finir d'envahir tout son être... Marie de l'Agnus Dei lui appartiendra tout entière et, durant des années, nous la verrons gravir lentement son calvaire, sans qu'un mot d'amertume ou de regret se forme dans son cœur. Dieu lui avait tout donné, elle lui avait tout offert et eût pu dire en expirant : « Je suis heureuse, mon programme est réalisé, je ne possède plus rien... Celui que je chéris par-dessus tout s'en est emparé !... » Certes, si un désir pouvait avoir accès au ciel, les anges envieraient le sort de cette enfant qui alla, s'amoindrissant chaque jour à l'extérieur, mais dont la beauté intérieure resplendissait d'autant plus merveilleusement aux yeux de l'Éternel. »

Au dernier jour d'attente, Marie-Anne réunit encore dans sa pensée tous ceux qu'elle aimait sur la terre, et leur écrivit, la veille même de Noël :

« A vous tous que j'aime tant, ma bien chère maman, mes petits frères et sœurs,

« La paix de Jésus !

« Le divin Roi des cieux m'a choisie pour épouse, et dans la nuit de Noël nous contracterons une union éternelle. Vous ne serez là ni les uns ni les autres pour assister à ces noces célestes, mais je dirai aux anges d'aller vous en porter les échos, et de chanter à l'oreille de votre cœur le cantique si doux qu'ils chantent ici pour nous.

« Et vous recevrez de notre divin Roi les présents de l'alliance. Il nous donnera sa paix, il vous donnera sa joie. Il vous donnera peut-être aussi sa croix, ou tout au moins le bois si dur de sa crèche, mais ne craignez rien, il donne aussi son cœur, qui console de tout, et ses tendres baisers d'enfant qui rendent toute amertume plus douce que le miel.

« Ah ! laissez-moi vous chanter son amour, et ne vous étonnez pas si mon cœur déborde, car c'est si bon d'être aimé de lui !

« En lui est toute force et toute suavité, en lui

la grâce et le bonheur. Souffrir pour lui, c'est une joie; souffrir avec lui, un repos. Il nous donne ici-bas tout ce qui nous aide et nous élève, et il nous promet pour bientôt son ciel et ses jouissances infinies.

« C'est lui qui réunit ce que son amour sépare, et qui rapproche ce qui s'est éloigné pour lui. C'est lui qui est là, entre vous et moi, je vous vois dans son Cœur, et c'est par son Cœur que je vous aime. Noël ! à vous tous, en son nom !

« ... Voici en quelques mots la cérémonie. Avant la messe de minuit, après le chant du *Veni Creator* et du *Monstra te esse Matrem*, nous nous avançons vers le banc de communion, la Révérende Mère supérieure, Mère assistante et moi. Alors le Père pose les questions d'usage qui commencent par celle-ci : « Ma fille, que demandez-vous? » et que je ne me rappelle pas toutes. Il me remet le crucifix des vœux qu'il a d'abord béni, ainsi que le cœur que nous portons sur la poitrine. Pendant que la Mère supérieure attache le cœur, le Père dit ces mots que Jacques vous traduira mieux que moi : *Ponat cor suum Deus ut signaculum super cor tuum, et memento quia fortis est ut mors dilectio!* — Ensuite, le Père donne le voile bleu, en rappelant que « le joug du Seigneur est doux et son fardeau léger ». Alors la messe commence comme de coutume, jusqu'au *Domine, non sum dignus*, après lequel nous nous levons comme au commencement pour aller devant le banc de communion. Le prêtre prend la sainte hostie, comme pour donner la communion, et s'avance vers nous. Et c'est là, tout près et en face de Jésus qui va se donner à moi, que je prononce la formule, un cierge à la main. Après que la formule est achevée, le Père donne la communion à la trop heureuse épouse de Jésus, et tout se termine comme à l'ordinaire, sauf qu'il y a un cœur qui bat plus fort que de coutume sur le Cœur de Jésus, et une grande fête parmi les anges de Dieu et les saints qui sont là, tout autour du sanctuaire.

« Tout se termine enfin par le *Magnificat*. Ah ! de quel cœur on le chante !

« Je vous envoie à tous un petit souvenir de mes vœux, que vous garderez pour vous rappeler cette délicieuse fête. L'Enfant-Jésus vous portera lui-même tout ce dont je le charge pour vous. Il peut vous voir, lui, et il est toujours près de vous. Mon cher père, qui sera bien près de moi au moment de mes vœux, vous transmettra aussi bien des choses de ma part !

« A Dieu, ma bien chère maman, petits frères et sœurs très chers ; recommandez à Notre-Seigneur celle qu'Il veut bien s'unir.

« Je vous embrasse avec toute ma tendresse de fille et de sœur, et je vous reste intimement unie en Notre-Seigneur,

« Marie de l'Agnus Dei.

« S. M. R. »

Tout se passa comme elle le disait, et sa mère eut encore le premier écho de cette fête céleste :

Toulouse, 25 décembre 1897.

« Ma bien chère maman,

« La paix de Jésus ! A vous mes premières lignes en ce jour du ciel, comme se sont envolées vers vous mes premières pensées cette nuit !

« Que mon divin Epoux Jésus vous donne sa paix et sa joie à tous.

« Je vous écris sous le regard de mon crucifix des vœux, sous le reflet de mon voile bleu, sous le rayon du cœur qui brille sur mon cœur. — Tout cela est bien bon. J'ai prié Jésus de vous en faire sentir de loin le parfum tout céleste.

26 décembre.

« J'ai voulu commencer ma lettre hier soir pour que vous ayez au moins quelque chose de ce jour unique dans la vie.

« Merci tout d'abord de vos chères lettres. J'ai été si heureuse que tous aient écrit ! Je vous sentais bien près de moi par la pensée et par le cœur.

« Voici maintenant quelques détails sur ma nuit de Noël, pour que vous puissiez vous représenter la chose le mieux possible.

« Mère supérieure m'a permis de ne pas me coucher avant la cérémonie, et j'ai passé une bonne partie de ma veillée au fond d'une petite tribune, appelant de mes désirs le grand moment. La cérémonie devait avoir lieu à onze heures trois quarts. Après le *Veni Creator* et le *Monstra te*, le R. P. de X... a fait une allocution charmante et dite vraiment avec le cœur. Je ne m'attendais pas à ce qu'il parlât. Mère supérieure avait voulu m'en laisser la surprise. Le Père a appliqué les trois vœux à l'Enfant de la Crèche, montrant que c'était d'en voir le charme en lui qui m'avait attirée. Puis il a parlé de ma mission de réparatrice, et des trésors que je trouverai pour la remplir dans le Cœur de l'Agnus Dei. Il a dit pour vous un mot très bon, montrant avec quelle générosité vous m'aviez donnée, quoique sentant le sacrifice. Ensuite, j'ai reçu la croix, le cœur, le voile. La croix, comme gage le plus précieux de l'amour de Jésus, le cœur pour aider à porter la croix, et le voile des épouses de l'Agneau.

« C'est à la communion de la première messe que j'ai prononcé mes trois vœux, avant de recevoir la sainte communion. — Ensuite j'ai eu le bonheur d'avoir deux messes d'action de grâces, vrai moment du ciel, inoubliable, et que rien ne saurait exprimer.

« Je ne pouvais pas me décider à me rendre au réfectoire pour le réveillon. Il me semblait faire une telle chute !

« Maintenant, je sens bien que rien n'enlève la présence de Celui qui devient *tout* dans la vie, et que tout peut se faire avec Lui et pour Lui. »

X

Aussitôt après ses vœux, Marie de l'Agnus Dei
s'attendait à quitter le noviciat, et à être envoyée
dans une des maisons de la Société. Elle resta
quelques jours à Toulouse, sans rien savoir, puis
l'obéissance l'envoya à Bordeaux. Ce fut une déception, jamais avouée, mais vivement sentie,
car elle espérait être destinée soit à la maison du
Mans, soit à celle de Nantes, toutes deux assez
rapprochées d'Angers pour qu'il fût facile à sa
famille, séparée d'elle depuis deux ans, de venir
la voir. Néanmoins, elle ne montra que la paix,
la gaîté fine qui lui était habituelle en écrivant à
sa mère :

Bordeaux, 23 janvier 1898.

« ... Merci de votre si bonne lettre, s'unissant
si bien à mes sentiments au moment de mon changement de maison. Me voilà installée à Bordeaux
depuis plus de huit jours, après un excellent
voyage, vraiment protégé par le bon Dieu et par
ses anges.

« ... Vous me demandez quelles ont été mes
impressions en revoyant « le monde »? Je vous
assure que je l'ai trouvé aussi laid que quand je
l'ai quitté, même plus encore, je crois, et surtout
si en désordre! Cela ne m'a pas du tout donné

envie de prolonger mon passage, et j'avais bien hâte de retrouver ma chère clôture. C'est un peu étourdissant, vous le comprenez, quand après plus de deux ans de solitude, on se trouve dans une gare de chemin de fer ! Tout ce monde qui travaille tant sur la terre et parmi lequel si peu pensent au ciel, c'est bien triste. Ah ! si nous avions autant de zèle pour les intérêts éternels que l'on en voit déployer pour un misérable gain ! Si nous travaillions pour Dieu comme on travaille pour gagner sa vie ! Et cependant, est-ce que cela peut souffrir la comparaison ? »

Puis nous retrouvons son ardente piété dans ces souhaits, envoyés à sa sœur Yvonne.

« *Voici que je me tiens à la porte et que je frappe.* (Apoc.).

« Mon souhait, chère petite sœur, c'est que tu écoutes à chaque instant cette voix du divin Maître et que tu y répondes avec une fidélité parfaite.

« *Si quelqu'un m'ouvre, je demeurerai dans sa maison.* Avoir Jésus c'est toute joie ! Je te souhaite ce suprême bonheur, en attendant qu'il soit encore plus vrai et que tu portes sur ton cœur l'image du Cœur du Bien-Aimé, de celui qui est à nous comme nous sommes à lui, et qui se repose parmi les lis. »

Mais il semble que son séjour à Bordeaux ne devait être qu'une épreuve pour sa vertu, car très peu de temps après son arrivée, elle recevait l'ordre de se rendre au Mans. Avec quelle joie elle l'annonce aux siens !

Bordeaux, 15 février 1898.

« ... Moi aussi, je romps le silence du carême, et c'est pour vous annoncer une nouvelle qui, je crois, va vous faire grand plaisir : jeudi, je pars pour le Mans, et nous ne serons qu'à trois heures l'une de l'autre ! Voyez si Notre-Seigneur est bon pour nous, et s'il ne faut pas adorer tous ses desseins, quels qu'ils soient, même quand ils semblent ne pas répondre à nos désirs. — Maintenant, je crois que vous ne résisterez pas à l'envie de venir embrasser votre fille, dont vous êtes séparée depuis si longtemps. — Chère maman, je me fais une joie de la vôtre, en apprenant ce rapprochement. Et, comme tous les cœurs battent à l'unisson dans notre chère Société, cela a été le cri de tout le monde : « Ah ! vous allez revoir votre mère ! » Je ne croyais pas quitter sitôt Bordeaux où j'avais trouvé tout ce que j'avais pu désirer de plus *maternel*, de plus *dévoué*, de plus *édifiant*. Mais Notre-Seigneur est partout, et ce que j'aime ou admire dans ses créatures n'est qu'un reflet de ses infinies perfections. »

Marie de l'Agnus Dei retrouvait au Mans la supérieure qui lui avait fait faire sa retraite de probation. Religieuse de grande vertu, d'une intelligence remarquable, d'une fermeté qui n'avait d'égale que sa grande bonté de cœur, elle avait été la première à connaître Marie-Anne, encore presque une enfant, la première à la deviner, à la demander à Dieu, peut-être, pour la Société de Marie-Réparatrice, à en faire, certainement, aux supérieures provinciale et générale, un grand éloge. Elle retrouvait Marie de l'Agnus Dei après deux ans et plus de vie religieuse, elle la recevait, précédée d'une réputation de sainteté qui la satisfaisait sans doute, mais qui la préoccupait aussi, car elle craignait de rencontrer, dans l'enfant qui venait s'abriter sous son aile, les traces de cet amour-propre qu'elle redoutait par-dessus tout. Elle vit venir une humble petite religieuse, toute prête à se laisser briser sous le joug de l'obéissance, et qui n'apportait qu'un immense désir de souffrance et d'immolation. Marie de l'Agnus Dei avait gardé le secret de ce qui s'était passé en elle au moment de ses vœux, la maîtresse des novices en était seule informée ; mais elle voulut confier son âme à cette supérieure émérite et qu'elle aimait si particulièrement. Sans doute Mère Marie de X... tressaillit de joie au fond de son cœur en voyant les généreuses dispositions de sa nouvelle fille, et elle remercia Dieu, qui lui donnait ce qu'elle avait attendu ; mais elle tint à mettre à l'épreuve la réalité de ce qu'elle apercevait. Elle voulait se garantir elle-même et garantir Marie de l'Agnus Dei de tout danger d'illusion, de telle sorte que ce fut sous le gouvernement d'une Mère qui l'avait en très haute estime et qui l'aimait tendrement, que Marie-Anne eut le plus à souffrir, mais ce fut aussi sous cette direction forte et sage qu'elle fit le pas décisif dans les voies de la sainteté.

Dieu allait, du reste, sembler donner raison à la supérieure, car à peine la jeune religieuse fut-elle arrivée au Mans que les espérances, encore un peu humaines, que l'on fondait sur elle s'évanouirent, et sa santé commença à s'altérer assez sérieusement pour qu'elle fût incapable de rendre aucun service important à la communauté. Pendant ces dix-huit mois de martyre, intérieur et extérieur, Dieu lui enleva peu à peu tout ce qu'il lui avait donné : sa voix, dont elle voulait se servir pour parler de lui, sa plume, que ses mains, devenues maladroites, ne pouvaient plus tenir, son activité, car ses jambes affaiblies lui refusaient tout service.

Qu'on ne se hâte pas de s'étonner et de trouver bien dure cette épreuve providentielle. Il faut se souvenir que la vie religieuse n'est point ce qu'on la croit en général. La vie religieuse, c'est l'imitation aussi parfaite que possible des exemples de Jésus-Christ, qui fut pauvre, souffrant et humilié. Tout n'est pas fait quand on s'est séparé de sa famille, qu'on a renoncé à ses biens temporels et qu'on s'est engagé à suivre une règle plus ou moins austère. Ceci n'est que le fondement indispensable pour commencer ensuite l'œuvre de dépouillement de soi-même. Quitter le monde, c'est beau, quitter sa famille c'est plus beau, mais quitter sa personnalité propre, son jugement et ses goûts, c'est ce que bien peu d'âmes réalisent, même derrière les murs du couvent, et c'est ce à quoi personne n'arriverait sans le secours d'épreuves particulières. C'est cependant la seule manière d'aboutir à la sainteté, et tous les saints en sont la preuve. Auprès de ce travail, les autres sacrifices ne coûtent rien, et combien peu l'achèvent, parmi les meilleurs ! Combien peu, surtout, en ont une compréhension véritable, et savent que, pour s'élever au-dessus de soi-même, ce qui est la seule façon de se quitter réellement, il faut suivre les traces de Celui qui est descendu du ciel, avec une humilité incomparable, pour nous en montrer le chemin. On sait assez bien que ceux qui se consacrent au labeur de la perfection auront à souffrir. La pensée en est même si commune qu'on s'étonnerait de voir sans épreuves les bons chrétiens, dans le monde. Mais on oublie, peut-être pas tout à fait involontairement, que l'humiliation est aussi nécessaire, plus nécessaire encore que la souffrance, à la sanctification. Notre-Seigneur Jésus-Christ a mis certaines bornes à ses souffrances physiques, mais il n'en a pas mis à ses humiliations. On s'accoutume un peu à la douleur, elle est souvent soulagée, fréquemment allégée par la compassion des autres, mais que dire du mépris ? Châtiment et remède de l'orgueil originel, il trouve en nous la résistance la plus désespérée ; et nous ne pouvons arriver à comprendre pratiquement qu'ayant à monter jusqu'au ciel, il importe que nous y arrivions humbles. Ceux-là le savent qui ont le vrai sens de la vie religieuse, vie surnaturelle, vie divine, dans toute l'acception du mot, qui grandit et se développe à proportion de la diminu-

tion joyeusement consentie de la volonté propre.
Ce dur travail de transformation, poursuivi
par la Providence dans les âmes qui acceptent de
se laisser faire, avec une persistance qui nous
paraît souvent de la cruauté et qui n'est que la
plus adorable des miséricordes, est souvent se-
condé par l'intelligence éclairée de ceux qui diri-
gent. Mère M. de X. savait que la jeune religieuse
qu'elle conduisait aspirait très haut, et que, par
conséquent, elle n'avait qu'un chemin à suivre.
Saintement sage au point de vue surnaturel, au
point de vue humain elle était appuyée. Une
permission spéciale de Dieu voulut que tous les
médecins consultés au sujet des phénomènes
éprouvés par la pauvre enfant fussent d'accord à
répéter : « C'est nerveux ! » Il était, dans ce cas, du
devoir strict de la supérieure d'agir fermement,
comme on lui disait de le faire. Dans l'hypothèse
d'une maladie nerveuse, c'était la meilleure conduite à tenir. Et comment ne pas croire cette
hypothèse probable, quand tous les médecins la
soutenaient ? Et alors, que penser d'une religieuse
si peu habituée à se vaincre que, non contente de
ne pas exécuter les ordres reçus, elle y ajoutât de
faire très mal le peu qu'elle faisait ? C'était donc
à cela qu'aboutissaient tant d'intelligence, une
piété si généreuse, des vues si élevées ? Cela
qu'on devait attendre de celle qui avait édifié le
noviciat pendant deux ans ?... Pauvre enfant ! de
quelque charité qu'on pût user envers elle, — et
hâtons-nous d'ajouter qu'on en fut prodigue. —

elle ne pouvait pas ne pas sentir l'étonnement et le blâme autour d'elle. De même qu'elle avait senti l'admiration, elle goûta l'humiliation. Epreuve si douloureuse qu'elle fut sans cesse à bout de forces morales comme elle se sentait à bout de forces physiques ! Si douloureuse, que jamais elle n'eût entrevu pareil fardeau, si douloureuse que tout son courage ne l'eût peut-être pas pu accepter !

Aussi prudente et maternelle qu'elle était énergique, la supérieure de Marie de l'Agnus Dei ne négligea rien pour arriver à la guérir. On lui amena les meilleurs médecins, on lui fit suivre les traitements les plus coûteux et les plus difficiles à exécuter dans une maison religieuse. Rien n'arrêtait la ferme volonté qui cherchait la certitude et la cherchait à tout prix. Mais cette certitude, cette lumière, cette connaissance de la maladie, Dieu ne voulait pas qu'elle éclatât au Mans. C'était le temps de l'épreuve et il commença dès les premiers jours de l'arrivée de Marie-Anne. On l'avait envoyée pour être sous-sacristine. C'était un emploi qui faisait ses délices, mais il lui procura de bonnes humiliations. Tout à coup, sans raison, elle laissait tomber l'objet qu'elle tenait à la main. Comme on lui avait toujours dit qu'elle n'était pas adroite, — défaut d'enfance qui devait avoir une cause physique, on le sut plus tard, — elle allait humblement s'accuser à la Mère supérieure et revenait à son travail. D'autres fois, elle trébuchait sans rencontrer d'obstacles

sous ses pas, elle tombait quelquefois, et disait
ensuite qu'elle s'était senti fléchir sur ses jambes,
sans savoir pourquoi. Ces petits accidents, d'abord
assez peu fréquents, étaient attribués à une mala-
dresse naturelle des mouvements, d'autant moins
admissible cependant qu'elle peignait et dessinait
avec une délicatesse et une sûreté de main très
grandes. Mais ce qu'on n'expliquait pas, c'était
le phénomène de la parole. Elle eut d'abord des
moments, puis des jours, où elle parlait : « comme
si elle avait une dragée dans la bouche ». C'était
son expression et elle était juste. Quelquefois
l'articulation des mots manquait complètement et
il devenait très difficile de la comprendre. Plus
tard, elle devait en arriver, bien souvent, au silence
forcé. Cette étrange infirmité entravait presque
toutes ses actions. Les médecins voulurent qu'elle
s'en guérît par la volonté, et on lui imposa fréquemment la lecture à haute voix, au réfectoire.
Il y avait des jours où elle n'y trouvait aucune
difficulté ; puis d'autres où elle commençait courageusement, s'arrêtait, reprenait sa phrase devenue inintelligible, la reprenait encore sans plus
de succès, jusqu'à ce qu'enfin sa Mère supérieure
lui fît signe de regagner sa place. Elle se levait
alors, avec le plus grand calme, malheureuse seulement parce qu'on lui disait qu'il était pénible
pour ses sœurs d'entendre lire de la sorte. Le
soir, à l'heure où les religieuses sont assemblées
au chœur pour les dernières prières de la journée, elle devait à son tour réciter les litanies

durant une semaine. Que de fois fut-elle obligée
de s'interrompre, rouge des efforts surhumains
qu'elle faisait, plus encore que de la confusion
qui lui était imposée ! Le lendemain, elle les récitait à merveille, sans une hésitation ; et l'on répétait avec une conviction plus grande : « C'est
nerveux. »

On essaya de lui donner un peu de catéchisme
à faire à quelques petites filles, qui venaient au
parloir à cette intention. Elle y allait bien joyeuse,
toute à son bonheur de parler de Dieu à ces jeunes
âmes, mais au bout d'un quart d'heure sa parole
s'embarrassait, et elle ne pouvait plus prononcer
ses mots. On fut, de même, obligé d'abandonner
le chant, et sa voix qui avait fait le bonheur de la
maîtresse de musique, à Toulouse, cessa à partir
de ce moment d'être utile dans aucune cérémonie.
Elle ne devait plus être entendue désormais que
parmi les chœurs des anges. Enfin on dut se rési-
gner à l'occuper à ce qui avait presque toujours
été sa fonction : rédiger les conférences spirituelles,
les instructions de communauté et autres choses
de ce genre que l'on garde dans les couvents. Hélas ! elle le fit d'abord aisément, et avec toute l'intelligence que demandait ce travail. Mais bientôt
ses mains s'engourdirent, elle ne pouvait plus
serrer sa plume entre ses doigts, et elle n'arrivait
pas à prendre assez rapidement des notes sur ce
qu'elle avait à résumer. Il fallut encore l'aider en
cela ; car on ne faisait que l'aider, et jamais, tant
qu'elle fut au Mans, et quoique vers la fin de son

séjour, elle fût déjà bien infirme, jamais on ne la
déchargea entièrement des offices qu'elle remplissait si mal. On continuait ce qu'elle devait interrompre, on refaisait ce qu'elle faisait imparfaitement, et elle avait ainsi à porter chaque jour
l'humiliation de son inutilité. Ce qu'elle en souffrit, ses notes intimes nous le révéleront. Nous
allons en donner des extraits, copiés sur une écriture déjà si déformée qu'elle devenait presque illi-
sible. On verra ainsi ce qu'il en coûte pour se
sanctifier et pour devenir digne de réparer avec
Jésus crucifié les crimes du monde. Mais on y
verra aussi et surtout les ineffables tendresses du
Dieu qui agissait ainsi envers son enfant, parce
qu'il l'aimait d'une affection particulière. A peine
arrivée au Mans, elle écrit :

19 mai 1898.

« Hier soir, je me sentais si découragée... à la
visite, j'aperçois un livre, je l'ouvre, pourquoi ?
C'était un paroissien, et je lis : « *Vous qui m'avez
suivi, vous serez assis sur des trônes, jugeant les
tribus d'Israël.* » O Jésus, c'était trop !... Cela me
soutient encore... Merci toujours. merci ! merci ! »

20 mai.

« ... Jésus, heureux ceux qui vous entendent,
qui connaissent le son de votre voix... Vous
m'avez beaucoup parlé ces temps-ci : « Sois sainte ! »
Le puis-je donc ? et mon grand rêve d'enfant se
réaliserait-il ? Pourquoi aurais-je au cœur ce rêve
si ma vie devait être médiocre ?

« ... O Jésus, je veux être une sainte, et je me réjouis d'avoir senti depuis ce matin la froideur et l'ennui, parce qu'il me faut passer par là... Ouvrez-moi votre cœur, ou plutôt purifiez le mien et venez vous y reposer. »

26 mai.

« O Cœur de Jésus, je suis froide, insensible, sans vie... Votre amour n'est pas assez fort en moi ! Donnez-moi ce quelque chose qui entraîne ! Donnez-moi le feu sacré... allumez en moi le zèle... faites que je voie... ou plutôt, mon Dieu, mon Dieu, que votre volonté soit faite !... Continuez l'œuvre d'anéantissement... que le grain pourrisse.... ainsi, il se multipliera.

« ... Tout nous vient de Dieu... même les nerfs ? et Jésus, répondant à ma pensée, m'a dit avec tendresse : « Pendant que tu luttes, que tu souffres et que tu penses n'arriver à rien, je comptes tous tes efforts, rien n'est perdu... » Ah ! que ces paroles m'ont consolée ! ils me font tant souffrir, ces pauvres nerfs rebelles que mes efforts font frémir davantage ! Que Dieu est bon ! Sa volonté, c'est ma sanctification... Que je sois plus attentive et me voilà enrichie par toute créature qui me touche... Marie, ma bonne mère, faites-le-moi comprendre pratiquement. Tout peut, tout doit me servir,... même ma voix qui peut-être ne me servira jamais pour l'apostolat extérieur... partir de là pour devenir une âme intérieure, pour donner à Notre-Seigneur, par mes prières et ma générosité, ce que je ne pourrai pas lui donner par les œuvres... Si Dieu prouve ainsi que c'est sa volonté, je serai une Réparatrice uniquement contemplative... Ce n'est pas là notre réelle vocation, c'est vrai. Mais Dieu peut la vouloir pour une âme en particulier ; pourquoi pour moi ? je n'ai même pas à le demander... Au reste, je souffrirai beaucoup de mon impuissance.

« C'est de prime abord le sacrifice de mes chères missions... pas même pouvoir faire le catéchisme ! O mon Dieu, quel bonheur d'avoir à souffrir pour vous ! Comme il faut que je me jette dans le sacrifice, l'abnégation, la pureté de cœur, l'humilité. Sainte Thérèse a converti autant d'âmes que saint François Xavier : *Ecce ancilla Domini.*

« ... Notre-Seigneur m'exauce... Bonnes humiliations. Ce matin, j'ai vu le Père X... et, comme toutes les personnes à qui j'ouvre un peu mon âme, son seul mot a été : « O ma pauvre enfant ! » On dirait que mon âme est un étonnement profond pour tous ceux qui la voient, comme s'ils n'avaient jamais rien vu de si dévasté et de si triste. J'avoue que j'ai été profondément humiliée moi-même, et j'ai peine à lutter contre la tristesse qui m'envahit. Mais plutôt, quelle grâce ! Voilà qui me vide bien de moi-même, et Notre-Seigneur arrive avec son grand cœur : « O ma pauvre enfant, tu n'as plus rien, voilà que je viens me donner à toi. » — « Mon Seigneur Jésus, abaissez encore plus bas votre petite servante. Continuez votre œuvre, prenez-moi toujours ainsi par le point sensible, et puis venez, vous tout seul, venez et glorifiez-vous en moi. »

« ...L'ouvrier n'est rien, l'œuvre est tout. Je ne suis rien, la Réparation, c'est tout. »

« ... Je dois être simple, aimable, dévouée, énergique, joyeuse. Je crois que, jusqu'ici, je me suis trompée en cherchant l'humilité pour l'humilité, ce qui me faisait beaucoup retomber sur moi-même, et je me désole très souvent d'avoir à constater que je suis encore très occupée de moi-même. Maintenant, ô Jésus, je vois mieux le moyen de sortir de moi et de passer en vous : le dévouement... donc, nous nous dévouerons ensemble. D'abord, par humilité et pour l'édification, nous réformerons l'extérieur, et je deviendrai simple, agissant rondement et sans retours une fois les choses décidées. Je vous regarderai et tâcherai de aire comme vous. Amabilité, dévouement, que ce soit le fruit du triduum.

« Etre aimable, ô Jésus, être aimable comme vous, comme Marie, comme sainte Agnès, comme saint Jean Berchmans! Aimable par amour, aimable pour tous, aimable, par vertu, toujours. Avoir des attentions... puis, me dévouer. Dévouement joyeux, pratique, large, fort, dévouement né de Dieu, allant à Dieu, dévouement qui élargit l'âme et met aussi le prochain au large. Me dévouer, mon Jésus, ce devrait être ma vie ! Etre Réparatrice et ne pas se dévouer, comprenez-vous cela ?

« Mon Jésus, je vais changer. Croire que, dès

demain, je serai une perfection d'amabilité et de dévouement, oh ! non !... Cela se fera petit à petit. Bien souvent encore je me retrouverai m'occupant de moi. Bien souvent encore, je laisserai passer, hélas ! l'occasion de rendre service. Bien souvent peut-être je fuirai les corvées. Je veux m'en rendre compte pour ne jamais me décourager. Mais la tendance constante, le retour à vous et au devoir, la reprise de possession après chaque défaillance reconnue et regrettée, voilà ce que je veux avec votre grâce. C'est difficile. Oui, mon Jésus, c'est difficile... Je n'ai pas l'habitude d'être aimable. Mon cœur est tout petit, tout étroit, tout fermé. Et tout d'abord, *ô Domine, ut videam !* Voir l'occasion, l'épier, courir au-devant. Ceci c'est beaucoup votre œuvre, Jésus, le travail de votre grâce à obtenir par la prière. Mon œuvre ensuite c'est l'action. Pas de faiblesse, courage ! Vous voir, vous, et crier que je vous aime, plus fort que la nature ne crie miséricorde... ensuite l'énergie... je vous la demanderai beaucoup, et puis mon crucifix des vœux m'en parlera bien. Tenir à tout bien faire, me forcer, me pousser, crier vers vous quand je sens que j'enfonce... mortification aussi. Je puis faire beaucoup plus que je ne crois. Oh ! aidez-moi à ne pas m'apitoyer sur ma personne.

« Le dévouement et l'amabilité soutenus par l'énergie me conduiront directement à la joie, à l'expansion, à la dilatation.

« ... Notre-Seigneur fait son œuvre en moi : il me détache de tout pour m'attacher à lui. De plus en

plus, je sens tomber mes liens et je me rapproche, oserai-je le dire ? du pur amour ! Comment
parler ainsi avec tant d'amour-propre ? Mais je
vais changer. Ce soir, et demain à l'aurore, commence une nouvelle vie. C'est une vie de joie, Notre-Seigneur le veut ainsi. Il me pousse à la joie
de toutes parts. Donc plus de *moi*, de *retours*, de
regrets, de *tristesses*, « plus rien que Jésus ! alors
plus rien ne manque et le cœur déborde de bonheur ». O mon Jésus, que je veux vous aimer !
Grand comme le monde ! Grand comme vous !

« ... Deux jours sans communier ! Je meurs de
faim. Aussi quel tressaillement en pensant qu'Il
vient ! Marie, veillez sur chacun des battements
de mon cœur cette nuit. O pain des anges ! lait
des enfants ! miel sorti de la pierre ! O Jésus, fait
hostie pour votre pauvre petite esclave, je voudrais vous prendre dès ce soir sur mon cœur.
Demain !...

« ... Pendant les vêpres, j'ai été frappé des
magnifiques promesses du psaume xc. Et pourquoi tout cela ? *Quoniam speravit in me.* Mais, mon
Dieu, tout est donc dans la confiance ? — Oui, mon
enfant, vous obtiendrez d'autant plus que vous
aurez esperé davantage en moi. — O mon Dieu,
j'espère avec votre grâce, devenir très humble et
vous procurer une très grande gloire.

« ... Notre-Seigneur, restant au temple, impose
à Marie la plus grande souffrance possible : « O
mon Fils, pourquoi en avez-vous agi de la sorte
envers moi ? » — « O ma Mère, justement parce

que je connaissais votre cœur. — Et moi : — « O Jésus, pourquoi me traiter de la sorte ? » — O ma fille, parce que c'est là ce que tu m'as demandé. — Prenons garde de tromper Notre-Seigneur, tout sincère que soit notre désir. Seigneur, défiez-vous de moi, vous savez ce que je vaux.

« ... Dieu seul, c'est tout. On dit toujours : Dieu seul ! Dieu seul ! Mais au fond on n'en fait absolument rien. — La souffrance est un trésor, donc si l'on est logique, il faut tâcher de se rendre capable de souffrir.

« Charité dévouée, toujours prête à rendre service, jusqu'à mourir, et mourir sur la croix. Il faut savoir se gêner pour rendre service. »

Marie de l'Agnus Dei, étant au Mans, voyait d'autant plus souvent sa mère qu'à cette époque ses deux frères étaient au collège de Sainte-Croix et sa sœur Françoise au Sacré-Cœur. Elle écrivait donc peu, sauf pour donner de ses nouvelles, ou lorsque sa famille était au Palys. On n'était pas inquiet de sa santé, on croyait, comme tout le monde, à des troubles nerveux, causés par un changement de vie complet imposé à un tempérament très jeune, mais qui s'y ferait peu à peu. On demandait pour la jeune religieuse de l'activité autant que possible, un régime fortifiant, et quand on allait la voir, la chère enfant savait si bien se dominer, causer gaiement, qu'on oubliait de penser à ses souffrances. Elle les cachait soigneusement aux siens, qui n'en furent jamais informés que par les autres. Elle s'unissait de cœur à tous les événements, petits ou grands, de la famille. A Pâques, elle écrit :

Le Mans, 10 avril 1898.

« Que Notre-Seigneur vous donne une large part des joies de sa résurrection ! Quel bonheur de penser que tandis que nous travaillons, non sans peines, sur la terre, notre divin Maître, au moins, est glorieux et triomphant. Ne trouvez-vous pas que c'est un grand repos de penser que Jésus se repose ? — Devant cette joie divine de Pâques on se sent si petit et si peu de chose que c'est bien facile de s'oublier pour se perdre dans le triomphe de notre Dieu. Mais je crois que j'oublie que vous avez fait votre méditation aussi bien que moi et que vous avez dû penser tout cela comme moi. N'importe, c'est bon de se le redire, n'est-ce pas ?

« Je suis heureuse de vous savoir au Patys, le pays des chers souvenirs, de la paix et de la vraie joie. J'espère que vous aurez un beau temps pendant tout votre séjour. Je vous vois d'ici allant aux offices de Pâques sur la grand'route de Marans, dans les beaux atours obligatoires en pareille circonstance, et je me représente l'église qui ne change jamais, ou rarement, de décoration, avec ses fleurs d'or et ses candélabres des fêtes sur l'autel. Ici, nous avons un vrai autel du jour de Pâques, avec des palmiers, des lis et des roses, comme devait être le jardin de Joseph d'Arimathie au matin de la résurrection. Nous avons seulement remplacé par des cierges l'éclat que les anges du tombeau jetaient autour d'eux. Avec cela, c'est complet, et tout est à la joie depuis ce matin après le profond silence et les offices si tristes de la semaine sainte. »

Puis, elle ajoute :

« Ne vous tourmentez ni de mes dents ni de ma voix. Mes dents sauteront lorsqu'elles seront incurables, et ma voix reviendra... quand le bon Dieu voudra. Jamais je ne me suis sentie aussi bien portante que maintenant. »

Le Mans, 19 juin 1898.

« Je suis maintenant très occupée. Je ne puis pas perdre un quart de minute sans m'en apercevoir ; je suis tout à fait à la lingerie, avec une Mère très prise par une autre charge, et une sœur qui vient de tomber malade. Les jours de fête, je vais à la sacristie, pour occuper mes loisirs. Je suis très heureuse de mon sort (comme toujours, grâce à Dieu !) C'est un vrai bonheur de n'avoir pas le temps de s'occuper de soi du tout, et c'est ce qui nous arrive presque toujours. Le bon Dieu et les âmes ! Quel horizon, et quelle occupation pour une vie si courte !

A Dieu, ma bien chère maman ; je vais très bien. Mes dents sont de bonne humeur. Dites au bon Dieu que s'il voulait bien me rendre la voix, pourvu que ce soit à sa plus grande gloire, je serais tout de même bien contente.

A sa sœur Yvonne.

Le Mans, 30 juillet 1899.

« ... Que te dirai-je, chère petite sœur, sinon de te répéter le mot que l'on te redit de toutes parts : Confiance et courage. Le moment de l'attente passera, et les joies pures et douces ne passeront pas, puisque le ciel en sera l'éternel et délicieux couronnement. — Ah ! remercie souvent Notre-Seigneur pour le don inestimable de la vocation ! C'est la source d'une multitude de grâces, et qui donnent, pour se rapprocher de Notre-Seigneur, de bien grandes facilités.

Nous sommes les enfants privilégiées de son Cœur. Il nous a choisies de toute éternité, et pendant sa vie mortelle, alors qu'il était notre Emmanuel, notre Jésus passible et souffrant, qui nous dira combien de prières, de douleurs et de larmes, il a offertes à son Père pour obtenir la vocation bénie qu'il estimait si cher ! — A nous maintenant de payer cette dette. Il te donne de bonnes occasions de lui prouver ton amour et ta soumission, Celui qui t'envoie une épreuve si contraire à ta volonté, en te faisant attendre si longtemps le bonheur que tu désires. Cherche à profiter de ce temps précieux, premier et fécond noviciat, dont tu reconnaîtras dans la suite les avantages. Plus heureuse que bien d'autres, tu entreras dans la vie religieuse avec une préparation très réelle et très sérieuse, si tu le veux. Notre chère maman est là pour t'aider beaucoup.

Quand je suis arrivée au noviciat, plus jeune et moins éprouvée par l'attente que toi, mes mères m'ont dit et répété combien j'étais heureuse d'avoir eu *maman*, c'est-à-dire, un composé de grâces du bon Dieu, qui m'avait tant aidée à comprendre la vie sérieuse et sainte. Tout le monde n'a pas ce bonheur... »

L'entrée au couvent de sa sœur, retardée pour de graves motifs, et sa vocation même, furent certainement le fruit des prières et des sacrifices de Marie de l'Agnus Dei. C'était un rêve pour elle de la voir Réparatrice, puis, à mesure qu'elle se sentait décliner, elle pensait qu'Yvonne la remplacerait ; rendrait, croyait-elle, à la Société, les services qu'elle-même ne pouvait plus espérer lui rendre, se chargerait de son rôle, lorsque le sacrifice serait consommé ! Elle avait raison et voyait plus loin que les autres, car elle mourut, en effet, très peu de temps après l'entrée de sa sœur au noviciat. Le bon Dieu avait accepté l'offrande, et pris, de deux manières différentes, les deux âmes à la fois.

« ... Combien je prie pour toi, maintenant que nous sommes doublement *sœurs,* et par le sang, et par les liens bien autrement puissants et tendres d'une même vocation ! — Ne t'inquiète pas des vicissitudes par lesquelles tu passes dans ta vie intérieure. Il faut bien sentir tout cela, comprendre sa misère, en la voyant bien clairement, et se persuader pratiquement qu'on ne peut rien de bon par soi-même. Il faut passer au-dessus de ces difficultés avec calme et humilité, s'appliquant à perfectionner ses actions ordinaires et à les faire avec grande pureté d'intention. — Courage! quelque long que le temps te paraisse, tu approches nécessairement du moment béni de ton entrée. Jamais tu ne l'achèteras trop cher, car — je parle d'expérience — c'est non seulement la grâce des grâces, mais le bonheur des bonheurs. Donc, *Deo gratias!* Et tout à Notre-Seigneur, en qui je te suis bien unie. »

Elle n'oubliait jamais, au moment de la Toussaint, de rappeler le souvenir de son père, qui la suivait partout. Sortant de retraite vers cette époque, elle s'exprime ainsi :

« C'est bien bon, une retraite! On sent que l'âme s'y replonge dans son vrai élément qui est Dieu et les choses du ciel, et c'est un petit commencement de ce que nous ferons là-haut, dans l'éternité. Quel bonheur de penser que notre cher père a déjà commencé cette éternité bienheureuse, qu'il n'est plus occupé que de Dieu, et que son bonheur n'aura plus de fin! J'aime à penser à cela et à en remercier Dieu, en le suppliant de nous réunir tous auprès de celui qui est parti le premier. — Le jour de la Toussaint et le lendemain, je vous serai bien unie dans cette pensée du ciel. »

25 décembre 1898.

« C'est le cher petit Jésus qui vous portera de ma part, avec toutes les joies de Noël, tous mes vœux de nouvel an. Offerts d'une telle main, je puis être assurée qu'ils seront très parfaits et certainement exaucés. Nous nous comprenons, ma chère maman, et pendant ce temps de l'année où vont s'échanger tant de paroles inutiles, de souhaits mondains, de compliments frivoles, je suis sûre que vous sentez comme moi le besoin de réparer pour le Maître tant oublié au milieu de tout cela. Aussi, tous nos vœux seront pour le ciel, n'est-ce pas? Franchissons les limites du pauvre monde, et demandons avec la vie éternelle tout ce qui peut nous aider à glorifier Dieu sur la terre. Le Maître a voulu pour lui la pauvreté, l'humiliation, la souffrance. En face de sa crèche, pourquoi ne pas penser comme lui? Ah! si nous pouvions arriver à penser comme Notre-Seigneur, et à entrer pleinement à sa suite dans les plans divins! — Je vous souhaite à vous, ma chère maman, tout ce que notre divin Maître peut vous souhaiter dans sa sagesse et son amour infinis, et je le supplie de vous accorder toutes ses grâces. »

De temps en temps, la supérieure du Mans, écrivait elle-même un mot à Mme Hervé-Bazin, au sujet de la santé de sa fille, lorsque les visites s'espaçaient. Et c'était toujours pour la rassurer, pour dire, après les médecins, qu'elle allait bien :

« Chère Madame,

« Rien de sérieux dans la santé de votre chère fille : un peu de faiblesse nerveuse, pas plus. Déjà, il y a de l'amélioration. L'air du Mans et assez d'exercice produisent bon effet, quelques fortifiants prêtent leur concours bienfaisant. »

17 novembre 1898.

« Mère Marie de l'Agnus Dei continue d'aller bien. La voix ?... Rien de plus, rien de moins, nous allons voir ce qu'il y a à faire. »

Marie-Anne aussi rassurait sa mère :

Le Mans, 10 juillet 1898.

« J'ai vu hier encore le docteur pour ma voix. Il m'a fait lire et on a découvert que je ne savais pas respirer, et qu'avec des leçons, je me guérirais. Vous voyez que ce n'est, au moins, pas grave.

« ... J'ai eu l'occasion de voir le médecin qui a soigné X..., parce que le docteur l'a consulté pour ma gorge. Le docteur n'y a rien vu du tout et a ordonné un examen au laryngoscope (j'ignore absolument l'orthographe d'un si grand mot). Il a donc fallu un troisième médecin, pour ma pauvre personne. L'examen n'a montré qu'un peu de catarrhe à l'arrière-gorge, c'est-à-dire rien du tout et tout le monde a conclu de nouveau ainsi : « C'est nerveux ! » Il en est résulté, de ma part, une profonde reconnaissance pour des soins si maternels et la résolution de lutter encore davantage contre un effet nerveux, bien ennuyeux pour tout le monde. Le grand remède maintenant, c'est la prière, pour que Notre-Seigneur fasse que je n'occupe plus tout le monde de moi.

Du reste, je vais mieux. Si Françoise m'a trouvée fatiguée, c'est une illusion, car je me porte fort bien toujours. »

Oui, la prière était son unique ressource, car malgré ses protestations, la pauvre enfant n'en pouvait plus. La maladie faisait des progrès sensibles. La voix devenait habituellement nasillarde et la parole très difficile. Elle devait maintenant tenir constamment son aiguille, son pinceau ou sa plume entre des doigts recourbés qui n'avaient plus de force, mais rien ne les lui faisait abandonner. Elle écrivait très mal, elle cousait avec lenteur, elle peignait avec difficulté, mais elle le faisait quand même. Ce qui devint terrible à cette époque, ce furent les défaillances subites de ses jambes. Souvent, elle restait assise au haut d'un escalier, sentant que ni ses pieds ne la pouvaient porter, ni ses bras la retenir ! Il lui fallait en quelque sorte se lancer dans le vide, sûre qu'elle tomberait, ce qui arrivait en effet, et de plus, souffrant de telles douleurs dans le dos que, réunies à l'angoisse d'avoir à descendre, elles lui faisaient pousser des gémissements douloureux. D'autres fois, c'était dans les corridors qu'on la trouvait à genoux et incapable de se relever ; ou bien, rejoignant la communauté au jardin, pour la récréation, elle se voyait attardée par la même raison. Un jour, pendant que ses sœurs, arrêtées devant la statue de saint Ignace, récitaient quelques invocations, elles la virent venir vers elles le visage balafré et taché de terre : « Vous êtes tombée ? » lui dit-on. Souriante, Marie de l'Agnus Dei fait un signe affirmatif et prend tranquillement son mouchoir en disant :

« Je croyais qu'il n'en paraissait rien. »

Mais plus la souffrance augmentait, plus la générosité de Marie de l'Agnus Dei y répondait. Qu'on lise ces cris de détresse, jetés vers le ciel, et ces cris d'amour qui les accompagnent, et qu'on dise si véritablement Dieu n'avait pas bien fait son œuvre dans cette âme crucifiée :

4 mars.

« Que de choses je vous demande, ô saint François Xavier ; abaissez les yeux sur notre pauvre terre, forcez pour ainsi dire le bon Dieu à nous regarder et *sauvons* les chères âmes. O cher saint, brûlez, brûlez-moi. Le Saint-Père, les missions, la Société dans les épreuves, mes sœurs, les âmes, le monde entier, — tout cela tient aux battements de mon cœur, — saint très aimable et plein de charité, donnez-moi votre cœur. *Amplius !*

« Par vocation, je suis une âme apostolique parce que je suis une âme donnée, livrée, consacrée à Dieu. Ainsi chaque battement de mon cœur a son retentissement dans les âmes. Si je brûle, elles s'échauffent... si je suis tiède, elles languissent... si je suis froide, elles meurent loin de Dieu.. Quel puits de zèle que cette pensée, ô mon Jésus, brûlez mon cœur.

« ... Jour de trahison de Judas ! Jour aussi du

parfum de Madeleine. N'est-elle pas Réparatrice ? Le baume qu'elle répand sur la tête de Jésus, n'est-il pas bien plus un baume pour le Cœur brisé de son Maître ? — Vois-tu, mon pauvre cœur, il faut que nous devenions parfum. Le nard est une fleur fort petite ressemblant au lis pour sa forme. Elle est blanche comme lui, son parfum est aussi doux que pénétrant, son épi est serré autour d'une tige ferme. Un seul but, mon cœur, un seul centre ! Pour que le nard devienne parfum, il faut qu'on l'écrase... Tu te plains, pauvre cœur, sous le pressoir et sous les pieds de ceux qui le foulent. Ecoute le mot, le mot divin qui te révélera celui qui agit : « J'ai foulé *seul* le pressoir ! » Ne va donc pas t'en prendre aux créatures. Regarde !... Le vêtement du Bien-Aimé brille comme l'écarlate, mais il est parfumé comme le nard, le nard d'épi... Mon cœur, ce parfum, c'est toi ! »

Vendredi saint, 31 mars.

« *Vivo !... jam non ego. Vivit in me Jesus crucifixus !...* » Voilà le modèle, Agnus Dei ; c'est ainsi qu'on répare, c'est ainsi qu'on vit, c'est ainsi qu'on meurt. A la vie, à la mort, mon crucifix à nous deux ! — « *Quid retribuam !* »

2 avril — Pâques.

« *Pascha nostrum immolatus est Christus, Alleluia !... Immolatus ! Alleluia !* Oh ! que la grâce de ce jour soit de comprendre la liaison de ces deux mots !

« En vous, Seigneur, je me réjouirai, j'exulterai à l'ombre de vos ailes. Mon âme tressaillera d'allégresse. Je vous chanterai sur la lyre. Je me réjouirai de votre joie. Ma paix sera dans mon amertume la plus amère et dans la gloire de mon Seigneur. »

13 avril.

« *Immolatus!* Alleluia !

« Oserai-je dire que je souffre trop ? Non, je ne le dirai pas, je ne le penserai pas. — Avez-vous assez bien réussi à me dépouiller de tout appui, à me priver de tout soulagement ? Que vous vous y entendez bien ! travaillez. sculptez, limez, pulvérisez... Mais qu'il sorte un chef-d'œuvre ! Je n'y crois pas, à ce chef-d'œuvre, et voilà ce qui centuple ma peine. Oh ! je suis trop mauvaise !... »

25 mai.

« ... Oh ! mourir, mais plus me traîner ainsi ! Jamais cela n'ira. Que de fois ne m'avez-vous pas entraînée par votre grâce, toujours j'en ai arrêté l'action. L'expérience est faite.

« Je n'ai plus aucun ressort. Rien ne vibre, au moral comme au physique ; je suis énervée, sans aucune ardeur. O Jésus !... non, les autres ne peuvent porter ma croix. J'aurais beau vouloir la leur mettre sur les épaules. toujours elle restera sur les miennes, encore plus pesante... O Jésus, c'est l'écrasement jusqu'au fond, jusqu'à la moelle.

« ... O Jésus, si avec cela il faut avoir une maladie nerveuse, comment voulez-vous que je vive ! Marie, à mon secours !

« Allons, courage ! D'autres ont passé par où je passe peut-être et ils s'en sont tirés. Mon Dieu, vous pouvez tout et vous m'aimez... Ah ! je n'en puis plus, Jésus, je n'en puis plus... Ma tête me fait tant souffrir... Oh ! faites-moi vivre par le cœur et non par la tête ! »

30 mai.

« Voici que le calme se fait... C'est si bon ! Si je pouvais être toujours paisible, simple ! Ce serait presque un miracle, maintenant surtout que les pauvres nerfs surexcités se font tant sentir. Mais le miracle, Dieu peut le faire. Il m'a créée, rachetée, ne peut-il me calmer ! O mon Dieu, ou vous servir, ou mourir ; mais vivre pour moi comme je l'ai fait, oh ! non, je n'en veux plus. Je ne me sens plus la force de vivre. Tout me semble difficulté. Je vous assure, mon bon Maître, que je n'en puis plus... Mon âme est toute meurtrie... Pour vous cependant, mon Jésus, que ne peut-on pas faire ?... Si vous voulez, je marcherai quand même, nerveuse, désolée, souffrante, faible, sans entrain, ennuyée, abattue, mais portant ma croix malgré tout, avec vous pour Cyrénéen. D'autres souffrent plus que moi !... Vous surtout !... Mais au fond, tout à fait au fond, c'est comme si on m'avait enlevé l'un après l'autre tous mes appuis. Je tombe de tous les côtés. C'est que je n'ai pas le courage de m'appuyer sur votre croix. O Jésus, les créatures ne me servent de rien, mais de rien du tout, quand vous n'y êtes pas ! Elles me blessent, elles sont comme des épines qui me repoussent. O Maître, je ne suis pas juste ! Je ne sais pas reconnaître les bienfaits !

« Je m'oublierai pour ne penser qu'aux intérêts de Jésus, il n'y a que cela : penser à Jésus. Tout pour Jésus !

« ... O Jésus, mon amour, moi, votre petite servante, je m'offre et me donne à vous complètement, perdant en vous tous mes intérêts, jetant en vous tous mes soucis et toutes pensées de moi-même, pour servir uniquement vos divins intérêts et n'avoir plus en dehors de vous et de votre sainte volonté, ni pensées, ni désirs. Je vous fais cette oblation, en vue surtout du salut des âmes, pour que celles qui ne vous connaissent pas arrivent à la connaissance de votre sainte foi, et que celles qui vous connaissent rentrent en grâce avec vous, ou s'avancent dans votre amour. Je vous prie, ô Jésus, de recevoir cette petite offrande qui n'aura de valeur que par vous, des mains de votre très sainte Mère, et de m'accorder par elle, avec le pardon de mes péchés, une grâce très abondante pour être à l'avenir un instrument utile à votre gloire.

« Fait en la fête de Notre-Dame du Sacré-Cœur, et la vigile de la fête du Corpus Domini, 31 mai 1899.

« Marie de l'Agnus Dei. »

« ... Oh ! si les pauvres mondains pouvaient goûter quelque chose de notre bonheur si pur, si profond, si inexprimable! Mon Jésus, ramenez à vous ces pauvres cœurs égarés, cœurs de vierges peut-être, qui pourraient être vos épouses si elles le voulaient.

« ... Jésus, votre grâce débordante sera-t-elle pour nous seules? Oh! dans ces jours de grâce intense, comme on voudrait vous répondre, ô mon Dieu!... Vous le savez, je suis toute à vous, pour les âmes.

« O Marie, gardez mon cœur! ce cœur que Jésus vient de rendre si pur. Je l'abîmerais. Cachez-le-moi et dépensez-le pour lui seul.

« ... Mon Dieu, je vous remercie et je vous aime autant que vous êtes grand, par le cœur de votre bien-aimé Fils Jésus, Hostie en moi. »

Le 27 juin 1899 lui ramène des anniversaires chers à son cœur :

« *Ecce sto ad ostium et pulso*. Il y a huit ans, mon Bien-Aimé, vous frappiez... Oh! quel bonheur pour moi de vous avoir ouvert! Si j'avais pu faire vœu d'être à vous dix ans plus tôt, je voudrais l'avoir fait, et si ce n'était pas fait encore, je voudrais le faire à l'instant.

« O Jésus, achevez votre œuvre. Ce n'est pas tout de faire le vœu, il faut l'accomplir. Vous êtes encore là et vous frappez encore. Mon cœur sera-t-il plus dur, plus fermé maintenant? Entrez, Seigneur Jésus, et chassez tout le reste, surtout moi-même. Tout pour vous, Jésus! »

3 août.

« O Jésus, que j'ai envie de mourir! Comme je

rêve de mourir ! Mais puisque vivre c'est se couvrir de poussière, comment voulez-vous que je désire vivre ?

« O Jésus, prenez-moi avant que se soit éteinte la flamme de mon enthousiasme, avant que je n'aie tout à fait défraîchi mon cœur, avant que la vie si abîmante ne m'ait touchée, avant que je n'aie ajouté offense sur offense, avant que je ne vous aie trop désolé.

« O mon Jésus, que votre volonté soit faite. *Non recuso laborem.* »

11 août.

« Hostie... holocauste... victime... oh ! que c'est dur en pratique ! Jésus, ayez pitié ! pitié !... pitié !... aidez-moi pour que je donne avec joie.

« Mon Dieu, j'aime mieux me tuer en tombant par votre volonté, que de jouir d'une parfaite santé en dehors de votre volonté. »

Résumant une méditation sur l'indifférence dans l'usage des créatures, elle fait ce parallèle :

« — Religieuse honorée... elle peut beaucoup, elle est utile, on l'apprécie, elle rend de grands services.

« — Religieuse infirme... bonne à peu de choses... pouvant à peine suivre la règle... de peu d'intérêt... on en fait peu de cas... on s'habitue à la voir souffrir.

« — Religieuse forte, vaillante, toujours en charges... pouvant se dépenser, se dévouer, donner beaucoup, s'offrir toujours.

« — Religieuse malade , impuissante... obligée de reprendre sans cesse courage pour marcher, ne faisant rien qu'avec des peines infinies, voyant bien qu'on aurait besoin d'aide et ne pouvant pas s'offrir, que le temps passe et qu'elle ne peut l'employer qu'à souffrir... O mon Dieu !...

« — Mon enfant bénie, c'est la voie royale, celle de la sainte croix. L'indifférence n'existe même pas en présence de tels avantages... Souffrance, impuissance, mépris... c'est la route de la vie éternelle... Il n'y a pas de meilleur purgatoire que la maladie. Un seul moment opérera un poids immense de gloire. La gloire d'un père, ce sont les vertus de sa fille.

« — Je veux glorifier Dieu mon Père qui est dans les cieux, au milieu des insomnies, des souffrances... Tout le créé m'échappe. Confiance en Dieu ! *In spem contra spem*. Gloire à Dieu ! Je suis contente. Cela me détache du monde et me fait espérer les biens éternels. Les Hébreux pleuraient sur les bords du fleuve de Babylone... eh bien, voilà que ma langue s'attache !... Je suspends ma lyre pour ne plus chanter les choses de la terre. C'est encore chanter gloire à Dieu !

« ...O mon divin Jésus, je mets à vos pieds craintes et répugnances. Si vous voulez que je vous serve par l'impuissance, je le veux, aussi, — si c'est par le mépris, je le veux aussi, — si c'est par la maladie, je le veux aussi, — si c'est par la douleur, je le veux aussi. Je le veux, parce que c'est ma fin de vous glorifier, et votre gloire est toute ma joie et mes délices. C'est là désormais et non pas dans mon repos que je veux mettre mon bonheur. Donnez à ma volonté, ô Jésus, une énergie telle, qu'elle me dépouille plus et que je marche jusqu'à la mort sous la croix. Amen !

« ... Dieu aime celui qui donne avec joie, qui, donnant tout, croit toujours n'avoir rien donné. Tout se résume dans ces deux mots : *Crucifixus ! Alleluia !*

« J'aime mieux, ô mon Dieu, souffrir toute ma vie dans la religion que jouir dans le monde. J'aime un million de fois mieux la peine ici que la joie là-bas.

« J'aime mieux mourir dix mille fois que d'accepter une tentation contre ma vocation.

« Et si je savais que je dusse quitter votre service, je vous supplierais de me faire plutôt mourir à l'instant où j'écris ces lignes.

« Et cette protestation, je l'écrirais, s'il le fallait, avec mon sang, ou avec du feu sur mon corps.

« Faites-moi la grâce, ô mon Dieu, de l'écrire par la souffrance acceptée dans toute ma vie... ce n'est pas la réputation de sainteté qui fait la sainteté, c'est de souffrir beaucoup pour Jésus.

« ... La volonté de Dieu pour la terre, c'est la souffrance. — Les dons les plus élevés ne sont donnés que pour mieux souffrir. — Ici-bas, jouir n'est jamais la fin.

« Ma vie, telle qu'elle se présente désormais, à moins que je ne guérisse, est une suite d'humiliations et de souffrances. — *Deo gratias !* et de bon cœur ! Mais c'est dur ! Dans la ferveur de l'oraison, on est prête à tout ; combien souvent le cœur défaille en face de la croix !... C'est que je n'ai guère d'amour ! Si j'aimais mieux et plus Jésus, j'aurais bien plus de courage : *Da mihi tuum amorem et gratiam.*

« ... Jésus, vous êtes un maître dans l'art du crucifiement. Que vous rendrai-je pour le soin que vous prenez de me faire ressembler à vous ? Amour pour amour !

« Souffrir, aimer, être méprisé ! Est-ce donc si épouvantable, si inacceptable ?... « Mon enfant, je ne l'ai pas craint pour moi. Dieu m'a proposé la joie, j'ai choisi la croix et embrassé le mépris. Tu as fait la même chose en venant ici... Un mouvement généreux sera-t-il le principe de mille lâchetés ? O mon enfant, tu pourrais tant consoler mon cœur ! »

« Jésus, je veux vous donner tout, mais vous savez combien ma pauvre petite volonté est lâche, tortueuse, abusée sur elle-même. Transformez-là... »

« ... *Jesus autem tacebat. Tacere !* me taire ! Non seulement extérieuremeut, cela ne m'est pas difficile, mais intérieurement. Oui, je crois, je me soumets, je veux qu'il en soit ainsi... Tout cela est vrai... Me taire comme mon divin Jésus. *Tacebat !* Plus de plaintes, plus de larmes, plus d'excuses. Faire le silence, et, dans le calme, regarder Jésus et me dire : « C'est très bien ! » Dieu veut que je sois humiliée. Il envoie l'antidote à mon orgueil. Tout ce sur quoi j'avais compté s'en va. C'est très bien. La nature se révolte. Jésus se présente : *Mecum !* En moi est toute force, viens y puiser, confiance et courage !

« ...Le mépris de moi-même doit porter sur mes souffrances, mon repos, mes difficultés présentes, mes craintes pour l'avenir, le désir de l'estime, ces petites confusions qui viennent de l'état physique, de mes fautes, de mes défauts. Perdre tout en Jésus... chercher son amour dans la méditation et la prière, dans le dévouement, le sacrifice, la souffrance aimée, l'abnégation, la mortification.

« ... Jésus crucifié, je vous fais le sacrifice de ma vie, puisque je sens mes forces diminuer et qu'il me semble que vous voulez me prendre. Entendant en cela ne rien faire qu'il ne me soit permis de faire sans permission plus ample, et soumise en tout à votre bon plaisir et à la volonté de mes supérieures, je veux mourir en union avec votre sainte mort et celle de votre Mère immaculée, pour la Société, l'œuvre de la Réparation, les prêtres, ma famille.

« Je me mets sous votre main bien aimée pour que vous entrepreniez ou continuiez l'œuvre de destruction de mon corps, que j'accepte en expiation de mes péchés et en esprit de réparation. Je meurs en union avec vous.

« Agnus Dei,

« S. M. R. »

Le Mans, 3 septembre 1899.

« O Seigneur, acceptez ici l'humble hommage de mes actions de grâces pour la force que je trouve dans la prière.

« Lorsque tout en moi refuse son service, que mes jambes chancellent et mes mains se raidissent, faites qu'au lieu de me troubler, je prie !

« Lorsque je suis abaissée, humiliée, mise de côté, faites qu'au lieu de m'attrister, je prie !

« Quand je tremble pour ma vocation bénie, faites qu'au lieu de m'effrayer, je prie !

« Quand je me sens écrasée, anéantie, brisée, qu'au lieu de me décourager, je prie !

« Que je prie le jour, que je prie la nuit, dans la force et dans la faiblesse, dans la joie et dans les larmes.

« Mon Dieu crucifié, je vous dis mon *suscipe*. Accordez-moi la grâce de ne plus le reprendre.

« Je vous offre tout mon être, tout !...

« Je ne veux plus penser à moi. Je veux vivre d'énergie, puisée dans votre divin Cœur.

« La communion fera ma force, par la foi.

« Je me tairai devant les hommes. Je ne veux plus me plaindre, mais remercier.

« Gardez-moi dans votre maison et cela me suffit.

« O mon Jésus, que je suis heureuse de souffrir et d'être humiliée ! Cent fois plus heureuse qu'avant, parce que je suis plus dans le vrai.

« Ouvrez-moi votre cœur, pour que j'y puise un courage qui ne défaille pas.

« ... Le ciel ! Bientôt !... Mon âme, console-toi ! L'exil est bien court, et que sera-ce de la récompense ? La patrie est plus belle que tu ne peux te l'imaginer. Là, plus rien pour t'arrêter, te troubler, pour t'attrister. Point de crainte pour l'avenir, point d'amertumes pour le présent. Là, plus de péché, plus de germe de tous les vices. Une lumière incomparable, de délicieux concerts, la société des saints, des anges, de Marie, de Jésus !... »

XI

Malgré les efforts les plus courageux, malgré
les désirs de la supérieure, malgré les assurances
réitérées des médecins, il devenait évident que
Mère Marie de l'Agnus Dei était sérieusement
malade et qu'elle dépérissait. Le climat un peu
rude du Mans lui convenait mal, et l'hiver, qui
s'approchait, allait sans doute redoubler ses douleurs et ses infirmités. Mère Marie de X... ne voulut pas exposer son enfant à de nouvelles souffrances, et elle demanda pour elle un changement de
maison qui la mît davantage à l'abri du froid.

On se rendit à ses raisons, et Marie de l'Agnus
Dei fut envoyée à Bordeaux dans le courant de
septembre 1899. Elle avait déjà, à ce moment, des
jours bien douloureux à supporter ; le voyage
acheva d'épuiser ses forces, de telle sorte qu'elle
arriva plus morte que vive dans sa nouvelle résidence. Elle était incapable de se mouvoir, à demi
évanouie et si changée que sa nouvelle supérieure, après l'avoir installée dans son lit, rejoignant la communauté, s'écria : « Mais c'est une
mourante que l'on nous envoie ! » Mourante non,
pas encore, elle avait d'autres douleurs à souffrir,
d'autres sacrifices à faire, et l'heure n'était pas
venue. Après ces premiers jours d'épuisement, elle

sembla reprendre un peu de vie, et il y avait à cela plusieurs raisons. — Marie de l'Agnus Dei arrivait avec la réputation d'une malade nerveuse, mais d'une malade réelle, et l'impression que ressentit sa nouvelle supérieure fut trop forte pour lui permettre de la considérer jamais autrement. Cette Mère était la bonté même, et elle avait comme assistante une jeune religieuse, sous-maîtresse des novices à Toulouse pendant que Marie de l'Agnus Dei y était. Connaissant depuis longtemps Marie-Anne, elle l'accueillit avec une tendresse et une compassion qui furent bien douces au cœur de la petite malade. A Bordeaux se trouvait aussi le Révérend Père de X... qui, auparavant en résidence à Toulouse, avait donné l'habit à Marie-Anne, avait reçu ses vœux et avait entendu ses confidences d'âme, pendant les années de son noviciat. C'était beaucoup de secours et beaucoup d'appuis ! Enfin Dieu permit que la supérieure adoptât pour Marie de l'Agnus Dei une ligne de conduite tout opposée à celle qui avait été suivie au Mans : on lui ordonna le repos, on ne lui confia que des charges insignifiantes, on lui défendit de marcher sans aide lorsqu'elle se sentait faible. Le repos ! c'était tout ce qu'il fallait actuellement à la pauvre enfant. Elle ne put s'empêcher d'en jouir avec délices. La douceur de l'air, l'affectueuse pitié dont on l'entourait, sans cesser de croire à l'origine nerveuse de son état, tout, jusqu'au médecin de la communauté, qui était un homme doux et compatissant, contribua à donner

quelques mois de détente à Marie de l'Agnus Dei.
Ecoutons-la en parler à sa famille :

Bordeaux, 10 septembre 1899.

« ...Me voici rendue dans cette chère maison de
Bordeaux, et la Révérende Mère supérieure m'a
dit de vous envoyer tout de suite de mes nouvelles,
pour que vous ne soyez pas plus longtemps inquiète
du voyage. Grâce à Dieu, tout s'est bien passé. Je
suis partie avec une jeune Mère qui va à Toulouse. A nous deux nous n'étions pas bien grandes, et combien nous nous trouvions dépaysées,
au milieu de tout ce monde qui s'agite pour des
riens et qui fait tant de tapage pour de si petites
choses. Le Révérend Père X... me disait que si
nous vivions au milieu de ce mouvement, comme
les Pères sont souvent obligés d'y vivre, je com-
prendrais mieux combien notre œuvre de Réparation est nécessaire. Combien cela est triste de
voir tant de gens qui perdent leur temps et leur
éternité. — Mais je ne vous écris pas pour vous
faire un discours sur les tristesses du monde.
Vous les connaissez mieux que moi et vous les
déplorez autant.

« La maison de Bordeaux est très jolie. Le jardin, que je n'avais vu que l'hiver, est rempli de
fleurs et de beaux arbres. J'y passerai le plus
de temps possible comme on me le conseille pour
tâcher de me remettre tout à fait, si le bon Dieu
le veut.

« Il faut que je vous parle de mes charges ! Je

vais faire *les souches*. Je crois que vous savez maintenant ce que c'est. Ensuite, je vais travailler pour le vestiaire. Voilà pour commencer ; nous verrons ce que le bon Dieu fera dans la suite.

« J'oubliais de vous donner « de mes vraies nouvelles » ! Je vous assure que je ne croyais pas me ressentir si peu du voyage. Je suis aujourd'hui comme d'ordinaire. Vous verrez que Bordeaux va me guérir. »

Quelques jours après, d'une écriture très changée, elle écrit :

« ... Quant à ma santé, elle est certainement meilleure, je suis seulement prise « par les bras » et c'est pour cela que j'écris si mal. Je crois que c'est du rhumatisme ; c'est ennuyeux mais pas grave. Tout ce que veut le bon Dieu est très bon. »

Et la supérieure ajoutait :

« ... Je viens moi-même, chère Madame, calmer vos inquiétudes maternelles ; je trouve Marie de l'Agnus Dei déjà mieux du changement d'air ; j'espère que, quand le tempérament se sera davantage fortifié, sa gorge aussi sera plus vaillante ; c'est un état rhumatisant, je crois, où le nerveux a une bonne part ; dans tous les cas ce n'est pas grave, bien qu'assez douloureux ; tel est l'avis des médecins qui l'ont vue et examinée ; nous allons l'examiner de nouveau et la suivre de près. »

Mais elle était incapable de toujours parler de sa santé. Il lui fallait parler de Celui qui remplissait son âme et dont elle parlait si bien. Ses sœurs étaient, avec sa mère, ses confidentes ordinaires:

Bordeaux, 19 novembre 1899.

« ... Je suis ravie d'apprendre que tu reçois de parfaites petites humiliations. Rien ne peut me réjouir davantage que de savoir que, sur la route du paradis, tu as rencontré un véhicule dont la marche est si rapide ! Quand on y regarde de bien près, on trouve absurde d'avoir tant de frayeur de ce qui mène au bon Dieu : or, ce n'est pas le succès, mais l'effort. Travaille donc dans sa grande moisson avec ses nombreux ouvriers. Travaille sans te lasser quand cela va mal comme quand cela va bien, sans dégoût d'une tâche souvent ardue, sans ennui devant les difficultés, sans impatience devant les sujets insupportables. Tout est compté ! Dieu voit tout. Il paie tout, et mieux que les hommes. — Ah ! faire du bien à une seule âme, quelle grâce, et quelle gloire ! Je t'envierais l'action extérieure, si je n'aimais pas mieux le bon plaisir divin.

« Nous jouissons ici d'un temps très froid. Cela me remet toujours en mémoire les récits d'un évêque d'un diocèse *de glace*. Il nous racontait que là-bas, la glace était la maîtresse du terrain, avec la neige, sa fidèle compagne. Etangs, rivières, plaines et montagnes, tout, sauf deux mois de l'année, n'est qu'un immense glacier coupé seulement par les masses noires des forêts de sapins brodés de givre. Pour habitants, de pauvres sauvages de la dernière ignorance ; pour nourriture, du poisson huileux ; pour demeure, des cabanes

que la neige recouvre ; et c'est là que l'amour
de Dieu entraîne des hommes d'une intelligence
supérieure et habitués au confort de l'Europe ;
c'est là qu'ils vont vivre et mourir dans le seul
espoir d'attirer à Dieu quelques-unes des âmes
grossières que le démon enchaîne ! — et nous
nous plaignons de notre pauvre petit froid, si
chaud en comparaison du leur ! — Ah ! devant ces
héroïques dévouements, ce serait à tomber à genoux pour demander de les partager un peu. Au
moins, souffrons tout l'hiver sans nous plaindre.
Aimons la main de Dieu qui fait les glaçons, aussi
bien que les rayons de soleil. Encourageons
autour de nous ceux qui se plaignent trop, et
peut-être là-bas y aura-t-il une âme de plus con-
quise à Notre-Seigneur. Ah ! que Dieu nous donne
des âmes ! »

Cette souffrance du froid, qui devait grandir
jusqu'à son dernier jour, elle la sanctifiait comme
les autres. C'est en ce moment qu'elle dit à une de
ses sœurs : « Voulez-vous que nous offrions toutes
les peines que nous causera le froid pour les mis-
sionnaires du Nord ? » Puis, comme après les
beaux mois d'automne, l'hiver, croyait-on, les progrès de la maladie, en réalité, la rendaient plus
malade, sa mère, commençant à s'inquiéter, elle
lui dit :

3 décembre 1899.

« Quelques mots seulement pour vous rassurer
sur mon compte. Je ne suis pas malade du tout.

Vous vous êtes bien rendu compte, au Mans, que je n'avais rien, aucun organe attaqué, mais seulement des douleurs et une faiblesse nerveuse, pénible, sans gravité. Que le froid ou la fatigue viennent l'augmenter, et alors je suis impuissante à écrire parce que j'ai du mal à me servir de mes bras, et voilà tout. Notre médecin, qui est excellent, m'a consciencieusement examinée deux fois, et il a reconnu que je n'avais rien que ce que je vous dis. Il n'y a donc qu'à me fortifier, à éviter ce qui augmente les douleurs, — et à me mener un peu rondement sans trop s'occuper de cet état qui ne me conduira pas de si tôt en paradis.

« Voilà où j'en suis. Il ne faut donc pas vous inquiéter, chère maman. Quoique je ne sois pas malade, je suis entourée d'attentions et de soins vraiment maternels. Ce mot de Léon Besnardeau me revient sans cesse : « C'est splendide la façon dont on me soigne ! Cela vaut bien un *Te Deum !* » Et, comme lui, je chante *in petto* le *Te Deum.*

« Maintenant j'ajoute que la santé n'est rien auprès de la sainteté. Donc, si pour être sainte il me fallait souffrir tous les maux, je devrais m'y soumettre avec allégresse. Or ce que j'ai n'est pas grand'chose, et cependant j'espère que Notre-Seigneur s'en servira pour me sanctifier. Donc si vous m'aimez comme je sais que vous le faites, quelle ne doit pas être votre allégresse, ma chère maman ! Tout ce qu'il y a de meilleur ici-bas, c'est la croix, et si Notre-Seigneur voulait bien me la donner, ce devrait être pour nous le plus grand des bonheurs. Mais si vous voyiez mes fraîches couleurs, vous penseriez, comme moi, que ma croix n'est pas bien lourde, et que je ne fais pas grand'pitié. Oh! priez pour que je me sanctifie, bien plus que pour que le bon Dieu fasse de moi une personne robuste. Notre-Seigneur a bien plus grand besoin de cœurs que de bras et de jambes, quoique ceux-ci soient bien bons pour le servir quand le cœur est sanctifié.

« Sur ce discours, je vous quitte, chère maman, en priant mon bon ange de vous convaincre que je ne vais pas mal du tout, et que je suis la plus heureuse personne du monde, ce qui est l'exacte vérité. »

Bordeaux, Noël 1899.

« Mes petites sœurs très chères, à vous toutes ensemble :

« La paix de Jésus! Aussi courtement je vous écris, aussi longuement je prierai pour vous. L'Enfant Jésus a pris tout mon temps aujourd'hui. Comment lui en vouloir? Si peu pensent à lui! — Je me suis servie de cette douce obligation de rester près du Maître pour lui dire, en long et en large, tout ce que je voulais pour chacune de vous. A nous deux, nous avons composé vos cadeaux d'étrennes, et, sans vous en douter, vous les recevrez du haut du ciel, par l'entremise de vos bons anges, avec lesquels le mien est très ami, et même frère, je crois. Ils vous porteront grâces, vertus, bénédictions de toutes sortes, et vous penserez peut-être à prier pour votre sœur du bon Dieu, dont le voile bleu s'incline sur les mains jointes (signe d'une ferveur extraordinaire), quand elle prie pour vous. Demandez pour moi... oh! tout simplement la sainteté... Toutes mes ambitions s'arrêtent là.

« Passez de joyeuses et saintes vacances du premier de l'an. Faites du bien aux enfants, en vous en faisant à vous-mêmes. Réjouissez-vous dans le Seigneur !...

« A Dieu, toutes ensemble, je vous aime dans le Cœur de Jésus, très aimable Roi de la crèche. En lui et par lui, soyons unies toujours, mes petites sœurs très chères, et marchons si bien sur la terre que nous méritions d'arriver très haut dans le ciel. C'est ce que désire pour vous

« Votre sœur toute à vous, en Notre-Seigneur. »

Et revenant en particulier à Yvonne :

Bordeaux, 14 janvier 1900

« Je commence ma lettre ce soir pour qu'elle puisse partir dimanche prochain. Comme ce ne seront pas les nouvelles qui la rempliront, elle sera encore de circonstance dans huit jours ! — Nous avons eu une journée tellement occupée qu'elle a passé encore plus vite que les autres. C'était la clôture de la neuvaine de Réparation. Ce matin, première messe solennelle à six heures trois quarts. Seconde messe plus solennelle à huit heures un quart. Troisième messe très solennelle à neuf heures et demie, suivie d'un premier salut,

18

puis mon adoration, si bien que, quand j'ai quitté la chapelle, à onze heures, mes genoux avaient déjà fait près de cinq heures de faction devant Notre-Seigneur. Cet après-midi, vêpres, adoration, salut magnifique donné par Son Eminence notre archevêque, après un sermon très beau du Révérend Père X... prédicateur de la neuvaine. Voilà les bonnes journées ; la prière en fait le fond, la forme et le tout ; on n'a pas le temps d'y respirer pour soi-même : tant d'intérêts sont attachés aux grâces de ce jour de suprême réparation.

« Jour de consolations bien douces, aussi. Depuis ce matin, le trône de Notre-Seigneur, rayonnant de lumière, est entouré d'adorateurs nombreux qui se succèdent dans un grand recueillement. — Impossible de te dire combien profonde était ma joie en voyant, ce matin, le nombre si grand des communions. Il me semblait entendre sortir du ciboire la voix du divin Maître, répétant : *Mes délices sont d'être avec les enfants des hommes.* Il trouvait donc ses délices dans notre petite chapelle qui lui offrait tant de cœurs préparés pour le recevoir. Quelle joie plus grande que de savoir Notre-Seigneur consolé et heureux !

« Voilà nos joies réparatrices que tu goûteras bientôt, je l'espère, ma petite sœur. Je finis une neuvaine pour en commencer une autre ; je te mendie des prières de tous côtés. Joins-y pour ta part la générosité et la ferveur, et nous arriverons bien à te faire franchir le grand pas. Le noviciat ! Quel horizon !... Tâche d'y arriver avec des fondements déjà creusés pour qu'il n'y ait plus alors qu'à bâtir l'édifice. On creuse, tu le sais, par l'humilité et l'abnégation, autrement dit : disparais, et que, sur les ruines d'Yvonne, Jésus puisse régner triomphant. Demande la même grâce pour moi, qui en ai grand besoin.

« L'autre jour, la sœur d'une jeune Mère qui est ici faisait ses vœux à Toulouse, puis passait par Bordeaux pour remonter à Rennes. En voyant les deux sœurs réunies, je regardais l'horizon et je pensais au jour qui nous verrait ainsi toutes deux. Ah ! ne pensons pas l'acheter trop cher et l'attendre trop longtemps ! Jésus sait ce qu'il fait. Paix, confiance, reconnaissance. »

Ce jour de la réunion sous le même habit religieux, elle ne devait jamais le voir que du haut du ciel. Le ciel, du reste, était sa pensée de plus en plus fréquente, comme il arrive souvent à ceux qui vont mourir. Elle ne peut s'empêcher d'en parler sans cesse, et plus elle allait, plus son cœur y habitait. Elle termine ainsi une lettre à sa mère :

« ... A Dieu, ma chère et très chère maman. Pardonnez-moi mon style laconique, qui n'est guère l'expression de la vivacité de mes sentiments. Dans le rôle de priante et de suppliante qui est le mien, je ne me fais pas faute d'être longue et autant que possible fervente, pour vous obtenir toutes les grâces.

« *Sursum corda!* soyons toujours avec ceux qui sont retournés dans le sein de Dieu. C'est là que je vous suis unie, ma chère maman, et bien à vous avec toute mon affection et tout mon respect. »

Mais si elle en parle souvent, ce n'est point avec tristesse :

Pâques, 1900.

« ... *Alleluia!* C'est le premier mot d'aujourd'hui. Un ciel d'un bleu pur, un soleil de printemps déjà chaud, des feuilles d'un vert ravissant, et des fleurs qui éclosent de tous les côtés... Avec cela l'Eglise en fête, nos cœurs tout en joie avec elle... Comment faire taire ses lèvres et ne pas laisser jaillir l'*Alleluia*, ce mot qui n'est pas tout à fait de la terre, mais comme un écho de l'éternelle, de la joyeuse, de la sainte Patrie !

« Ainsi donc, il se passe des événements dans la famille ! Mon bon et cher René est tellement mon frère que je suis toute émue de voir se décider son mariage. Il sera un bien bon père de famille et rendra sa femme très heureuse. Jeanne [1] a-t-elle pris l'habit? Je voudrais bien, si ce n'est pas fait, savoir d'avance la date, pour lui être unie dans ce grand moment. »

Bordeaux, mai 1900.

« Ma chère petite Yvonne,

« La paix de Jésus ! Devant tes nombreuses

---

1. Sœur de René, religieuse de la Congrégation de Notre-Dame aux Oiseaux.

lettres, ma plume s'humilie en pensant qu'elle reste si longtemps silencieuse. Mais je ne devrais pas m'excuser, avec quelqu'un qui saura bientôt si l'on a toujours le temps de satisfaire son cœur, quand on a remis de bon gré la disposition de sa vie à Celui qui sait si bien la remplir. Nous sommes Réparatrices, c'est à dire chargées d'office de tous les pécheurs et de tous les péchés.

« Dieu ! quel fardeau !... Il faut effacer, réparer, détruire, convertir, consoler, sanctifier, tout cela bien souvent sans voir âme qui vive, mais par le travail de chaque minute, le devoir du jour, de l'heure, de l'instant. Le temps passe, le temps vole. Il nous emporte avec lui, et la tâche si grande qui nous est confiée semble devenir plus urgente avec chaque journée qui s'écoule.

« Nous avons donc eu bien des changements le mois dernier. Mais tu sais, quand on change de supérieure, on ne change pas pour cela la main, le cœur qui dirige. Que ce soit l'une ou l'autre qui devienne l'organe du bon Dieu, on peut et doit répéter toujours avec la même vérité : « C'est le Seigneur ! » — Un peu d'esprit de foi, un bon coup de massue sur son cœur, un petit effort très facile et très doux pour aimer de tout son cœur sa nouvelle Mère, voilà tout.

« Et le bonheur reste, grand comme Celui qui le donne, jeune comme tout ce qui vient du ciel, pénétrant comme tout ce qui est dans l'âme même, surnaturel comme toute la vie religieuse.

« Petite sœur, sais-tu ce que c'est que ce bonheur

de la vie religieuse? Oh! non!... Et de longues années se passeront encore avant que tu le saches bien, car depuis cinq ans que je le goûte, je m'aperçois que je commence seulement à le comprendre, et que toujours l'horizon s'élargit devant moi... Répondons donc à l'appel du Maître par un *Deo gratias* permanent. Mais les mots ne suffisent pas. Dévouons-nous, souffrons, acceptons, faisons l'œuvre de Dieu, de minute en minute, jusqu'au jour où enfin s'ouvriront les portes du ciel.

« Que Marie soit de plus en plus ta Mère et ton modèle. Prie-la pour moi qui t'aime par son cœur et qui te reste unie dans ce sanctuaire immaculé.

« Marie de l'Agnus Dei. »

A une de ses amies.

Bordeaux, 13 mai 1900.

« ... Ainsi donc, chère petite amie, un nouveau lien nous unit *in Christo Jesu !* Impossible de te dire combien est profond le bonheur que cela me cause. Au ciel, Notre-Seigneur par une attention délicieuse de son Cœur a voulu nous le faire savoir par le disciple Bien-Aimé, il y a une place à part pour les âmes qui se sont unies à lui seul sur la terre. Ces âmes seules peuvent chanter un cantique auquel saint Jean ne donne pas de nom, mais qui doit être le cantique particulier de l'amour, car elles seules ont donné leur cœur sans le partager. Par la miséricorde infinie du Seigneur, nos voix s'uniront dans ce cantique, et dans les fêtes éternelles rien ne nous séparera, parce que nous ferons partie du même chœur, du chœur choisi et privilégié.

« O heureuse compagne de l'Agneau immolé avant d'être triomphant, passe donc joyeuse par dessus les craintes de la nature et la solitude redoutée du cœur ! — Quand Notre-Seigneur donne une de ces grâces de premier ordre, il laisse souvent l'âme en proie à la tristesse, comme pour faire comprendre que ces grâces supérieures dépassent d'une hauteur infinie les joies et les consolations d'un jour. Mais ne crains rien. Jésus est toujours Jésus. Jésus que nous baisons sur la croix a des charmes indescriptibles. Il ne suffit pas d'attacher nos lèvres sur ses plaies bénies ; attachons-y surtout nos cœurs. Alors, il passera en nous. Il se fixera dans nos cœurs, tout entier, et nous aurons le plein bonheur, car Jésus n'est pas séparable du bonheur, mais du bonheur vrai, de celui du temps comme de l'éternité. »

A lire ces lettres si élevées, quelquefois si belles de forme comme de fond, on ne pourrait se douter des souffrances croissantes de la jeune religieuse. Elles étaient cependant nombreuses et difficiles à porter. Ce qu'on attribuait à du rhumatisme allait grandissant, obligeant Marie de l'Agnus Dei à des efforts inouïs pour suivre la règle. Et cependant, elle était partout la première, jusqu'à ce qu'elle fut complètement clouée sur place. Un jour qu'on s'en étonnait, elle répondit : « Il faut que les anges m'aident, car je ne com-

prends pas moi-même comment je peux faire. »
Quand il avait fallu la relever, la porter, elle se le
reprochait comme une faute, s'accusant d'avoir
occupé d'elle-même. Et de quel exemple, au contraire, n'était-elle pas pour la communauté, lorsque, essayant de se rendre où son devoir l'appelait,
elle tombait en chemin et qu'on la trouvait ainsi
prosternée, quelquefois toute meurtrie, comme
avant elle tomba, sur la route du Calvaire, l'Agneau
qui porta les péchés du monde. Sa patience était
à toute épreuve, sa gracieuseté pour ses sœurs
était connue de toutes dans la maison. Incapable
d'aucun travail fatigant, elle s'ingéniait pour rendre service. C'était toujours elle qui se chargeait
de préparer les surprises pour les jours de fête,
pour les récréations extraordinaires. Elle ne
ménageait alors ni son temps, — il lui en fallait
davantage qu'à une autre pour écrire ou pour des-
siner, — ni son imagination qui semblait inépuisable, ni sa douce gaîté. Malgré son état de santé,
jamais elle ne se dispensait des récréations ordinaires ; tant qu'elle put, elle y ajouta sa part de
joie et d'union fraternelle. Quand elle fut réduite
à ne pouvoir parler, elle inventa d'emporter son
crayon et ses petits dessins malicieux faisaient
encore sourire ses Mères et ses Sœurs. Elle fut si
fidèle à se rendre à ces rendez-vous quotidiens
qu'elle y allait même lorsqu'il semblait que ce fût
devenu impossible. Aussi passait-elle une partie
de son temps dans l'escalier, et si on l'y rencon-
trait, elle ne voulait pas qu'on s'attardât près

d'elle : « Ne restez pas, ce n'est pas permis. » Parvenue à son but, elle se mettait à la dernière place, recherchait les Mères âgées, et lorsque le sujet de la conversation s'élevait, on voyait aisément quel vif intérêt elle y prenait, autant par nature que par éducation. Elle avait toujours sur sa table une pauvre image de papier représentant Notre-Seigneur portant sa croix : « Je l'aime tant, disait-elle, elle est miraculeuse... » Au bas de cette image, elle avait écrit ces mots qu'elle avait tant médités : *Jesus autem tacebat.*

Elle se taisait en effet sur tout ce qui eût pu, ou la faire plaindre ou la faire estimer. Mais sa vertu éclatait malgré elle, et dès son début dans la vie religieuse, elle porta ce cachet divin qu'il est impossible de contrefaire. Un jour, pendant qu'elle était novice, elle rencontra le R. P. Blanchard, Assistant de France dans la Compagnie de Jésus et mort en odeur de sainteté. Comme elle lui demandait sa bénédiction, le Père la fixa un instant et lui dit : « Mon enfant, vous deviendrez une sainte, je vois cela sur votre figure. » Un autre jour qu'elle s'était accusée à sa supérieure, à Toulouse, de quelque moment de découragement, sans doute, la Mère la gronda et lui dit sévèrement : « Allez dire au Père qui prêche la retraite que vous n'êtes qu'un chiffon ! » La novice alla docilement répéter la phrase, et le Père, souriant, répondit : « Eh ! bien, c'est un chiffon dont le bon Dieu se servira pour effacer beaucoup de péchés dans le monde. »

Avant d'en arriver aux derniers mois de son séjour à Bordeaux, nous donnerons encore quelques lettres de Marie de l'Agnus Dei à sa famille. Mieux que toute autre chose, il nous semble que ces lettres montrent sur le vif le fond de cette âme angélique.

A sa mère.

Bordeaux, 4 juin 1900.

« ... O mon Dieu, quand serons-nous au ciel, n'est-ce pas ? bien en repos loin de tout ce mouvement de la terre ? Quand verrons-nous Dieu sans ces ombres ? Quand le posséderons-nous dans une paix qui n'aura point de fin ? Mais le chemin que Dieu nous fait prendre doit conduire à un bien beau ciel, car les épines ne manquent pas, et elles doivent présager les roses.

« ... Je ne sais pas ce que doit être un cœur de mère, si un cœur de sœur peut être si sensible et si profondément attaché. J'ai presque envie de vous dire que je vous plains, car on doit bien souffrir quand on a huit autres soi-même. Mais quel mérite aussi ! »

A Yvonne.

Bordeaux, 1er juillet 1900.

« Je pense que tu passeras plus d'une fois, ma chère petite sœur, par les difficultés que tu as traversées. « La vie de l'homme est un combat, » il faut avoir du courage, de la patience, de l'amour.

Tout passe, excepté le mérite éternel, et la grâce de Notre-Seigneur, toujours auprès de nous pour nous aider. Ne crains pas. Quand viendra le moment du grand sacrifice, tu sentiras bien que tu as la force de l'accomplir. La vie religieuse vaut bien la peine que l'on se donne pour y parvenir : que ne fait-on pas dans le monde pour faire réussir un projet de mariage brillant et glorieux ? Et nous qui cherchons *l'alliance* divine, nous serions lâches et nous nous laisserions arrêter ? Pauvre Jésus ! Quel peu de foi nous avons et comme nous savons mal l'apprécier ! Il nous fait tant d'honneur et nous lui en faisons si peu ! Aimons-le donc davantage et méprisons-nous nous-même. Je te conseille de te donner tout entière au Cœur de Jésus, et de beaucoup cultiver cette dévotion. Elle a des trésors incomparables, elle t'apprendra bien des secrets : secrets de sacrifice et de générosité, secrets de prière et de confiance. Et la Vierge Marie ? L'as-tu priée sans te sentir aidée et soutenue ? Elle est Mère et quelle Mère !

« Ah ! confiance, et joie, et dévouement ! »

Bordeaux, 5 août 1900.

« Ma Françoise très chère,

« Deux mois de vacances au Patys, quel horizon bleu ! Surtout quand on a derrière soi une bonne année et devant soi une année meilleure encore. Je te félicite beaucoup de tes prix ; dis-moi quels ils sont. Je suis sûre que pendant tes vacances,

tu auras le premier prix de « charme vivant » et
que tu t'appliqueras à faire aimer et admirer partout la vertu, et l'amabilité qu'elle porte avec
elle.

« J'ai vu mardi monsieur l'abbé, qui m'a parlé
de vous tous à ma grande joie. Et toi, quand te
verrai-je, ma petite sœur? Le bon Dieu seul le
sait. Pour le moment, je suis un peu *patraque*.
Le soleil du midi n'est pas de trop pour me ré-
chauffer, et les brumes du nord sont trop froides
pour mes jambes et mes bras de bois dur. Ce qui
n'empêche pas que Dieu peut bien en disposer
autrement, et qu'un beau matin, je me réveillerai
peut-être dans vos parages. *Fiat! fiat! o Jesu
dulcissime!* Tout sera parfait du moment que
vous le voudrez, et j'aurai une grande joie à revoir tous ceux que j'aime.

« En attendant, sanctifions-nous, pour nous
retrouver parfaites un jour ou l'autre. Je n'ai que
deux minutes ce matin pour t'écrire, à cause...
du 15 août. Mais tout mon cœur va te trouver, pour
te dire d'aimer Jésus et encore, et toujours, avec
force, avec tendresse, avec générosité. — Dis à ma
chère maman que je soupire après une de ses
lettres, comme le cerf après la source des eaux !
Si elle savait depuis quand elle ne m'a pas écrit !
Mais je la comprends bien.

« A Dieu, je vous embrasse et vous aime tous
en Notre-Seigneur,

« Marie de l'Agnus Dei. »

Bordeaux, 12 août 1900.

« Ma chère et infatigable correspondante,

« Je ne sais pas bien comment te remercier, parce que je suis si touchée de l'ardeur que tu as mise à répondre à mes désirs que je ne puis pas bien t'exprimer ma reconnaissance. Mais je t'assure qu'elle est bien profonde, et que, si c'est possible, je t'en aime encore plus qu'avant. M'aurais-tu donné tous les trésors de France et de Navarre, je ne les estimerais pas autant que les points de broderie faits avec tant d'amour pour Dieu et d'affection pour moi. Merci, ma chère petite sœur. C'est aux pieds de Notre-Seigneur que je te dirai ma reconnaissance. Il n'y a guère que là que je sache et puisse rendre un peu ce qu'on fait pour moi.

« Nous passerons unies l'une à l'autre cette ravissante fête de l'Assomption, qui en nous rappelant le ciel, et le triomphe de la sainte Vierge, nous invite à nous réjouir à la pensée que nous irons un jour partager ses joies. *Sursum corda !* Quand nous serons là-haut, nous nous dirons bien des choses ! Nous nous raconterons les merveilles de Jésus en nous, et je me réjouis d'avance d'admirer dans ton âme les grâces qu'il y a versées. Je t'assure que la voie rude où tu peux marcher, comme tu me le disais un jour, est bien la meilleure. Là, point d'illusions ni de pâture d'amour-propre. Tout va droit à Dieu parce qu'on n'y peut point prendre de complaisance en soi-même. Il faut être bien détachée pour prendre les consolations sans aucun retour satisfait, sans une certaine avidité trop naturelle. Elles nous sont douces, mais on peut aimer autant et plus dans la vie de pure foi, et la poursuite de Notre-Seigneur à travers les pierres et les épines ne lui plaît-elle pas davantage que la jouissance de ses faveurs sous un ciel serein ?

« Je ne sais pourquoi je t'écris tout cela, peut-être n'en as-tu pas besoin, mais c'est toujours bon de se le rappeler. Oh ! soyons toujours bien à Dieu, en âmes fortes, avec générosité, constance et foi. On peut tout faire quand on donne *tout*. »

Ce que Marie de l'Agnus Dei mettait dans ses lettres n'était qu'une partie de ce qui remplissait son cœur. Quand ce cœur si généreux s'ouvrait tout à fait, dans la solitude de la cellule, sous l'unique regard de l'Epoux divin, il en jaillissait, selon les jours, des cris d'amour ou des appels d'angoisse qu'on ne saurait lire sans en être ému. Ce sont ces notes brèves, écrites rapidement au hasard des jours, qui permettent de connaître la réelle beauté d'une âme. Grâces reçues en un moment de ferveur, luttes douloureuses contre les révoltes de la nature, pesanteur de la souffrance qui écrase, élans divins qui emportent au-dessus de la terre, joies, craintes, espérances, résignation et désirs, tout est mélangé comme le sont dans notre vie les divers sentiments qui l'agitent. Les vouloir mettre en ordre serait les rendre moins humaines, moins vécues, ces petites notes toutes vivantes, et nous nous garderons de le faire.

Toussaint, 1er novembre.

« Là-haut ils sont en fête et nous, pauvres exilés, nous soupirons après ce jour bienheureux qui nous donnera Dieu. O lumière de la cité céleste ! Lumière qui ne t'éteins jamais, lumière qui ne laisses voir que Dieu, quand donc un de tes rayons éclairera-t-il mon âme ?

« …Mon Dieu, je voudrais vivre pour vous, et ne vivre que pour vous, et sans cesse les créatures me tourmentent et m'attirent, pour que je m'occupe d'elles en vous oubliant. A peine vous ai-je trouvé un instant que déjà je vous perds, et quel travail me faut-il entreprendre pour vous trouver au milieu de tant de distractions !... Quand viendra le moment où vous me serez tout en toutes choses, où personne ne me parlera plus, où je ne verrai plus rien, rien que vous !...

« Mon Jésus, j'irai à vous au milieu de toutes ces ombres. Vous voyez ma bonne volonté, mais vous connaissez ma faiblesse. Tremblante et soupirant après vous, je me jette à vos pieds, dans vos bras, pour ne plus voir que vous tout seul, et vous aimer comme vous ont aimé mes frères de là-haut ! »

Noël 1899. (Anniversaire de ses Vœux.)

« Deux ans ! Je voudrais qu'il y en eût deux cents !... O terre de l'exil, sois pour moi féconde, afin que je serve le Maître adoré pendant le temps qui m'est donné pour cela... Jésus, guérissez-moi, de façon à ce que je n'aie plus à m'occuper de moi-même, mais seulement de vous.

« Noël, mon doux Jésus !

« Noël, ô ma Mère !... »

5 janvier 1900.

« O Jésus, quand je vois dans mes frères et sœurs ces germes bénis de vocation, je comprends bien qu'il faut que je souffre. Il faut bien payer ces grâces, et c'est bien naturel que ce soit moi qui en sois chargée, puisque, la première, j'ai reçu la grâce des grâces ! — Aînée du second groupe, voilà mon droit d'aînesse. Point de repos avant que les plus jeunes se soient enrôlés sous votre étendard divin. Alors, les anges chanteront : *Nunc dimittis*, et j'irai préparer au ciel, à mes enfants chéris, une place à la suite de l'Agneau. *O bone Jesu, exaudi me !* »

8 janvier. Fête de sainte Agnès.

« Agnès, qui me donnera votre amour pour Jésus ? O vierge, suivez pour moi l'Agneau, et dites-lui de me donner la force du martyre, de ce martyre de chaque instant... Apprenez-moi le cantique de l'Agneau : cantique de joie, d'amour, de gloire, afin que, le chantant sur la terre, j'aille le continuer là-haut. Agnès, Agnès, aidez-moi, fortifiez-moi, aimez-moi comme je vous aime ; Agnès, purifiez-moi !

« Voix du Bien-Aimé — J'ai mes martyrs de deux sortes. Ceux de l'amour m'ont offert mille fois leur vie et me sont d'autant plus agréables que tout le sang de leurs veines est comme déjà répandu pour moi. Au ciel, cette offrande se refait éternellement dans des transports de joie. Pourquoi, malgré mes goûts et mes préférences pour le martyre du sang, l'ai-je refusé à des enfants que j'ai tant aimés ? C'est que mon Cœur a surtout besoin des martyrs de l'amour. On est mon martyr quand on souffre pour mes intérêts. »

Ici se trouvent deux lignes écrites et signées de son sang :

« † Tout à Jésus, par Marie, pour les âmes,
« Marie de l'Agnus Dei. »

2 février.

« Jésus fidèle, j'ai confiance en vous ! Jésus, plutôt mourir que de faillir. Jésus, je m'offre à vous pour travailler beaucoup, souffrir beaucoup, aimer beaucoup. Jésus, au nom de votre croix, que ma vie ne soit pas inutile ! »

22 février.

« Tout enfant de l'Eglise doit mortifier son corps en carème... Je ne puis rien faire comme jeûne ou même abstinence... ; tenue comme les autres à la pénitence, je veux :

« 1° Dompter par l'énergie l'infirmité de mes membres ;

« 2° Obéir, obéir, obéir ;

« 3° Mettre mon amour-propre sous mes pieds et me traiter moi-même avec une rigueur et une fermeté extrêmes.

« Pour cela j'implore votre grâce, ô Jésus, force des faibles, ô Marie, santé des infirmes. »

4 mars.

« Aller quand même !!! Vaincre ou mourir ! Combattre !... Regarde la couronne, ô mon âme, mais surtout le Dieu que tu sers et qui se glorifie dans tes luttes !...

« O mon Jésus, quelle étrange vie vous m'avez faite ! J'y suis encore bien dépaysée, oh ! aidez-moi à seconder votre action de toutes mes forces, c'est-à-dire à combattre à outrance le mal, en l'acceptant de tout mon cœur. Double et singulier combat ! Étrange existence qui me coupe en deux à chaque instant ! Maître bien-aimé, pour me consoler, donnez-moi des âmes pour vous les donner, les jeter dans vos bras et vous dire : « Mon Jésus, encore plus d'immolations, si elles valent ce prix-là !

« O mon amour, vous faites bien de ne me montrer aucun fruit de ma triste existence. Mon orgueil vous les volerait. Mais qu'il y en ait cependant ; pourquoi occuperais-je la terre ?

« Venez, Jésus ; mille jours d'angoisses, de fardeaux, de croix, s'oublient devant une minute de votre présence un peu sentie... O ciel ! ô ciel !... mais je ne refuse ni travail, ni humiliation ; donnez-moi seulement votre grâce et votre amour. »

18 mars.

« O mon Dieu, j'ai confiance en vous. J'ai besoin de vous le dire. Moi, pauvre de tout bien, j'ai confiance en vous... Pardonnez-moi mon manque de foi et de confiance... Je m'endors entre vos bras... Donnez-moi Yvonne, dût-elle me coûter la vie. Et pour le reste, tout ce que vous voudrez, je l'aime et je vous en bénis. »

19 mars.

« O saint Joseph, j'éprouve un besoin très vif de me consacrer à vous d'une façon très particulière. (C'est là sans doute la grâce de la neuvaine qu'elle venait de faire, comme préparation à la fête.) O saint Epoux de ma Mère bien-aimée, prenez-moi donc pour votre enfant. Aidez-moi à marcher dans la voie du devoir, le cœur dilaté, l'œil au ciel. Donnez-moi la paix, la pauvreté, le travail, l'obscurité. Donnez-moi la pureté et l'amour... Donnez-moi la constance et la force.

« O bon saint, bénissez-moi de cette main qui a touché Jésus et Marie. »

21 mars.

« O croix douloureuse ! O vie, comment t'accepter encore ! O mon âme, ô mon corps, double fardeau si lourd, quand donc serai-je avec vous en assurance !... O Jésus, quand donc me vaincrai-je ? O faiblesse, ô misère... ô humilité, venez tout réparer, tout effacer !... Jésus ! Jésus !... »

22 mars.

« *Travailler, c'est prier ; mais souffrir c'est encore le meilleur* a écrit, dit-on, le P. de Ravignan. — Mon Dieu, je vous remercie de me donner le meilleur. Faites que je l'accepte toujours comme le meilleur. Donnez-moi la force que je vous demande tant, l'énergie tranquille et soutenue… Faites-moi une volonté souple sous la main des supérieures, inflexible devant le devoir, généreuse, vigoureuse dans la souffrance, la douleur, l'inquiétude et la difficulté.

« O mon âme, la fin viendra. Que voudrais-tu alors avoir fait ? Fais-le donc maintenant que le temps est à toi. »

23 mars.

« … Je désire tant être sainte ! O mon Jésus, sanctifiez-moi. — Tout pour vous, tout pour les âmes, rien pour moi. *Tua sum, o sponse, et tecum, Jesu !* »

1er avril.

« La croix ! Quand apprendrai-je à la porter ? Quand mes épaules seront-elles faites au poids qui m'écrase ? O Jésus, Jésus ! donnez-moi les forces de l'amour ou le ciel, car je succombe !… Jésus, ma grâce et mon bonheur, je trouve tout en vous.

« Il me semble entendre Notre-Seigneur me reprocher tout bas, au fond du cœur, de n'avoir pas encore compris le nom mystérieux qu'il m'a donné. Est-ce un nom de gloire ? de royauté ? de supériorité ? de jouissance ? Oh ! non, pas ici-bas. Pour qu'il le devienne, il faut passer par la mort. Lorsqu'on parle de l'agneau sur la terre, ce n'est que souffrance, patience, immolation. Peu à peu,

Notre-Seigneur a coupé les vivres de ma pauvre nature, comme le tondeur fait tomber les flocons de laine. Moi, j'ai oublié mon nom et mon rôle ; je me suis plainte, j'ai résisté. Les divins ciseaux m'ont blessée, à cause de cette folle résistance... Ah ! pourquoi est-ce que je m'étonne de trouver ce que j'ai cherché, de recevoir ce que j'ai demandé, de réaliser ce que j'ai voulu ? — Ou il ne fallait pas venir, ou il faut aller jusqu'au bout. Ce qui me manque, c'est la confiance, j'ai peur... et Notre-Seigneur, dans l'Eucharistie : *Ego sum, noli timere. Ego semper tecum.* O mon unique Bien-Aimé, pardonnez-moi toujours : *ego semper tecum.*

« Voici que je suis conduite à l'immolation. La croix se dresse, elle tombe sur mes épaules, et l'on me dit : « Marche !... » Hélas ! je n'avance pas, je retombe de toute ma faiblesse ! Qui m'aidera ? *Ego semper tecum !* Voilà le bon Pasteur. Il prend la croix sur ses épaules et l'agneau sur son Cœur, — et il va ainsi jusqu'au Calvaire. Mais là, l'agneau doit mourir. Ah ! vous ne connaissez pas le Cœur du Pasteur ! On étend la croix et c'est le Pasteur qui s'y fait clouer... Quand il est mort, il veut encore qu'on ouvre son cœur... Pourquoi ? Parce que l'agneau s'est couché aux pieds de la croix et, que le Pasteur n'a trouvé digne de lui qu'une nourriture et qu'un breuvage : son propre sang, et le sang de son Cœur !... Si l'agneau ose encore se plaindre, que faut-il penser de lui ?

« Mon Jésus, quand je me mets ainsi en la

présence de la vérité, je ne me comprends pas moi-même. Ayez pitié de ma faiblesse, changez-moi ! Faites-moi comprendre mon bonheur et vos grâces. »

Samedi saint.

« Oui, mon Dieu, je mourrai et je m'enseveli-rai avec vous, malgré les répugnances, les crain-tes, l'horreur de la nature. Prenez, Seigneur, et recevez. Si pour la Société, vous trouvez meilleur que je porte la croix intérieure : *Ecce ancilla Domini, fiat !*... Je fais plus que boire le calice, je veux le boire jusqu'à la lie... — Vous entendez la tempête excitée dans mon âme? O Maître, forti-fiez-moi ! Rendez-moi dévouée, généreuse... Jésus, je suis là, à deux genoux, devant votre croix san-glante... Vous ne pouvez pas me refuser. Voyez votre Mère en larmes : « O mon Fils, j'ai soif de la sainteté de cette âme ! » Dites encore : « O femme, voilà votre enfant ! Femme forte, voilà votre enfant forte, comme vous ; femme imma-culée, voilà votre enfant pure ; femme généreuse, voilà votre enfant généreuse ».

« Aussi, après ces trois jours, je me relève con-fiante, malgré l'amertume dans laquelle il vous plaît de plonger mon âme. Je me servirai de l'hor-reur que cette amertume m'inspire pour le créé et pour moi-même, afin de me détacher de tout ce qui n'est pas vous. — Je laisse ma nature au tombeau, vous priant de l'immoler tout à fait. — Je prends votre croix, ma croix, et je vous suis avec votre grâce ! »

Ce triduum dont elle parle, elle le résume ainsi :

« Notre-Seigneur m'a donné l'attrait de m'abaisser, de me diminuer, de m'amoindrir et surtout de le laisser faire en cela. Paix dans mes souffrances, paix dans mon humiliation. Il me semble être bien insensibilisée... Je ne sais pas si c'est la vraie paix, *qui surpasse tout sentiment*, mais pourquoi me troubler ? Dieu m'aime, et mon seul désir, c'est de l'aimer.

« *Tacere*, bien compris, bien pratiqué, bien aimé, souffrir tout-bas — disparaître.

« Tout par la croix. Tout par mon crucifix. En Dieu, mon âme ; sur la croix, mon corps ; au tabernacle, mon cœur. »

Ensuite, elle se consacre encore une fois à la sainte Vierge :

« Pour la plus grande gloire de Dieu, l'honneur et la joie de Marie, Reine du ciel et ma Mère, moi... son indigne enfant, sa très pauvre et inutile servante, me confiant en sa bonté et pressée par mon amour, je m'engage aujourd'hui et pour toujours à remettre entre ses mains tout ce qui m'appartient, c'est-à-dire, non seulement mon corps, mon âme et mon cœur, mais toutes mes actions et tous mes mérites passés, présents et à venir, avec l'intention formelle que Marie en dispose à son gré, suivant ses intérêts et pour son bon plaisir.

« Et quoique je puisse encore agir et souffrir selon les intentions que l'obéissance et la grâce de Dieu me dicteront, je veux cependant que tout passe par les mains de Marie et soit béni et approuvé par elle, avant d'être offert à son divin Fils. Je désire et demande d'être considérée par Notre-Dame comme une chose à son usage ou comme une très pauvre et très petite esclave sur laquelle elle a tous les droits.

« Soyez donc, ô ma Mère, ma vraie Mère qui m'avez donné la plus précieuse vie, la seule à laquelle je tienne, soyez pour moi l'asile assuré des miséricordes ! Recevez-moi, changez-moi, corrigez-moi, sanctifiez-moi. Ne souffrez pas qu'une chose qui est à vous soit aussi indigne de vous, que je le suis. Formez en moi un autre Jésus, afin que je renaisse par vous dans la grâce et dans l'humilité.

« Apprenez-moi durant mon exil Jésus crucifié, et quand descendue comme lui de la croix, je serai remise dans vos bras maternels, que par vous me soient données, ô Marie, pour l'éternité, la vue et la possession de Jésus triomphant. Ainsi soit-il.

« Marie de l'Agnus Dei.

« Témoins et garants de cet acte :

« Saint Joseph, saint Jean l'Évangéliste, sainte Agnès, saint Jean Berchmans et mon Ange gardien.

« Fait à Bordeaux, le 14 juin 1900. — Fête-Dieu. »

15 juin.

« Pour vous vivre, ô Jésus, et pour vous mourir !

Pour vous la démolition journalière, lente, douloureuse, profonde. O Jésus, mais vous êtes la chair de ma chair, et l'os de mes os ! Si je suis détruite, vous ne pouvez pas l'être. O Jésus, tout est bien, oui, très bien. Je souffre et je fais souffrir, cependant. Ayez pitié, Cœur d'amour, fortifiez, consolez. »

8 juillet. — Vox Dilecti !

Je suis ton Bien-Aimé ; que ta frêle nacelle
Ne craigne ni les vents, ni la fureur des flots,
Toujours au gouvernail, je veillerai sur elle
Et tu peux, sur mon cœur, demeurer en repos.

Je suis ton Bien-Aimé : tu vivras de ma vie,
Nous ne ferons plus qu'*Un* par la communion,
Et tout le long du jour, Hostie avec l'hostie,
Tu vivras de prière et d'immolation.

Je suis ton Bien-Aimé : passe sur cette terre
Les yeux fixés sur moi... tout le reste n'est rien.
Je veux posséder seul ton âme tout entière
Et pour ravir ton cœur, je te donne le mien. »

Tant de courage, tant de générosité, tant de résignation devaient obtenir le résultat que souhaitait Marie de l'Agnus Dei : elle était réellement la victime choisie par Dieu pour le sacrifice. Dans quel état était-elle réduite au moment où nous en sommes arrivés ? Non seulement elle ne pouvait plus marcher qu'en se traînant, aidée d'un bâton, quelquefois encore insuffisant à la soutenir, s'appuyant aux murs et tombant sans cesse ; non seulement ses mains étaient devenues si maladroites qu'elle ne pouvait plus s'habiller seule, ni porter quoi que ce soit d'un peu lourd ; non seulement sa tête et son dos la faisaient beaucoup souffrir, mais elle arrivait à ne plus pouvoir avaler. C'était surtout la gorge, la voix, l'articulation qui étaient atteintes ; il lui devint, à cette époque, très difficile de manger. Tout son corps était lentement envahi par cette paralysie extraordinaire, si bien qu'enfin, après que le mieux qui avait suivi son arrivée à Bordeaux se fut évanoui, le médecin commença à avoir des doutes sur la nature de la maladie. Il en étudia quelque temps les phénomènes, puis enfin, il s'ouvrit de ses craintes à la supérieure de la maison et lui dit : « Mère Marie de l'Agnus Dei n'a jamais dû avoir rien de nerveux. Ma conviction maintenant est qu'elle est atteinte d'une maladie de la moelle épinière, et déjà bien avancée. » Qu'on juge de la surprise de la supérieure, puis des religieuses, puis enfin de la famille de Marie-Anne ! C'était si inattendu ! si contraire à tout ce que l'on avait cru jusqu'alors ! si nouveau, ce danger grave, prochain, déjà impossible à conjurer, en face duquel on se trouvait, après avoir vécu si longtemps dans la persuasion que l'état de Marie de l'Agnus Dei n'était pas inquiétant !... Elle-même n'eut aucune peine à y croire ; il y avait si longtemps qu'elle luttait, par obéissance, contre l'évidence de ce qu'elle ressentait ! Le premier moment de surprise passé, les religieuses, qui constataient tous les jours la réalité du mal, furent bientôt convaincues, mais il n'en fut pas de même de la famille de Marie-Anne, qui ne l'avait pas vue depuis un an. Quand la supérieure, après quelque temps de réflexion, crut devoir avertir Mme Hervé-Bazin, le même cri douloureux fut sur toutes les lèvres : Ce n'est pas possible ! Le médecin se trompe ! Cri bien naturel, assurément, et qui ne pouvait être que celui de la mère, devant le péril de son enfant. Mme Hervé-Bazin partit immédiatement pour Bordeaux. Elle voulait voir de ses yeux, et lire dans ceux de sa fille la vérité, quelle qu'elle fût. Quand elle arriva au couvent et qu'on lui amena la pauvre petite malade qui, ce jour-là, ne pouvait marcher qu'avec l'aide de deux religieuses, hélas ! le doute devenait difficile !... Les jours qui suivirent ne purent qu'accentuer la douloureuse impression de l'arrivée. Cependant, avec l'énergie qui semble réservée aux cœurs maternels pour défendre leurs enfants contre la mort, elle voulut avoir la certitude d'abord, et ensuite essayer de guérir sa fille. On demanda et l'on obtint facilement, de la bonté des supérieures, une consultation de deux médecins. Cette consultation laissa quelque hésitation, et donna une lueur d'espoir que l'étrange maladie pourrait être nerveuse, et, partant, guérissable. On le dit avec joie à la petite malade, qui sourit et ne répondit pas. Pour elle désormais, tout était clair, elle voyait maintenant que son sacrifice avait été accepté, qu'il était à demi consommé et qu'elle allait mourir. Seulement, avec la clairvoyance étonnante des malades en général, et de son intelligence naturelle en particulier, elle se rendait compte qu'on allait la dis-

puter à la mort avec acharnement, et par conséquent la soumettre à toutes sortes de soins et de
traitements, qu'elle estimait incompatibles avec
sa vie religieuse. De là une première souffrance
qu'elle n'accepta qu'à force d'obéissance à ses supérieures et d'assurances réitérées que rien de
tout cela ne nuisait — au contraire, — à son immolation volontaire. Puis, elle sut que la marche
probable de la maladie serait la paralysie envahis-
sante, arrivant à l'immobilité complète, à l'ali-
mentation presque impossible, et surtout, oh ! surtout, atteignant le cerveau et détruisant la pensée.
Marie de l'Agnus Dei s'en rendit compte, elle
vécut au moins un an, et jusqu'à son dernier jour,
avec la conviction qu'elle perdrait l'usage de son
intelligence. Nons n'avons pas besoin de dire ce
que cet avenir entrevu était difficile à accepter ! La
généreuse enfant poussa cependant jusque-là l'héroïsme de son offrande. Elle en eut tout le mérite,
mais Dieu lui épargna ce dernier holocauste. Jamais un instant ni sa raison, ni sa pensée ne s'obs-
curcirent, et nous devons ajouter que ce fut un
sujet d'étonnement pour les médecins qui la soi-
gnèrent, car cette immunité du cerveau constituait
un cas exceptionnel.

Mais ce que la claire intuition de la malade apercevait, les autres le voyaient moins bien. Mme
Hervé-Bazin quitta Bordeaux après quelque temps,
encore incertaine de ce qu'elle devait croire. Marie-
Anne lui écrit après son départ :

Bordeaux, 2 septembre 1900.

« Nous n'entrons en retraite que demain soir, et la Révérende Mère supérieure, si bonne, m'a dit de vous envoyer de mes nouvelles avant, pour que vous soyez bien tranquille sur mon compte pendant que je monterai sur les hauteurs des Exercices. Mais, vous savez maintenant que c'est très difficile de donner de mes nouvelles, parce que mon baromètre est toujours au variable. Samedi et dimanche, j'ai été bien ; depuis hier soir, je suis fatiguée, sans savoir pourquoi ; ce soir peut-être j'irai très bien, sans qu'il y ait plus de raison apparente. Dieu sait ce qu'il fait, cela suffit, pourvu que je sois souple sous sa main, au moral comme au physique.

« Que j'ai été heureuse de vous voir, ma chère maman ! Le bon Dieu a été bien bon de nous réunir enfin. J'espère que maintenant nous ne serons plus longtemps sans nous voir , et ne faudra-t-il pas bénir mes maux s'ils nous procurent la joie de nous retrouver plus souvent ? »

Bordeaux, 9 septembre 1900.

« ... Vous me demandez de vous parler de ma santé, chère maman et je le ferai bien simplement. X. a pu vous dire que j'ai presque complètement perdu la voix, ce qui fait de moi une personne fort peu agréable à visiter. Mes bras et mes jambes ne valent guère mieux que mon gosier. Ils me refusent aussi leur service bien souvent. J'ai bonne mine cependant, et tant que je pourrai manger, je pense que je pourrai me soutenir vaille que vaille. Le médecin ne peut pas encore bien se rendre compte de mon état. Moi, je sais mieux sentir qu'exprimer, et je ne me rends pas bien compte à moi-même de ce que j'ai. Tout ce que je comprends le mieux, c'est que c'est une grande grâce qui m'a fait découvrir les merveil-les de charité cachées dans la Société. Tout le monde — et surtout mes supérieures — est pour moi d'une bonté qui me ravit et me confond. Je suis si raide et si *grognon*! Rien moins que moi-même me semble propre à attirer l'affection et la compassion. Mais le Cœur de Jésus est ici et il se fait sentir. Je vous assure que je suis cha-que jour plus heureuse que la veille. »

A l'une de ses sœurs.

Bordeaux, 11 novembre 1900.

« Je pense que cette semaine la rue du Temple va s'enrichir de votre présence, et c'est là que j'irai vous chercher désormais. Vous allez ren-trer dans le mouvement de courses, d'œuvres et de visites. Et j'ai pensé que moi, qui n'ai plus absolument qu'une vie intérieure, je devrais être dans la vie d'Angers la partie de recueillement, de solitude et de prière, autrement dit Moïse sur la montagne. Aussi ne t'étonne pas si mes lettres prennent un ton plus intime et plus pieux. Aussi bien, je t'assure que tout ce qui n'est pas pour le bon Dieu ne me va guère, et qu'il me faut bien

me forcer pour parler d'autres choses, car il est
le seul avec lequel j'aie des rapports directs con-
tinuels.

« Pour trouver Dieu, il suffit de perdre les créatures et soi-même. Si on ne peut pas ou ne sait
pas se charger de faire cette rude perte, Dieu s'en
charge, pourvu qu'on ait bonne volonté ; alors on
se trouve pauvre, petit, misérable, tout désem-
paré. C'est l'occasion de bien des « hélas ! » pour
l'amour-propre et pour la sensibilité. Mais si le
cœur reste bien franchement en face de sa faiblesse
et le reconnaît, Dieu se penche vers lui et lui dit
le mot de l'Ecriture : « *Si quis es parvulus, veniat
ad me*. Si quelqu'un est *tout petit*, qu'il vienne à
moi. » Alors le cœur s'ouvre, et Dieu s'y élance,
pour ainsi dire, avec bien plus de force que la
vague immense qui se jette sur un tout petit vide.
Non seulement Dieu remplit le cœur, mais il
déborde, et tout ce qui touche le cœur semble
avoir été plongé en Dieu ; c'est la grâce des grâces, la grâce infinie... Et pour la recevoir, que
faut-il ? Etre *tout petit*. Je suis de plus en plus persuadée que l'humilité n'est pas où on la cherche
le plus souvent. Elle n'est guère dans les beaux
sentiments, dans de profondes pensées, même
dans des actes, si souvent *à crochets*, qu'on le
veuille ou non. Mais l'humilité est un très simple
et très sincère mépris de soi-même, traduit par un
oubli de soi qui semble devenu naturel, et par un
sentiment profond *du tout* de Dieu, qui imprime
dans l'âme autant de confiance que de respect.

« Nous voici bien haut et bien loin, ma chérie. Heureuses serons-nous si nous arrivons un jour à cette éminente *simplicité* qui est la vraie pratique de l'humilité de cœur ! Je te souhaite, en attendant, d'être ce *parvulus* que Dieu aime. Dieu tout, nous rien. »

Si Marie de l'Agnus Dei n'avait pas laissé après elle ses précieuses petites notes, on hésiterait à affirmer que sa clairvoyance ait été aussi nette. Mais nous les avons pour témoins, et aussi une religieuse qu'elle aimait qui, de passage à Bordeaux, eut avec elle une intime conversation. — « Je vais au ciel, lui dit-elle. Je suis condamnée, mais avant, avant... ce sera peut-être long !... car je suis destinée à devenir « idiote », si mon état se prolonge. Ce n'est pas un effet d'imagination. J'ai entendu la Mère chargée des santés, répétant à Mère supérieure cette prévision des médecins. On ignore que je le sais, mais je regarde cette connaissance comme une permission de Notre-Seigneur, pour que je lui fasse mon sacrifice, pendant que je possède encore l'intelligence. Il y a longtemps que je lui ai dit de tout prendre, mais... ce sera dur ! »

Et, pour elle-même, elle écrit :

11 juillet.

« *Quid retribuam ?* — Depuis le 3, j'ai la permission de la communion quotidienne... Est-ce possible ? Moi !... O mon Jésus, hâtons-nous. Si c'est bientôt que je dois devenir idiote, il faut que je sois sainte avant, et le mois dernier m'a montré que je puis être terrassée par la maladie. —

Humilité, amour, sacrifice... La victime doit être pure et si j'accepte le sacrifice, ce n'est, vous le savez, que parce que j'espère être victime comme vous, réaliser mon nom et sauver les âmes !... Oh ! prions, souffrons, aimons, mourons !... et joie toujours ! »

13 juillet.

« ... Je commence à avoir un grand espoir de ne pas vivre trop longtemps désormais. Quel bonheur ! Hâtons le pas ! Sacrifions-nous vaillamment et, puisque tout sera bientôt fini, ne craignons pas de nous user par les deux bouts. Plus de créature et plus de moi ; Jésus seul devant les yeux et dans le cœur. Quelque peu de temps, et mes yeux le verront face à face, et mon cœur brûlera enfin d'un amour aussi grand que lui. Ah !... de la vie dépend l'éternité. Mes minutes d'à présent sont éternelles. Oh ! courage et générosité !

15 août.

« Je vis aujourd'hui un peu plus au ciel que sur la terre. Quand je me figure ma Mère triomphante, rayonnante, comme mon cœur bat ! Et c'est ma Mère !... Mon corps a bien souffert depuis ce matin... mais je suis heureuse : Marie, ma Mère, est au ciel. »

19 août.

« O mon Dieu, vous m'appelez pour souffrir, me voici ; Seigneur Jésus, crucifiez-moi.

« Crucifiez mes pieds... le droit, le gauche, oui, Seigneur Jésus, oui, je vous aime !

20

« Crucifiez mes mains... Tirez, clouez... oui, Seigneur Jésus ! oui, je vous aime !

« Crucifiez mon dos... déchirez, tourmentez... oui, Seigneur Jésus, oui, je vous aime !

« Crucifiez mes épaules... meurtrissez, écrasez !... oui, Seigneur Jésus, oui, je vous aime !

« Couronnez-moi d'épines, ô ami de mon âme, ainsi couronné pour moi ! Me voici, Seigneur Jésus, couronnez-moi d'épines !

« Et, pour que je vous ressemble davantage, prenez le roseau et frappez... une heure, un jour, toujours !... oui, Seigneur Jésus, oui, je vous aime !

« Enfin, percez mon cœur de la lance qui vous frappa, et faites-en jaillir les dernières gouttes de mon sang. Oh ! Seigneur Jésus, je vous aime !

« Mais dans cet état de mort, donnez-moi deux choses : la force de vous prier sans cesse, et la grâce de vous glorifier sans mesure. O Seigneur Jésus, ayez pitié de moi !

« J'accepte tout, j'aime tout, je veux tout, mais je refuse, je hais le péché.

« Crucifiez-moi, mais sanctifiez-moi !

« Que ma croix soit la croix du bon larron — encore plus — ô Jésus, que ma croix soit votre croix !

« Je veux mourir comme vous, et d'abord souffrir comme vous.

« Je veux mourir sans quitter ma Mère, sans secret pour elle. Je veux mourir d'abord pour mon Père céleste, et puis pour ma Mère, la Société. Je veux souffrir pour les âmes saintes, comme saint Jean ; je veux souffrir pour les âmes coupables autrefois, comme Madeleine ; je veux souffrir pour les pécheurs, comme vos bourreaux.

« O Seigneur Jésus, me voici : crucifiez-moi !

« O Seigneur Jésus, me voici : sanctifiez-moi ! »

Et ce fut dans de telles dispositions qu'elle entra dans sa retraite annuelle. Quoi d'étonnant que Dieu se penchât vers elle et lui dît quelque chose de ses divins secrets ? Dès le début, elle monte vers la lumière :

« ... J'ai reçu la grâce d'être convaincue que cette retraite est pour moi la dernière et qu'elle doit me préparer à une année d'épreuves douloureuses avant le crucifiement final.

« L'an prochain, je serai : *la retraitante de l'éternité* !... Le démon semble le savoir, car tout est en fureur autour de mon âme. Mon corps est si pénible à traîner que dix fois déjà j'ai eu cette pensée que la retraite m'est impossible.

« C'est un bon signe. Courage ! De quelle ferveur ne dois-je pas être pénétrée ! Combien est précieuse cette grâce suprême ! Je fais provision pour une année terrible !... Et puis... je puis être emportée en quelques jours... Je sens si bien diminuer mes forces.

« Et les âmes qui m'attendent ! *Petierunt panem et non erat qui frangeret eis.* On ne donne pas ce qu'on n'a pas. O Dieu ! donnez-moi la sainteté ! *Ecce ! fiat !*... vous savez que c'est toute ma spiritualité !

« Je sens grandir cet attrait d'abandon. *Laudet, revereatur, serviat...* pour moi, c'est toujours cet humble et filial abandon d'un cœur qui veut tout, prend tout, aime tout.

« ... Il me semble que mon modèle, c'est Notre-Seigneur s'étendant sur la croix. Il me faut redoubler de soumission, de générosité, de confiance, d'amour, de zèle pour les âmes.

« O mon crucifix, que je devienne moi aussi un crucifix. Mon Dieu, vous avez tous les droits sur moi... *Ecce !... Fiat !...*

« La plus grande grâce que Dieu puisse me faire c'est ce crucifiement de tout mon être. Purifiés, réparés, mes membres pourront chanter le *Te Deum laudamus !*

« O croix de mon Jésus ! O mon Jésus sur la croix ! Crucifiez-moi à tout ce qui n'est pas vous ! Que je souffre avec vous, qui avez daigné souffrir pour moi. Que je souffre pour les âmes, les pauvres âmes qui se perdent.

« ·... Il n'y a que la croix qui fasse les anges de la terre. Restons sur la croix. Baisons la croix. Oh ! que vous m'avez aimée, mon Jésus en croix ! Moi aussi, je veux vous aimer : toute douleur, mais jamais de péché. C'est par vous que j'espère la force de devenir pure.

« ... Dieu veut ma sainteté. Il ne veut que cela pour moi. Il y sacrifie tout le reste. Il a sacrifié Jésus pour cela ! Ma sainteté, c'est l'ambition de Dieu. Et la sainte Eglise gémit devant Dieu, en demandant des saints. Et les âmes sont là, suppliantes, attendant des saints. Oh! pourquoi donc ne suis-je pas sainte, puisque je n'ai voulu que cela ? Evidemment, la grâce se heurte en moi à des obstacles incompatibles avec la sainteté. — Je le sais, l'obstacle, c'est le *moi*. — Quand enfin je n'agirai plus pour moi, je serai sainte ! Dieu se donne pour m'y conduire une peine admirable. Situations, épreuves, maladies, direction, toute l'œuvre de sa main sur moi tend à me faire dire : « Non, plus de moi, Dieu seul ! » Dieu est si *grand*, je suis si *petite*. Ah! que je voudrais donc m'oublier et me mépriser ! Seigneur Jésus, laissez-moi vous le confier : j'aime tout ce qui me rapetisse, d'un amour de volonté, car vous m'avez faite pour la vérité, et la vérité c'est que je suis néant. Vous le savez, Jésus, je suis mal à mon aise quand je me sens élevée, et malgré ma répugnance naturelle, je suis satisfaite quand je suis abaissée.

« Mon doux Maître, abaissez-moi : faites-moi bien petite, bien néant, surtout à mes propres yeux. Faites que je ne fasse étalage de rien, surtout ni de vos grâces, ni de mes souffrances. Que tout ce petit ciel qu'il y a entre nous, ce ciel où vous me donnez et où je vous donne, que tout cela reste bien solitaire, bien « jardin fermé ». Faites qu'à mes supérieures j'aie toujours à dire quelque chose qui m'humilie, quand je devrai parler de la continuité de vos étonnantes grâces. Simplifiez-moi, mon Dieu, en tout et toujours.

« ... Ah ! si je savais qu'il existât sur la terre un

désert où l'on pût vivre sans offenser Dieu, je m'y traînerais, malade et infirme, à deux genoux s'il le fallait !

« ... Et souviens-t-en, mon âme ! J'ai remercié Dieu de la paralysie qui m'ôte toute occasion de péché et j'ai dit : *Prenez, mon Dieu* : mes yeux, mes oreilles, ma voix, mes bras, mes jambes... Prenez tout, pourvu que vous gardiez mon cœur. Notre Mère Générale m'a permis et conseillé cet abandon. Et comme je ne pourrai pas le dire ou l'écrire toujours, je proteste, ici, et je voudrais l'écrire avec mon sang, que pour toute votre action crucifiante, aidée de votre grâce et de votre tendre amour, ô mon Dieu, je n'ai qu'un cri de joie et de reconnaissance, et que je veux, du fond de mon infirmité, chanter le jour et la nuit le *Gloria in excelsis Deo* ! Oui, je veux même m'oublier tellement que mon corps et mon âme disparaissent devant votre gloire, et que je chante avec l'Eglise :

« *Gratias agimus tibi, propter magnam gloriam tuam !*

« O mon Dieu, je vous aime !

« *Laudetur Jesus Christus ! Mihi absit gloriari !* »

8 octobre

« Notre-Seigneur ne me reproche pas grand-chose pour la pauvreté *extérieure* ; il sait qu'elle ne me coûte pas beaucoup, et que j'aime à me sentir entourée de pauvreté. Ce qu'il me demande, c'est une pauvreté *dépendante*. (Je viens de me souvenir d'avoir donné une image et pris un bout de bougie sans permission, et cela me donne d'immenses remords). Notre-Seigneur veut que je me réjouisse d'être pauvre de forces, pauvre de biens extérieurs, pauvre de puissance, obligée de quêter toujours de l'aide.

« ... Vous savez bien, vous, mon Dieu, que l'attention à votre sainte présence ne me fatigue pas et que ce qui me fatigue, c'est de m'occuper de moi. Vous savez que vos opérations sur moi sont infiniment douces, à peine sensibles, tant elles sont surnaturelles. Tout ce que je sais, c'est que vous agissez ; et pour le reste, mon âme est dans le calme infini, comme une profondeur qui se laisserait pénétrer par le soleil. Seigneur, en écrivant ces choses si grandes, je me demande si je ne fais pas un acte monstrueux d'orgueil. Car est-il croyable que vous me choisissiez, moi, pour centre de vos opérations, moi qui ne fais rien pour vous et qui ne peux pas même souffrir ? Il me semble que Notre-Seigneur me répond : « Je t'ai choisie dans ma miséricorde, car de ce vase d'iniquité, je prétends faire un vase d'élection...

« ... Je viens d'écrire mon élection. C'est l'abandon à l'action de Dieu, abandon de la victime qui se sacrifie, mais encore plus, abandon joyeux de l'épouse qui se donne. Dans mes moments de grâce particulière, ce que je ressens c'est comme une prise de possession de tout mon être par Notre-Seigneur. C'est la grâce renouvelée de la nuit de mes vœux. Même, en remontant plus

haut, c'est la grâce du 22 septembre 1895 :
« Marie se donne à Jésus, et Jésus se donne à
Marie. » Plus loin encore, c'est la grâce du
28 juin 1891. Plus loin encore c'est la grâce de
ma première communion. Être possédée par
Notre-Seigneur ! Tellement à lui qu'on ne puisse
pas l'être davantage !

« ... Et sa liberté, comme Jésus me l'a sacrifiée ! *Cloué* sur la croix, plus un mouvement ne
lui était permis. A genoux devant cette croix
sanglante j'ai fait le sacrifice de mon esprit d'in-
dépendance. J'ai prié ardemment pour obtenir
de le vaincre ; j'ai demandé à Notre-Seigneur au
moins une goutte de son sang pour cela...

« Et quand je considère Jésus anéanti, méprisé, couvert d'ignominie, oh ! comme je le remercie de la petite part qu'il m'a donnée à son
calice ! Comme je suis heureuse de la maladie qui
m'efface et me détruit ! O mon Maître, glorifiez-
vous dans mon abaissement ! A vous, toute gloire ;
à moi, tout oubli ; mon Père, je vous aime ! »

11 octobre.

« *Quam sordet terra !* Non, mon Dieu, non ! Que
la terre me paraît belle, puisque je puis vous y
glorifier ! Sauver une âme, procurer à une seule
âme les gloires éternelles, cela vaudrait la peine
de rester sur la terre jusqu'au jour du jugement.

« Je surabonde de joie dans ma tribulation !
D'abord parce que je procure à ce Jésus si divine-
ment aimable un rayon de gloire accidentelle,
ensuite, parce que je puis, par là, procurer au

moins à une âme la gloire éternelle. Sauver une âme ! sauver une âme !

« Ils sont fous ceux qui disent se contenter de la dernière place au paradis ! Comme leurs pensées changeront au jour où ils verront clair. Montons, montons, mon âme, le long de notre rude chemin. Plus nous irons haut et loin, plus nous glorifierons Dieu. Ne craignons pas le mal qui nous poursuit. *Laus Deo* ! Regarde, lève les yeux, tout au sommet du ciel, Jésus, ton doux Jésus te regarde. Il tient déjà la couronne ; il l'embellit de pierreries ; et plus il t'aime, plus il te fait mériter ces trésors par les humiliations et les souffrances.

« *Sursum corda !* O Marie, commencez déjà mon *Magnificat* éternel ! Oh ! que les jours de la terre, si douloureux et si tristes, sont délicieux et beaux, puisque Dieu se glorifie dans nos combats et nos souffrances ! »

On ne sera point étonné, après cette lecture, que les supérieures de Marie de l'Agnus Dei fussent convaincues de sa mort prochaine. De tels accents sont ceux de l'éternité, et ceux qui les répètent sur la terre, en ont déjà entendu les échos. Oui, cette retraite était la dernière, elle était aussi la première, car il semble que le ciel soit ouvert au-dessus de ces pages, lumineuses comme lui, et déjà triomphantes. Les liens de la terre tombaient les uns après les autres, et toujours plus haut, toujours plus droit dans son vol rapide, l'âme de Marie de l'Agnus Dei montait vers Dieu.

XII

L'état de santé de Marie de l'Agnus Dei s'aggravait de jour en jour, et cependant, la dernière consultation médicale ayant laissé quelque doute, on ne savait trop quel traitement lui faire suivre. Il fallait éclaircir entièrement la question et essayer de tout pour enrayer les progrès du mal. Les supérieures de la Société ont coutume de ne rien négliger pour leurs malades; en ce qui concerne Marie de l'Agnus Dei, elles poussèrent la sollicitude jusqu'à ses dernières limites. Estimant qu'à Paris des médecins spécialistes pourraient, peut-être, soigner la jeune malade d'une façon plus appropriée, elles accordèrent à la famille de Marie-Anne la permission de venir la chercher à Bordeaux pour la conduire au couvent de la rue de Naples. Ce fut un long et pénible trajet. La pauvre enfant ne pouvait plus se traîner qu'avec des peines infinies, manger qu'au prix d'efforts douloureux, parler qu'avec une extrême difficulté. Ceux qui la virent descendre du wagon, si changée dans ses vêtements noirs de voyage, si amaigrie, si affaissée, ne purent s'empêcher de penser qu'elle allait à grands pas vers le but suprême. Il y a dans la vie beaucoup d'heures douloureuses, mais peu sont aussi amères que celles que l'on passe à regarder, impuissants, ceux que nous aimons s'en aller vers la mort. De toutes manières on chercha à lui disputer la chère enfant qui s'était elle-même livrée à son pouvoir. Marie de l'Agnus Dei fut soumise à l'examen d'un spécialiste pour les maladies nerveuses. On voulait la certitude, elle fut complète, et, hélas ! cruelle ; car, en même temps qu'il écarta toute idée de nervosité, le célèbre médecin affirma l'existence d'un état déjà sans espoir. On en vit un autre, qui confirma le diagnostic de son confrère, et qui ajouta seulement, pour adoucir ce que sa parole avait de nécessairement rude : « J'ai vu quelquefois, dans ces cas très rares, l'électricité réussir à soulager un peu. Dans quelque temps, nous pourrons en essayer. D'ici là, qu'on mette la malade au repos, et qu'on lui évite de souffrir du froid. » Ainsi donc, tout ce que la science humaine avait de plus éclairé ne pouvait donner à Marie de l'Agnus Dei qu'un peu d'adoucissement à ses souffrances. Cette fois, c'était fini des hésitations et des tâtonnements ; c'était fini aussi de ce qu'on avait pu penser autrefois. Le revirement était complet ; celle qu'on avait si longtemps considérée comme une nerveuse, sans énergie contre elle-même, était une victime, longuement immolée, parce qu'elle l'avait voulu. On donna à la pauvre petite Mère une cellule bien chauffée, on attacha à son service une sœur infirmière, on lui prodigua les menus soins, les attentions, les visites charitables, et à peine était-elle arrivée qu'on s'aperçut que son extraordinaire vertu répondait à ses souffrances extraordinaires. Elle n'avait plus que quelques mois à passer sur la terre ; ce furent des mois plus doux. Ainsi le permet souvent Celui qui nous traite avec une infinie miséricorde, jusque dans ses rigueurs. Avant de franchir le dernier pas qui la sépare de Dieu, l'âme qu'il a choisie, qu'il a éprouvée, qu'il a broyée « comme le froment sous la meule », se repose un instant. Elle n'est presque plus de la terre, cette âme qui doit bientôt chanter le cantique des anges, et cependant, elle n'est pas encore du ciel. Mystérieux moment, où Dieu, satisfait des dons que lui a faits sa créature, trouve la mesure assez pleine, et avant que de lui en donner la merveilleuse récompense, achève en elle, dans le silence, le travail que ses yeux seuls voient encore inachevé. De tous les secrets de la vie surnaturelle, celui-ci est peut-être le plus incompréhensible, car, étant pécheurs, nous comprenons la rédemption du péché, nous comprenons encore qu'il soit nécessaire à la divine justice que des âmes pures achèvent, suivant l'étonnante expression de saint Paul, « ce qui manque à la passion du Christ » ; mais comprendre l'union de Dieu avec l'âme dès cette terre, comprendre ce qu'elle est et ce qu'elle exige de pureté, c'est à quoi nous ne pouvons arriver que très imparfaitement. Les âmes appelées à un degré quelque peu élevé de cette union divine la sentent plus qu'elles ne la comprennent, et restent impuissantes à l'exprimer. Quoi d'étonnant à ce que nous ne puissions en suivre ni même en deviner le travail et les progrès ? Ceux qui croient à l'amour de Dieu pour nous, respectent ces splendeurs cachées et en cherchent pieusement les rayons dans tout ce qui sort de ces âmes arrivées à l'immolation complète d'elles-mêmes. Dans leurs paroles, on entend le Christ, dans leurs actes, on le voit agir, dans leur cœur on sent battre le grand Cœur qui a sauvé le monde. *Christianus alter Christus.* Heureux ceux qui réalisent cette vérité avant la transformation éternelle ! C'est pourquoi nous recueillerons avec soin les dernières lettres de Marie-Anne. Écrites presque toutes à Paris, elles nous conduiront jusqu'à ses derniers jours.

Paris, Noël 1900.

« Ma chère petite Catherine,

« Que penses-tu cette année de notre douce fête de Noël, vraiment *notre* fête autrefois, si tu t'en souviens ? J'espère que l'Enfant Jésus aura parlé à ton cœur, non pas peut-être sensiblement et délicieusement, cela n'est pas nécessaire et pas toujours utile, mais fortement et suavement comme principe de générosité et de courage. Sans doute, tu as souvent médité, comme moi, sur la journée que dut passer, le jour du premier Noël, notre chère Mère, la sainte Vierge. Ne crois-tu pas qu'en voyant son Fils et son Dieu si petit, elle eut un immense désir de se rapetisser elle-même autant que cela était possible ? Et comme elle dut se pénétrer de cet esprit d'enfance si cher au Cœur de Jésus! Esprit d'abandon total, parfait, sans limites entre les bras de la douce Providence, esprit qui fait sentir à la fois et sa propre faiblesse, et la grandeur de notre Père du ciel, et sa toute-puissance qui nous soutient et nous rend si puissants nous-mêmes; enfin comme Marie dut croître encore en générosité et en désir de se donner, comme Jésus, pour le salut des âmes! Imitons-la, ma Catherine, et cherchons auprès de la crèche ce que Jésus veut que nous y trouvions : l'amour et l'imitation de ses vertus.

« Après tout, à quoi nous servirait de vivre si nous ne cherchions pas à ressembler à Notre-Seigneur ? Sa vie est notre voie. Point d'autre chemin pour aller au ciel. Les Epîtres de saint Paul ne sont pleines que de cette conformité avec Jésus-Christ, et de l'union nécessaire des chrétiens avec le Christ. L'Imitation ne parle pas d'autre chose. Tous les saints n'ont fait que de suivre les traces du divin Maître, et dans le ciel toute notre béatitude viendra de ce que nous serons les membres du grand corps dont le Christ est le chef et auquel il communique les délices de sa divinité... »

Paris, 1er janvier 1901.

« Ma chère petite Yvonne,

« La paix de Jésus ! Je pense que je te dois, comme toujours, bien des lettres, et je veux essayer d'y répondre, en te disant aussi combien je forme de vœux pour toi, pour que Notre-Seigneur exauce tes désirs, si c'est possible, et t'accorde la grâce de te préparer dignement, dans l'attente et l'espérance, à t'unir un jour à lui.

« Garde-lui bien ton cœur, au milieu des fêtes de ce monde. Jamais tu ne tiendras trop à le garder pur et immaculé, ce cœur dont Notre-Seigneur daigne rechercher l'amour. Les petites choses d'ici-bas brillent et font du bruit, mais elles s'envolent en poussière, et c'est de cette poussière qu'il faut préserver le cœur.

« Au milieu de tout ce qui demande ton attention et tes soins, garde la pureté d'intention. Ne te recherche pas, ne recherche pas ce que le monde peut donner, recherche Notre-Seigneur, et, les yeux fixés sur lui, méprise tout ce qui passe en un jour et qui cependant peut laisser l'âme plus lâche et plus inclinée vers la terre, si elle s'y arrête souvent un peu.

« Je pense que tu t'occupes de nos neveux. C'est une grande mission ; si tu le veux, tu peux y apprendre bien des choses utiles. Dans une maison aussi pleine que la vôtre, il doit y avoir souvent de l'abnégation à pratiquer. N'oublie pas que ton titre de future Réparatrice t'oblige à un rôle de dévouement et de générosité, et que si, dans le frottement quotidien, il faut mettre de l'huile dans les rouages, c'est ton affaire, quand même il devrait t'en coûter quelques efforts. »

Paris, 27 janvier 1901.

« ... Puisque tu me dis que tu crois avoir

besoin de points d'appui plus que jamais, je viens
t'offrir le secours de mon bras vigoureux! Ce que
je fais surtout pour toi, c'est de te recommander
souvent à Notre-Seigneur, et de lui demander de
te rendre, comme il veut que tu sois, c'est à dire
de réaliser en toi, *son idéal*. Quoi de meilleur?
J'ai pensé à toi ce matin en lisant ce mot de l'épî-
tre : *Pax Christi exultet in cordibus vestris...* Je
ne sais si tu l'as jamais remarqué : « Que la paix
du Christ tressaille de joie dans vos cœurs ! » Ce
mot de saint Paul exprime tous mes désirs pour
toi. La paix, domination calme de tout l'inférieur,
de tout ce que sainte Thérèse appelle la basse-
cour de l'âme. Il faut monter dans les étages
supérieurs, où on arrive, où on se maintient par
la prière. *Pax* ! Pourquoi se troubler ? Abandon !
Abandon ! « Dieu n'est pas dans l'agitation. »
C'était vrai du temps du prophète Elie, c'est peut-
être encore plus vrai du nôtre. Mais que cette paix
se réjouisse, qu'elle s'épanouisse en joie. Le mot
exultet exprime la joie extérieure et c'est pour cela
que Notre-Seigneur dit à ses apôtres : *Gaudete et
exultate*, ce qui semble synonyme et ne l'est pas.
Gaudete, c'est cette joie intime, profonde, inhé-
rente au cœur qui aime Dieu véritablement. Mais
elle doit se traduire. Rien peut-être n'est plus expressément demandé aux vrais chrétiens, car cela
demande l'exercice généreux de beaucoup de vertus, on peut même dire de toutes les vertus. Mais
aussi cette joie semble attachée à la pratique de
ces mêmes vertus. Rien ne la développe comme le

courage simple, aimant et généreux, avec lequel on donne tout à Notre-Seigneur. L'atmosphère de la vertu est la serre chaude où se développe et fleurit la joie. Que la paix du Christ tressaille donc de joie dans ton cœur, chère petite sœur ! Je t'écris ce que le bon Dieu met sous ma plume, sans préméditation, ni méditation. A Notre-Seigneur aussi de faire que cela t'aide un peu, comme c'est tout le désir de mon cœur, qui t'aime en lui. »

Paris, Pâques 1901.

« Deux mots seulement, hélas ! mais je veux tout de même t'envoyer l'*Alleluia* ! Je te souhaite de n'avoir plus en toi que Jésus, de vivre pour lui, et de lui, c'est le moyen d'être toujours heureuse, et de passer tranquillement sur tout ce qui passe sans y accrocher ou souvent même y déchirer son cœur. Le ciel seul est éternel ! Allons-y en paix, en amour, en patience. Sûrement il nous faudra souffrir, mais sans Vendredi saint, pas de jour de Pâques, sans *Crucifige* pas d'*Alleluia*.

« Allons ! tenons notre âme égale et sereine, par une tranquille énergie. Une fleur secouée à tous les vents laisse tomber la rosée du ciel. Mais le calme lis, sur sa tige ferme, la conserve, s'en nourrit, et en est tout étincelant.

« A Dieu, mon lis. Sois une rose si tu veux, mais sans épines.

« Toute à toi, en Jésus triomphant,

« Marie de l'Agnus Dei. »

Paris, Pâques 1901.

« ... Je vais toujours à peu près de même. Le beau temps, revenu depuis ce matin, va sans doute me faire du bien. Il faut bien se mettre au pas liturgique et prendre son essor pendant le temps pascal. Tout le monde est si bon pour moi que j'ai peur d'avoir mon paradis sur la terre. C'est aujourd'hui ma fête en religion et je suis bien touchée de la charité de toutes mes sœurs. Mère assistante ne craint pas de voler le bon Dieu pour m'apporter des fleurs délicieuses qui ont un double parfum : celui que le bon Dieu leur a donné naturellement, et celui qu'elles ont pris en passant un jour près du tabernacle. Ma cellule est toute embaumée. Jamais je n'avais eu un tel luxe, au milieu même de mes plus grandes vanités ! Notre-Seigneur, qui a pris pour lui les épines toutes sèches, les fait fleurir pour moi. »

Paris 28 avril 1901.

« ... Tu seras obligée de donner plus de toi-même, mais tu sais que « ceux qui espèrent dans le Seigneur changeront de forces », et Dieu fait les trois quarts et demi de ce qu'on fait pour lui. Tâche de trouver douce la voie dans laquelle il te mène, quelque amère qu'elle puisse sembler, au fond c'est vrai qu'elle est douce, car elle te conduit au bonheur infini. Je t'assure que les voies douces ne sont guère les voies des amis de Jésus, et comment ne pas le comprendre en pressant son crucifix ? Il en coûte à la nature de toujours se trouver

en face de ce qu'elle n'aime pas ; mais dans l'acceptation généreuse, dans le « oui » énergique de la
volonté se trouve le triomphe de l'âme. Ah ! si
nous pouvions voir monter notre âme, à mesure
que nous sourions à la croix, (au moins à travers
nos larmes) nous serions ravies. Dieu le voit et
cela suffit. Pour nous, laissons-nous abaisser,
aveugler, détruire à nos propres yeux, et ne con-
servons que l'*Amen* qui fortifie et l'*Alleluia* qui
soulève. Prions ! prions ! Dire tout à Notre-Seigneur, sans livres, sans méthodes, sans aucune
règle que celle d'un amour humble et fort, c'est le
secret des grâces innombrables...

« Il faut se le faire dire par Jésus, par tout le
monde, lire cela dans toutes les créatures, dans
tous les événements, comme si tout, en nous touchant, nous criait : Patience et courage, *sustine,
sustine* ! »

Paris, 19 mai 1901.

« Ma chère maman,

« Je pense que vous recevrez cette lettre au moment du départ de votre chère Yvonne, aussi je
vous écris pour vous dire combien je suis, par la
pensée et par la prière, près de vous, partageant
tout ensemble votre souffrance de la quitter et
votre joie de la donner au bon Dieu. Je pense que,
comme pour moi, c'est le *Magnificat* qui montera
de votre cœur à vos lèvres, un *Magnificat* peut-
être mêlé de larmes, mais qui n'en sera que plus
beau aux yeux des anges. C'est si beau de donner

ainsi ses enfants au bon Dieu ! Nous ne le verrons bien qu'au ciel, mais déjà, sur la terre, nous le comprenons bien un peu, et nous avons la certitude que, si c'est le bonheur pour ceux qui se donnent, c'est aussi le bonheur pour ceux qui acceptent et veulent cette offrande et qui y coopèrent de tout leur cœur. Le sacrifice d'Yvonne vous vaudra bien des grâces, ma chère maman, et Notre-Seigneur viendra de nouveau remplir cette seconde place laissée vide. Nous allons tant prier pour vous, à nous deux !

« J'ai vu dimanche mon oncle et ma tante X... Ils ont été charmants. Ils sont partis persuadés que je vais guérir, parce qu'ils m'ont trouvé : « l'œil vif et le teint frais ». Hélas ! il faudra donc que je sois bien malade pour avoir un regard moins méchant ! »

A la Révérende Mère générale.

Paris 28 mai 1901.

« Ma très Révérende Mère,

« J'ai trop attendu déjà pour vous dire combien est grande ma reconnaissance de ce que vous vouliez bien admettre ma petite sœur Yvonne au nombre de vos enfants, quoique mon exemple soit si peu encourageant, et que je ne fasse rien pour la chère Société, que lui donner du mal. J'espère que Notre-Seigneur permettra qu'elle ne me ressemble en rien et qu'elle puisse se dévouer pour deux. Elle est bien remplie de bonne volonté, et beaucoup plus solide que moi sous tous les rapports. Je prierai Notre-Seigneur de lui donner toutes les forces que je voudrais avoir et d'en faire une humble et généreuse Réparatrice qui soit pour vous une consolation, ma très Révérende Mère.

« J'ai aussi à vous remercier, et cela du plus intime de mon cœur, de ce que vous avez bien voulu m'écrire, au printemps. Je ne puis vous dire, ma Mère, quel bien vous m'avez fait. Vos encouragements et votre bénédiction sont pour moi une immense force qui m'aide à supporter les petites peines d'une vie de malade. Oh ! ma très Révérende Mère, que vous êtes bonne pour la dernière et la plus inutile de vos enfants ! Que peut-elle faire pour vous remercier ? Vous savez avec quelle ardeur j'offre à Dieu pour vous et pour la Société l'état dans lequel je suis, mais cela me semble bien peu, et je voudrais tant faire plus, et surtout me sanctifier pour donner quelque valeur à mon inaction.

« Permettez-moi de vous dire en finissant, ma très Révérende Mère, à quel point je suis touchée de la bonté que l'on a pour moi ici. Je ne crains que d'y être trop heureuse. La Mère supérieure, si surnaturelle et si dévouée aux intérêts de Notre-Seigneur, me fait un bien immense. Je pourrais dire la même chose de la Mère X..., et, en toutes mes sœurs, je trouve édification et secours. Chaque jour je me dis avec plus de conviction, que je suis cent fois indigne de vivre dans la Société, au milieu de telles âmes.

« Aussi, je me mets à vos genoux, ma Mère,

pour qu'en me bénissant vous me changiez un peu, et pour vous dire combien je suis heureuse d'être, malgré tout, votre enfant.

« Agréez, je vous prie, ma très Révérende Mère, l'expression du profond respect avec lequel je suis

« Votre soumise et dévouée fille en Notre-Seigneur. »

Paris, 7 juin 1901.

« Ma bien chère maman,

« La paix de Jésus ! Je ne vous ai pas écrit dimanche dernier, chargeant Thérèse de vous donner de mes nouvelles, ce qu'elle a fait, je pense. J'espère vous voir dans trois semaines à peu près, lorsque vous viendrez chercher Françoise, que je me réjouis d'avoir. J'espère que, pour le coup, je serai délivrée de mes plaques et de mes piles, que le médecin continue toujours à m'appliquer avec une constance chevillée au cœur. Il ne plaît cependant pas au divin Maître de se servir de ce remède plus que des autres pour me guérir. Bien peu importe. Je vous assure que de plus en plus je sens le besoin de me laisser aller comme un petit enfant entre les mains si tendres du bon Dieu. Au ciel, nous bénirons l'œuvre de cette maladie, parce que nous y verrons les secrets de l'action de Dieu. Commençons donc sur cette terre le *Magnificat* éternel. Maintenant qu'Yvonne va être les bras et les jambes, je puis encore mieux être le cœur qui prie, qui aime et qui souffre.

Notre Mère générale m'encourage et me soutient incomparablement. Elle est ici depuis quelques jours, la Révérende Mère provinciale aussi.

« ... A Dieu, ma chère maman. Je vous quitte pour écrire à Yvonne, qui n'a pas eu un mot de moi depuis qu'elle est ma sœur en religion. Elle m'écrit pourtant de bien bonnes lettres, où elle s'évertue à me dire *vous* et à m'appeler *ma Mère*, en se trompant souvent, ce qui fait un mélange très amusant de *tu* et de *vous*, souvent dans la même phrase. Je vais tâcher de faire mieux, mais ce n'est pas très sûr. »

A Yvonne.

« Tu dois me trouver étonnamment silencieuse et te dire que je reste bien indifférente à tes faits et gestes, pourtant si graves. Il n'en est rien, et si j'ai attendu pour t'écrire, c'est afin de voir comment les choses allaient tourner et de le faire avec plus de connaissance de cause. J'ai ardemment prié pour toi, d'abord au moment du départ, puis, pendant les jours de solitude à Pau, parce que je soupçonnais bien qu'ils seraient durs. Après le grand sacrifice, on a besoin de se jeter à pleins bords dans l'action et le dévouement, et non pas de rester en face de ce que l'on a quitté, sans connaître encore ce que l'on gagne. Mais Dieu est là ! Jetons sans compter dans le Cœur de Jésus toutes les agitations du nôtre. Si l'ennui, les regrets viennent t'assaillir pendant ta retraite ou les premiers jours du postulat, ce qui peut se faire, oublie-toi toi-même et, regardant Notre-Seigneur, dis énergiquement : « Ce n'est pas pour moi, c'est pour Dieu que je suis ici. Quand je devrais en mourir, je serais mille fois heureuse d'y être venue. » Je t'assure que le démon s'en ira et que la paix reviendra avec la joie. Plus tu avanceras dans la vie religieuse, plus tu en sentiras le bonheur. C'est un bonheur dont rien, dans le monde, ne peut donner l'idée. Il est très compatible avec de grandes et réelles souffrances ; mais il est si profond, justement, que la croix a beau labourer notre cœur, ce germe de joie ne s'en épanouit que mieux ! Tous les saints ont souffert, et dès cette vie ils étaient ce qu'ils sont : *des bienheureux.* »

Paris, 14 juin 1901.

« Il y a longtemps que je ne t'ai écrit, mais je n'ai pas cessé de prier pour toi, comme tu le penses bien. Aujourd'hui, fête du Cœur de Jésus (une des plus chères à mon cœur), je lui demande de t'apprendre toujours mieux ses deux vertus : la douceur et l'humilité. C'est là, nous dit-il, ce qu'il veut nous enseigner. Et il nous assure que, si nous le comprenons bien, son joug nous sera suave, et son fardeau léger. Mettons-nous donc à l'école du divin Maître. Dans cette science, comme en toute autre, les premières leçons sont souvent un peu difficiles, et nous resterons sans doute longtemps avant de les bien retenir, mais plus nous en saurons, plus nous en voudrons savoir, car rien n'est attirant comme Jésus, rien n'est aimable comme ses leçons. — Courage et patience, c'est la clef de toute sainteté ! A chaque instant. il faut se remonter, se dire : courage ! allons, *sustine* ! Soutiens, supporte, avance toujours, tiens-toi ferme. »

Paris, 7 juillet 1901.

« ... Je passe prosaïquement la fête de Mère supérieure dans mon lit, comme les autres jours. Je ronge bien un peu mon frein, mais pourquoi ? Ne vaut-il pas mieux sacrifier les fêtes d'ici-bas pour mieux mériter les incomparables fêtes de là-haut, et obtenir aux pauvres pécheurs la grâce d'en jouir un jour ?

« Yvonne m'écrit des lettres radieuses de bonheur, et qui prouvent aussi qu'elle s'est mise généreusement à l'œuvre. Son entrée a causé une grande joie dans notre si charitable et si aimante Société, où elle était attendue avec impatience par mes petites sœurs du noviciat auxquelles j'avais si souvent parlé d'elle. Je suis bien touchée de tous les témoignages de congratulation qui m'arrivent de tous les côtés. Notre très Révérende Mère générale, qui est ici, est incomparable de bonté. Je voudrais bien maintenant lui offrir X... Mais que de prudence, de délicatesse et surtout de prières il faut, pour prendre ce petit poisson à la ligne du bon Dieu ! »

« Ma chère petite sœur,

« La paix de Jésus ! Je commence par te sou-

haiter de tout mon cœur une bonne et sainte fête,
demandant à ton saint patron de t'obtenir son
amour si ardent pour le bon Dieu et beaucoup de
choses qui doivent faire ton bonheur en ce monde
et dans l'autre. Moi aussi, ma chère petite sœur,
j'ai été heureuse de te voir à Paris. Je regrette
seulement que cela ait été court et que nous
n'ayons pu causer plus à fond. J'aurais eu encore
beaucoup de choses à te dire, et par lettres, ce
n'est jamais tout à fait pareil. — Il me semble, ma
chérie, que tu n'as pas du tout compris l'état dans
lequel le bon Dieu me met. et que facilement tu
mettrais *ton* esprit à la place du *sien* (gare à l'esprit
propre). Il n'y a pas de dévouement dont la souffrance puisse se comparer à celle de l'inaction,
car dans l'action la nature trouve presque toujours
une petite satisfaction, si légère soit-elle, mais
dans l'inaction, l'impuissance, l'inutilité, elle n'en
a aucune. Tu n'as pas calculé, (et tu ne le peux
guère), tout ce qu'une souffrance physique qui
devient une véritable infirmité entraîne de sacrifices de toutes sortes ; *le cœur* dont tu parles n'est
pas plus épargné que le reste. Bref, tu peux être
tranquille. Dieu choisit pour ses Réparatrices, ce
qu'il y a de plus *réparateur*, et pour moi en particulier, il a su trouver le point sensible. et n'a pas
mis le doigt *à côté* de la plaie, comme tu le crains.
Adorons son action et laissons-le faire. Je ne dis
pas cela pour me donner des airs de victime, ce
qui serait très faux, mais pour redresser ton jugement, qui se forme trop vite et trop superficiel-

lement, et qui est habitué à compter un peu trop sur lui-même.

« Si tu te rappelles bien ce que nous disions, il faut que tu tâches de te diriger un peu moins toi-même, car ce serait t'exposer à te tromper bien souvent. Si intelligent, si éclairé que l'on soit, ou que l'on puisse se croire, on est toujours aveugle sur soi-même. Profite donc comme une grâce de la direction du Père X... Dis-lui bien tout et demande-lui une ligne de conduite sur toutes les principales choses. Tu verras que tu avanceras moitié plus vite, sans avoir besoin de tâtonner pour trouver ton chemin. Et puis, prie! Mais de la prière du cœur! Comme tu me le disais si bien, les belles pensées ne servent pas à grand'-chose. Je donnerais beaucoup pour que Notre-Seigneur t'enseigne le secret de la vraie prière. Là sont cachés tous les biens. Aussi est-ce une de mes plus fréquentes demandes pour toi, que celle de cette prière du cœur, intime, pénétrante, qui obtient tout et qui transforme la vie. Je sais bien qu'elle suppose beaucoup d'autres choses et que c'est une des plus grandes grâces de Dieu, mais nous ne pouvons rien sans la prière, pas même nous corriger d'un seul défaut, et ce n'est pas prier que de réciter des formules. Demande donc au bon Dieu de te donner un cœur très charitable pour le prochain, porté à l'excuser plutôt qu'à le condamner, et qui ne s'attache pas à *regarder* des défauts qu'il n'est pas libre de ne pas *voir*. Si Dieu nous jugeait comme nous jugeons les autres, que deviendrions-nous ? Sois aimable, sois bonne, sois charitable, et pour cela, ne te crois pas une perfection ; mais, oubliant tes propres qualités, recherche celles des autres et ferme les yeux sur leurs défauts. Tu auras beaucoup gagné quand tu en seras là. Et tu seras bien plus heureuse. Tu sais que Notre-Seigneur prend pour lui ce que nous faisons aux autres, bien ou mal.

« A Dieu, ma chère petite sœur. Prie pour moi et écris-moi souvent.

« Retrouvons-nous *in Corde Jesu*.

« Marie de l'Agnus Dei. »

Avant d'achever cette esquisse, trop imparfaite, d'une âme si réellement réparatrice, cherchons encore quelques traits qui nous montreront ce qu'était Marie de l'Agnus Dei dans les derniers mois de son existence. Plus retirée que jamais, au fond d'une cellule dont elle ne pouvait presque plus sortir, elle faisait l'édification de la nombreuse et fervente communauté de Paris. La supérieure écrivit après sa mort :

« Je ne peux oublier avec quelle respectueuse affection elle me recevait et quelle gratitude elle me témoignait pour le temps, relativement bien court, que je pouvais lui consacrer. Tout son bonheur était de s'entretenir de Notre-Seigneur et des choses spirituelles ; sa vie intérieure était intense, et son union avec Dieu très grande, continuelle, je crois ; c'est pourquoi la solitude ne lui pesait en aucune façon. — Parfois cependant,

elle subissait l'épreuve des tentations et la sous-
traction de la grâce sensible ; mais sa volonté
restait fixée en Dieu, et malgré les fluctuations
auxquelles elle était alors en butte, son âme
ne variait pas, si grande était la maturité de sa
vertu ! Dieu lui avait donné à un haut degré l'esprit d'immolation, et la réparation l'attirait sans
cesse. Un jour où l'on avait appris une mauvaise
nouvelle pour la cause religieuse, — le vote de
la funeste loi, ce me semble, — elle s'écria : « Et
le bon Dieu ne me prend pas ?... Cependant je
m'offre... je m'offre... je m'offre... comment faut-
il donc s'offrir pour qu'il accepte enfin ? » Elle
ne devait pas tarder à être exaucée. »

Une autre supérieure, de passage à Paris, un
mois avant la mort de Marie-Anne écrit : « Je ne
la connaissais pas, et je me trouvai auprès d'elle
dans une tribune. Cette religieuse si jeune et si
souffrante me frappa par son amabilité et sa phy-
sionomie céleste ; et au sortir de la chapelle, je
demandai son nom. »

Une Mère, malade comme elle, et ne pouvant
assister aux exercices de la communauté, racontait : « J'avais la permission d'aller chez elle
pour prendre ensemble un peu de récréation.
Dès que je la voyais, son charmant sourire me
mettait tout de suite la joie au cœur. Même au
milieu de ses plus cruelles souffrances, lorsque
je lui demandais de ses nouvelles, elle me répondait : « Je vais très bien. » Elle se trouvait, en
effet, toujours très bien selon la volonté du bon

Dieu, et elle se réservait de dire la vérité à son infirmière. Lorsque je voulais faire écrire quelque sentence sur une image j'allais la trouver, elle était toujours prête à obliger, quoiqu'elle eût tant de mal à remuer ses pauvres mains. »

Un petit trait, datant de plus loin, montrera combien elle était aimable et cherchait à faire plaisir. Une Mère sous la dépendance de laquelle elle était, au Mans, reçut un jour la nouvelle de son départ, pour le lendemain. Pendant la récréation, elle voit Marie de l'Agnus Dei qui dessinait, à la plume, une *Mater Dolorosa*, avec beaucoup d'empressement : « Pour qui travaillez-vous donc si bien ? » — « Pour celle qui part demain... J'ai voulu qu'elle emportât un bon souvenir de la maison qu'elle quitte. » Elle savait multiplier autour d'elle ces attentions délicates, qui, toutes petites qu'elles sont, touchent le cœur. Que de sœurs ont dit : « Au moment de ma prise d'habit, de mes vœux, de mon changement de maison, Mère Marie de l'Agnus Dei m'a donné une image, avec un si bon sourire et de si bonnes paroles, que j'ai toujours gardé l'image en souvenir d'elle ! »

Une religieuse âgée, qui avait été reçue dès les premiers temps de la Société et qui avait connu la Mère fondatrice, disait : « Notre chère petite sœur avait un vrai culte pour tout ce qui touche à la Société ; elle aimait à en entendre parler comme une fille aime à entendre louer sa mère ; elle ne se lassait pas d'entendre raconter ses débuts et la protection du bon Dieu sur elle. Pendant que la communauté allait en récréation, au jardin, le soir, ne pouvant y aller, je montais près de Marie de l'Agnus Dei, que je trouvais toujours avec son même sourire si doux. Aussitôt, nous parlions de la Société, et elle me demandait toujours, et toujours, les détails de la vie de notre vénérée Mère fondatrice. Elle ne pouvait guère parler, mais elle écoutait avec tant d'intérêt, ne laissant pas deviner ses souffrances, pourtant si cruelles, ses deux mains jointes sur son crucifix, et regardant avec une expression de profonde reconnaissance le Sauveur qui l'avait appelée dans cette chère Société. »

Elle était aimable et bonne avec la sœur infirmière qui s'occupait d'elle. Celle-ci, ne sachant pas écrire, avait prié Mère Marie de l'Agnus Dei de se faire son secrétaire. Depuis lors, malgré la difficulté que ses mains avaient à tenir la plume, elle proposait d'elle-même à la sœur d'écrire ses lettres ; pour elle, elle n'était jamais occupée, jamais fatiguée. Lorsque vint la fête de la supérieure, Mère Marie de l'Agnus Dei appelle la sœur, qui s'empresse d'accourir : « Hé bien ! ma Mère, que vous faut-il, voulez-vous que je vous habille ? » — « Non, non, c'est moi qui vais vous habiller aujourd'hui... Tenez, j'ai pensé que vous n'auriez pas d'image à envoyer à notre Mère, et j'ai fait celle-ci pour vous. »

Cette sœur infirmière, s'étant appelée, devant une des premières supérieures, son indigne fille, la Mère, se trouvant dans la chambre de Marie de l'Agnus Dei, demanda à la sœur pourquoi elle s'appelait ainsi, puis passant son bras autour du cou de la petite malade, elle ajouta : « Et celle-là, n'est-elle pas ma digne fille? oh! oui, ma digne fille ! »

Un autre jour, la même sœur s'approche de sa malade et lui dit : « Eh ! bien, ma Mère, que voulez-vous pour votre dîner ? » — « Qu'est-ce que je veux ? vous me demandez ce que je veux... mais *volo* et *non volo* ne sont pas dans nos règles. Apportez-moi ce que vous voudrez... Le seul mot de nos règles est obéissance. »

« Avant d'être malade, elle ne parlait jamais de sa santé, nous écrit une supérieure, c'était à son écriture que je constatais les progrès du mal. L'ayant suivie pendant ses deux années de probation, je connaissais intimement cette belle âme et savais dans quelle rude voie le Seigneur la faisait marcher, la soutenant de sa grâce, tout en lui refusant toute consolation sensible. Un jour, elle m'écrivit : « Le bon Dieu me prend bras et jambes, depuis ce jour le ciel est devenu bleu, remerciez avec moi. » Une autre fois, c'était encore plus accentué : « Jamais je n'ai été si heureuse que depuis que le bon Dieu m'a pris ma langue, mes bras, mes jambes... Fallait-il que je sois mauvaise pour que le bon Maître soit obligé d'employer de tels moyens ! »

Ce fut toujours une de ses plus rudes épreuves, que d'être incapable de rendre des services actifs à la Société. Elle en souffrit jusqu'au dernier jour ; aussi s'ingéniait-elle à se rendre utile dans de petites choses. Elle dessinait, elle peignait des images, et était heureuse quand elle apprenait qu'on avait pu en tirer profit. Elle réussit à se procurer des timbres étrangers, et nous nous rappelons sa joie, un jour qu'elle avait pu faire vendre dix francs, un timbre rare.

.D'une angélique patience, on ne l'entendit jamais exprimer une plainte, un regret, pas même un désir... Elle se laissait faire avec une entière abnégation d'elle-même, recevant tout avec reconnaissance, remerciant avec effusion de cœur, ne demandant jamais rien. Il fallut que, par un ordre exprès, sa supérieure, après s'être aperçue que la chère malade avait supporté plusieurs fois des privations sans les faire connaître, l'obligeât à avertir lorsqu'elle manquerait d'une chose ou d'une autre, par erreur ou par inadvertance.

Comme elle ne pouvait presque plus manger, on était obligé de lui servir toujours de la viande haçhée, et un jour qu'on lui demandait si elle ne se fatiguait pas de voir invariablement arriver le même petit menu, elle répondit : « Oh ! je n'y fais pas attention ; et puis, ne pouvant pratiquer la pénitence, c'est bien le moins que je ne fasse pas de gourmandises. »

Elle ne quittait sa chambre que pour descendre à la tribune et communier ; aussitôt la messe terminée, elle remontait lentement, soutenue par la sœur infirmière. En la voyant passer, si recueillie, on avait l'impression de la présence de Jésus, qui avait fait de cette âme sa demeure particulière. Elle semblait déjà vivre dans l'au-delà, loin de tout ce qui l'entourait... Cependant, lorsqu'on allait la visiter, elle accueillait avec une douce amabilité, s'intéressait à tout, se montrait toujours contente et sereine... C'est sans doute durant une de ces journées qu'elle a écrit ce petit billet, sans date, qui prouve combien elle était fidèle à la mortification continuelle en toutes choses :

« Dernièrement, je trouvai dans un de mes repas une chose qui me causait beaucoup de dégoût. Notre-Seigneur me demanda de vaincre mes répugnances et de la manger. Je le fis aussitôt. Au même moment, il me sembla (sans rien voir ni rien sentir extérieurement, du reste) que l'eau du côté de Jésus, coulant sur mon âme avec une extrême abondance, la purifiait et la rafraîchissait. Et j'entendis Notre-Seigneur me dire avec beaucoup d'amour : *Vulnerasti Cor meum in uno crine colli tui.*

« J'éprouvai une extrême confusion et humiliation à la pensée de la générosité de Dieu comparée au peu que je savais lui offrir, avec le désir d'être plus fidèle à l'avenir. »

Quand une âme en est arrivée à cette hauteur et à cette union continuelle avec Dieu, il n'est pas étonnant qu'elle n'aspire plus qu'à une chose : détruire ce qui pourrait rester d'elle-même, pour n'avoir plus d'existence que dans l'Être infini. La dernière page du carnet, auquel nous avons emprunté tant de lignes, est la suivante, et elle nous semble digne de terminer aussi les emprunts que nous y avons faits. Que pourrait-on lui ajouter ? Elle commence par la destruction de toute personnalité propre, et l'on pourrait dire qu'elle ne finit pas, puisqu'elle se perd dans l'éternité.

23 mai 1901.

« *Il faut qu'il croisse et que je diminue.* — O Jésus, je veux accepter toute votre action sur moi dans tous ses détails. Je veux ma croix, ma pauvreté, mon anéantissement. Mais au-dessus de tout cela, je veux vous aimer, vous faire aimer, et cela dans toute la mesure où une créature en est capable.

« Me voici ; c'est un simple acquiescement à la volonté détruisante de Dieu et une coopération à sa double action : l'une qui m'anéantit, l'autre qui élève Jésus-Christ sur mes ruines. Sans me croire quelqu'un ou quelque chose parce que j'ai été choisie pour le sacrifice, sans me parer de ces grands mots de victime, d'âme immolée, je dois en avoir l'esprit. — Sacrifice complet d'abord d'accepter tout simplement la souffrance physique, persuadée de plus en plus que je suis une machine à souffrir. Puis, ne pas me révolter, ne pas me cabrer devant la souffrance morale, devant l'aridité, l'impuissance, la paralysie de mes facultés devant Dieu. Là encore, être simple, et faire ce que je puis, sans me désoler de ma pauvreté. — Esprit de sacrifice dans tous les détails de ma vie... mes désirs, mes attraits, mes affections...

les voir contredits, éloignés, sans révolte, avec paix, autant que possible avec joie. — Oh ! oui, me réjouir de tout ce qui m'enlève un morceau de moi-même, et tenir toujours tout mon être devant Dieu, pour qu'il y travaille selon toute l'étendue de sa volonté !

« Donc, état de simple et complet abandon, mais ne pas m'arrêter là, m'oublier moi-même et regarder Dieu... Oh ! que de grâces intérieures dans mon état extérieur ! Quelle facilité de vivre face à face avec Dieu, dans une atmosphère de prière continuelle et de communication incessante avec le ciel ! « Notre conversation est dans le ciel ! » C'est par là seulement que je dois être utile à la Société, aux âmes... Il faut que je devienne entièrement surnaturelle, que je ne vive plus que de foi, et que ma vie entière soit le principe de la vie d'un grand nombre d'âmes. C'est ma mission propre. Mais je ne dois pas oublier que les humbles seuls sont les canaux de la grâce et que je ferai du bien dans la mesure où je serai détruite et changée en Notre-Seigneur.

« Oh ! de grâce, je m'en supplie moi-même, soyons humble. N'ayons pas peur de ce qui humilie... allons au devant !

« Je me plains trop, je ne souffre pas assez allégrement, j'ai trop l'air de souffrir. Sans doute, il ne faut pas une contrainte poussée à l'extrême. Notre-Seigneur ne s'étonnera pas que je laisse voir à Mère supérieure, au Père, que je suis souvent bien écrasée. Mais mes sœurs ne doivent voir que la joie. Elles ont assez de croix pour ne pas ajouter la mienne aux leurs. Souvent c'est cette pensée qui m'empêche aussi de parler simplement aux supérieures. Elles ont tant à souffrir, que je m'en veux de leur parler de mes croix. Mais elles savent bien, au fond, que c'est mon bonheur et ma grâce, et je dois croire qu'elles s'en réjouissent, comme moi, par la foi. Ah ! les supérieures ! Comme je dois prier pour elles ! Comme je voudrais les soulager, les aider... c'est mon vieux rêve, d'être leur joie... Pour cela, il faut que je devienne une sainte, cela suffit.

« Être sainte ! Je le puis donc encore ! oui, et c'est pour cela que tout se fait en moi. Oh ! Jésus, aidez-moi à devenir sainte, humblement, douloureusement, patiemment, mais véritablement. Il n'y a absolument que cela devant moi. Toute espérance humaine, tout bonheur naturel, tout horizon terrestre ont disparu. Jésus est là, seul devant moi, idéal divin, ravissant de beauté, sous les plaies qui le couvrent... et il m'appelle à l'imitation parfaite de sa vie... O vie intime de Jésus ! vie de dévouement sans limite aux intérêts des âmes et à la gloire du Père céleste ! mon âme a été séduite par vous !... J'ai compris ce que Jésus veut de moi, ce qu'il me demande, et quoi qu'il en coûte : *En ego, o bone Jesu, tecum in labore ! tecum in cruce ! tecum in terra, ut sim tecum in cœlo per infinita sæcula sæculorum. Amen.* Me voici, ô bon Jésus, avec vous dans le travail, avec vous sur la croix, avec vous sur la terre, afin que je sois avec vous dans le ciel, dans les siècles des siècles. Ainsi soit-il. »

Pendant que Marie de l'Agnus Dei souffrait et priait en silence, de graves événements politiques menaçaient de troubler la paix, qu'elle avait si chèrement achetée. C'était le moment où le vote de la loi sur les associations allait ouvrir à tant de communautés religieuses la route de l'exil. Les supérieures de la Société de Marie-Réparatrice ne jugèrent pas devoir conserver leurs maisons de France, après le vote de la loi. Elles résolurent d'envoyer toutes les religieuses françaises à l'étranger, et de les disséminer dans les différents établissements qu'elles y possédaient. Le noviciat de Toulouse, où venait d'arriver Yvonne, se prépara à partir pour la Suisse, mais comme on avait l'intention de diriger Marie de l'Agnus Dei vers la Belgique, on eut la délicate pensée de destiner, par exception, sa jeune sœur au noviciat de Tournai. C'était encore l'exil et encore la séparation, mais elle semblait moins complète, et, étant plus près l'une de l'autre, les deux sœurs auraient plus de chances de recevoir la visite de ceux qu'elles aimaient. Cette décision n'était pas encore connue de celles qu'elle concernait; jusqu'au dernier jour, elles devaient rester dans l'ignorance; les communautés de France savaient seulement, en général, qu'elles allaient se dissoudre, et c'était suffisant pour faire couler bien des larmes, et pour exiger bien des sacrifices. Ce fut dans ces jours d'angoisse que se donna à Paris la dernière retraite, prêchée en terre française, pour le couvent de la rue de Naples. On se souvient que, l'année précédente, Marie de l'Agnus Dei avait écrit : « l'année prochaine je serai la retraitante de l'éternité ». Elle disait vrai, car un mois à peine la séparait maintenant du jour de sa mort et de plus, il lui était impossible de suivre les exercices communs. La supérieure voulait la dispenser complètement de cette retraite, mais la fervente malade ne l'entendait pas ainsi. On lui accorda de passer seule, sous le regard de Dieu, cette semaine précieuse : « A peine, écrit la supérieure, avais-je le temps d'entrer rapidement chez elle. A ma demande, si quatre méditations par jour ne seraient pas une trop grande fatigue : « Oh ! pas du tout, me répondit-elle, être seule avec Dieu, c'est mon repos, c'est le bonheur de mon âme, je voudrais... oh ! je voudrais que toute la vie fût une retraite !... et je sais, ajoutait la Mère, que, durant sa solitude, Notre-Seigneur la combla de grâces bien spéciales. »

Nous ne voudrions pas imposer à ceux qui liront ces pages l'ennui de voir s'aligner, les unes à la suite des autres, les méditations, toujours les mêmes, qui forment le fond d'une retraite. Nous demandons seulement à tirer de ces quelques feuilles, écrites avec peine d'une main défaillante, quelques pensées plus personnelles. Ce sont les derniers élans vers Dieu de cette âme angélique, sa dernière contemplation, à travers les voiles de la foi, de Celui qu'elle était si près d'aller connaître tel qu'il est. Qui nous dira les secrets de cette prière si pure ? Que se passa-t-il pendant les instants précieux où, déjà seule avec Dieu seul, Marie de l'Agnus Dei regarda derrière elle sa vie, et devant elle, l'éternité ? Ceux qui purent l'approcher pendant ces huit jours ont gardé l'impression de quelque chose de céleste qui se passait en elle. De ces derniers jours date évidemment la prière que nous citons :

« O Jésus crucifié, prosternée en esprit aux pieds de votre sainte croix, je viens accepter une fois de plus la part de souffrance que vous m'en avez faite, et vous offrir de nouveau en sacrifice tout mon être extérieur et intérieur, afin que vous en disposiez à votre plus grande gloire, de la façon qui vous plaît. Je proteste du fond de mon cœur, ô mon bon Maître, que je ne veux plus vouloir ou désirer autre chose que l'exercice de votre action sur moi, et que je renonce à l'avance à tout désir et à toute prière qui s'opposerait à cette divine action. Je reconnais la sagesse, la sainteté et la miséricorde dont votre œuvre est pleine. Je les adore et je les bénis. Je vous supplie, par toutes vos douleurs, de ne jamais permettre que j'agisse autrement que vous n'agissez vous-même, mais au contraire, de m'accorder la grâce de seconder votre action en m'anéantissant de plus en plus. Faites, ô Jésus, que toute ma nourriture soit de faire votre sainte volonté. Je vous demande, pour me tenir lieu de toutes choses, votre saint amour et votre divine grâce, avec une fidélité parfaite, et une patience persévérante jusqu'à la fin. Soyez avec moi, Seigneur, de peur que mon âme ne défaille sur la route, et ne me quittez pas, car la nuit s'est faite autour de moi et m'entoure de son ombre. Que votre croix soit mon appui, l'instrument de mes victoires et de mes conquêtes. Que j'y vive unie à vous, clouée avec vous, aussi longtemps qu'il vous plaira, et qu'un jour enfin, ô mon Bien-Aimé, après vous avoir gagné beaucoup d'âmes et procuré toute la gloire que je puis vous procurer, je puisse aller m'unir à vous dans le séjour de la joie éternelle et vous suivre partout où vous irez, en chantant au ciel le cantique de l'Agneau triomphant, après avoir chanté sur la terre le cantique de l'Agneau immolé. »

Puis elle entre dans le vif de ses considérations :

« ... Dieu m'a créée trois fois : 1° Il m'a tirée du néant ; 2° Il m'a tirée du monde ; 3° Il m'a tirée de l'activité. — Créature, Réparatrice, Victime, comme les liens qui m'attachent à Dieu se resserrent !... Dieu agit sur moi d'une manière particulièrement directe. Il n'y a plus en moi de place pour autre chose que lui. Le monde m'est fermé. Grâce incomparable !... Il me semblait entendre Notre-Seigneur me répéter : *Hostiam laudis*! Je veux que tu me sois une Hostie de louanges. Compte sur ma toute-puissance. »

« ... Mon cœur doit être un canal parfaitement

imperméable. *Aucune* créature ne doit y séjourner, toutes celles qui y entrent doivent en sortir du côté de Dieu. Rien, rien pour moi seule, toujours Dieu en vue. Je ne dois pas m'attacher aux âmes les plus élevées, les plus délicates, je dois chercher Dieu en elles, et puis passer, riche de mon trésor, et fuyant le naturel qui me l'enlèverait. Plus Dieu rend mon cœur tendre, plus il me demande un détachement *absolu*, par amour pour lui seul.

« ... Il y a des moments où Dieu pénètre l'âme tout entière. Elle est baignée en lui, plus que l'éponge dans l'océan, c'est ce qu'il faut chercher toujours, en se jetant, tête baissée, dans l'abîme, c'est-à-dire dans le Cœur infini de Dieu. Alors, on oublie toutes les créatures et soi-même. L'âme se *divinise*. Dieu agit, Dieu prie en elle. Elle sort de là toute pleine de lui. Ah ! que les âmes unies à Dieu font du bien ! Un mot d'elles vaut mieux qu'un discours. — Mon Dieu, je vous chercherai. J'ai désiré de toute mon âme de m'unir à vous ; donnez-moi ce qu'il faut pour cela, même et surtout si c'est très dur à ma nature. *Ostende mihi faciem tuam !*

« ...*Sitio !* Et de quoi, mon Jésus, avez-vous soif encore ? Ce n'est plus de souffrances, vous en êtes abreuvé ; ce n'est plus d'opprobres, vous en êtes saturé... — J'ai soif de ton âme, de ta perfection, de ta sainteté. J'ai soif de te voir monter à ma suite au Calvaire. J'ai soif de te voir prendre ma place sur la croix, que je vais quitter, et y souffrir, pour achever ma Passion et sauver les âmes à ma suite. »

Intimement convaincue de sa mort prochaine,
elle note :

« … Trois dévotions propres à préparer une sainte
mort : *Saint Joseph* (j'ai été frappée des rapports
de sa vie avec celle que Dieu m'a faite — l'aimer
davantage, —) *la très sainte Vierge; le Cœur de
Jésus*. Qu'il est doux de mourir après avoir eu une
constante dévotion au Cœur de Celui qui doit nous
juger !… Voici l'heureux moment où je vais m'abî-
mer dans le Sacré Cœur de Jésus !

« J'ai remarqué plus d'une fois que les âmes
simples meurent simplement, sans faire d'embarras. C'est une raison de plus pour me simpli-
fier. J'ai peur, et j'ai toujours eu peur, du moment
de la mort. Je voudrais bien l'avoir passé. O Jésus,
ô Marie, ô Joseph, je me confie à votre tendresse !
*Maria, mater gratiæ, dulcis parens clementiæ, tu
nos ab hoste protege et mortis hora suscipe.*

« … Du fond de l'hostie, Notre-Seigneur me dit
sans cesse : « Mon âme est triste jusqu'à mourir,
demeure ici et veille… » Demeurer où ? Dans la
nuit, dans les ténèbres, dans la solitude, dans
l'union au Cœur broyé pour nos crimes.

« Notre-Seigneur a eu la prescience de toutes
ses souffrances. Pas une qui puisse échapper à son
regard, avec toutes ses circonstances et son degré
infini. Il ne veut pas que, moi, je prévoie les souffrances de demain : je suis trop faible… Mais il
veut qu'une Réparatrice soit sûre de souffrir beaucoup, qu'elle l'accepte, qu'elle le veuille, qu'elle
le désire, qu'elle en ait soif et que, d'une façon

générale, elle soit prête... qu'elle se prépare à tout. »

Puis, un soir, son regard plonge encore plus avant dans la beauté infinie. Son âme s'élève plus haut, s'avance plus loin dans cette union ineffable, et nous la laisserons raconter cette heure divine, n'osant pas changer un mot à la relation qu'elle en fait :

« ... Notre-Seigneur m'a montré les amants de son Cœur, mes chères saintes, mais surtout Marguerite-Marie et les trois petits saints, mes frères... Et Notre-Seigneur m'a dit : « Veux-tu ? » Un grand désir s'est formé dans mon cœur. Alors Notre-Seigneur, découvrant le sien, me l'a montré rempli de grâces que personne ne songe à lui demander, ou plutôt qui ne peuvent pas se répandre parce que les âmes ne se préparent pas à les recevoir. Je les ai demandées ardemment. — Alors Notre-Seigneur m'a demandé un complet oubli de moi-même, me priant de me laisser là, et de vivre en face de son Cœur, livrée à ses divins vouloirs. Il m'a promis que sa générosité répondrait à la mienne, ses grâces à ma fidélité, avec la différence de l'infini au néant. Dans sa miséricorde, il m'a prévenue que la lutte contre le *moi* serait longue, que je serais heureuse et qu'il se montrerait satisfait si ce *moi* était tout à fait vaincu au moment de ma mort. Il m'a montré qu'il me faudrait bien des opérations douloureuses pour le détruire et que la nature passerait par bien des morts, avant la mort définitive. Il m'a demandé pour toute provision de guerre, une volonté persévérante, que rien ne décourage et deux certitudes : la première, que la destruction du *moi* m'est absolument impossible à moi-même, la seconde, que le Cœur de Jésus veut l'opérer en moi et qu'il le fera, pourvu que je sois seulement fidèle. Il m'a demandé pour moyens la fuite de tout retour consenti, un abandon sans limite, de travailler autant que je le pourrais, et quand je ne le pourrais plus, de rester devant lui comme une hostie d'holocauste, livrée à toute l'étendue des volontés de son Cœur. Il m'a montré qu'il voulait se servir de moi pour les âmes.

« Je me suis offerte à porter le poids de sa justice et de sa sainteté, comme les amantes de son Cœur, mais en lui déclarant bien que je ne m'en sentais pas la force. Je lui ai dit que je lui demanderais bien les sacrifices les plus pénibles, mais que je pourrais me tromper en cela, et que j'aimais mieux m'abandonner au bon plaisir de son Cœur.

« Il a fait comme une nouvelle union entre lui et moi ; lui pour agir, moi, pour supporter. Je ne puis pas rendre ce qui s'est passé. C'est tellement intime et insensible que l'âme seule en garde le trésor, ce n'est pas fait pour les sens... C'est d'une profondeur dont l'âme seule est capable.

« Je sais que le démon va tout faire contre cette grâce. Le moyen de la conserver, c'est de croire à l'amour du Cœur de Jésus, et de me mettre généreusement à l'œuvre qu'il m'a demandée.

« Il fera tout pour moi si je le laisse faire. »

Après avoir reçu cette grâce, dont nous ne cherchons pas à connaître le prix, la reconnaissance éclate et le cœur de Marie de l'Agnus Dei déborde :

« O vous, qui m'avez tant donné pendant cette retraite, envoyez-moi maintenant votre Saint-Esprit... Vous me ravissez votre présence sensible, ô vous que je voudrais toujours voir d'aussi près, mais je sais que vous ne me reprendrez pas vos grâces. Donnez-moi cependant le Consolateur, ô bon Jésus, cet Esprit de vérité qui m'enseignera toutes choses...

« — Il t'est nécessaire que je m'en aille, car si je restais toujours, l'esprit ne descendrait point en toi. Tu tiendrais au sensible, à ce qui touche sensiblement ton cœur... Et puis, quel sacrifice coûte quand je suis là ? Quelle générosité prouve-t-on dans la douceur de ma présence ? Crois que mon Cœur ne te quittera jamais. Puise en lui ta force, ta vie. Regarde le ciel et console-toi par la pensée que moi, ton Jésus, qui ai si douloureusement vécu pour toi, je suis couronné d'une gloire et d'un bonheur sans mesure. Si tu m'aimes purement, ta peine ne tardera pas à se consoler. »

« ... *Quid retribuam* ? Ma retraite a commencé par l'abandon, elle finit par l'abandon, mais avec beaucoup plus de conviction encore... Maintenant nous sommes sûres de l'exil avec toutes ses suites. Le cœur se brise à la pensée de toutes ces maisons vides, ces chapelles désertes... Ah ! il faut l'aimer autant de fois plus, ce Jésus plus persécuté que nous. — J'ai demandé à Notre-Seigneur de se choisir des cœurs qui le portent comme un ostensoir et qui restent anéantis devant lui, dans l'adoration et l'amour. Je veux que mon cœur soit un de ces cœurs. — O Jésus poursuivi, persécuté, chassé, venez vous reposer en moi... Je serai votre tabernacle, votre ostensoir, votre hostie, si vous daignez l'accepter. Donnez-moi seulement votre amour et votre grâce, cela me suffit. »

Enfin, comme il lui fallait terminer par des résolutions pratiques, comme si elle avait des années à passer sur la terre, elle écrit cette belle page qui montrera, suivant le mot d'une de ses Mères : ce que Jésus était à cette âme et ce que cette âme était à Jésus.

« *Omnia possum in Eo qui me confortat.*

« Notre-Seigneur me demande la pratique d'une entière simplicité, qui sera pour moi l'expression la plus réelle de l'humilité.

« Elle doit se traduire :

« 1° *Envers Dieu*, par un abandon d'enfant entre ses bras, par rapport à sa très sainte volonté sur moi ; par le même abandon et une absolue confiance dans mes rapports avec lui.

« 2° *Envers mes supérieures*, par une manière d'être beaucoup plus abandonnée, confiante, limpide ; par plus d'esprit de foi.

« 3° *Envers mes sœurs* par l'attention à chercher Dieu seul dans tous mes rapports avec elles, évi-

tant toutes les recherches et retours d'amour-
propre, me donnant sans détour, pour tâcher de
donner Dieu.

« 4° *Envers moi-même*, par la répression absolue de tout retour satisfait et vaine complaisance,
par la lutte sérieuse contre tout ce qui me retourne
vers moi-même, par la tendance continuelle à
m'oublier pour vivre en face du Cœur de Jésus,
et m'occuper de lui, comme il me l'a demandé.

« Notre-Seigneur me demande encore deux choses :

« 1° Le sacrifice de toute satisfaction d'intelligence et de cœur que je goûterais complètement
en dehors de lui.

« 2° Une extrême fidélité à saisir toutes les
petites mortifications qu'il m'inspirera, pourvu
qu'il n'y ait pas de dommage pour ma santé et que
cela ne me trouble pas.

« Il m'a promis, en échange de tout cela :

1° D'accomplir en moi toute sa volonté.

2° De m'unir intimement à son Cœur.

3° De se servir de moi pour son œuvre.

4° D'être mon secours, mon appui, mon Maître
en toutes choses.

« Seigneur, mon âme a espéré en vous et vous
m'avez dit que, par votre grâce, je ferai ce que je
vous ai promis. Aussi, je compte sur vous, et
j'oublie mon impuissance pour ne voir que votre
Toute-Puissance. Cœur de Jésus, agissez sur ce
néant qui s'abandonne... Vous savez tout, vous
pouvez tout, Seigneur, et vous m'aimez !

« *Misericordias Domini in æternum cantabo.* »

A la suite de cette retraite, Marie de l'Agnus Dei eut la joie de revoir sa mère, sa sœur aînée, sa sœur Françoise et l'une de ses jeunes nièces, qui vinrent l'embrasser avant son départ pour Liége. C'était la dernière entrevue avant le rendez-vous suprême des familles chrétiennes, le seul qui ne craigne plus la séparation. Dans cette maison, déjà à demi démeublée, qui servait de passage à une foule de religieuses, se rendant, de leur couvent désert à d'autres souvent lointains, au milieu de l'inévitable désarroi d'un tel moment, la chère petite enfant vint vers les siens toujours souriante. Elle trouva le courage de se lever et de se faire habiller pour les recevoir, on la soutenait pour l'amener jusqu'à la chambre de sa mère, et là, croisant sur ses genoux ses mains amaigries, s'efforçant de sourire et de parler de son mieux, elle regardait tendrement ceux qui lui étaient si chers. Un matin, elle prit tout près d'elle sa nièce Marie et, lui mettant sur la tête un coin de son voile bleu : « Regarde comme cela te va bien, Marie, c'est fait pour toi. Je demanderai au bon Dieu que toi et tes sœurs vous soyez Réparatrices. » — Elle eût voulu attirer tout ce qu'elle aimait sur ses pas !

Marie-Anne aimait profondément les siens. Elle les aimait comme font les âmes saintes, en Dieu et pour l'éternité ; elles les aimait comme font les âmes fortes, avec une fidélité que l'absence,

les déceptions, les chagrins mêmes, de sauraient
ébranler ; elle les aimait comme font les âmes
tendres, avec une ardeur d'autant plus réelle
qu'elle était rarement et rapidement exprimée.
Elle ne témoignait pas son affection par de grandes démonstrations extérieures, sa vie était trop
surnaturelle pour cela ; mais on sentait qu'elle
portait ceux qu'elle aimait, sans cesse, dans son
cœur ; ils lui étaient inséparables, dans la réalité
très haute, très pure et très vivante de l'amour
chrétien. Elle cherchait incessamment à leur
prouver cette persistance d'amour, au milieu
d'une existence que beaucoup croient entièrement
dépourvue de tendresse et de souvenirs, et, pour
la dernière fête de sa mère, elle eut la touchante
pensée de composer des cantiques qu'elle intitula :
Chants du Patys. Elle les adapta sur des airs connus, les réunit en une sorte d'album qu'elle
illustra, d'une plume gracieuse. La première page
portait une petite vue du Patys, faite de mémoire
et étonnamment fidèle ; une autre montrait, age-
nouillées côte à côte, comme elles auraient pu
l'être et ne le seront jamais sur la terre, les deux
Réparatrices, sorties du nid familial ; une autre
rappelait l'église de Marans, la Croix-Rabault, un
petit pèlerinage très en honneur dans le pays ; et
c'était ainsi tout son cœur, toute son enfance et
toute sa vocation qu'elle exprimait à sa manière.
Une autre fois, elle peignit, pour sa mère, une
image, sur laquelle elle réunit, au moyen d'emblèmes, chacun des membres de la famille, en y

ajoutant les grands amours avec lesquels elle avait été bercée : Dieu, l'Eglise, la France et le roi. Quant à son père, il était partout dans sa vie. Ses derniers jours furent employés à essayer de tracer un portrait de lui, d'après une photographie qui ne la quittait jamais, et surtout d'après l'impérissable souvenir qu'elle portait en elle. Ne s'éloignant jamais de Dieu, Marie-Anne ne s'éloignait pas non plus de ses affections du ciel, réalisant, dans une de ses significations les plus douces, la parole de l'Apôtre : « Notre vie est cachée en Dieu, avec Jésus-Christ. »

Mais la joie de revoir sa mère devait être payée par un dur sacrifice. Après le départ de Mme Hervé-Bazin, Marie de l'Agnus Dei partit pour Liége et pendant qu'elle s'éloignait de Paris, sa sœur Yvonne, revêtue de la veille de l'habit de Marie-Réparatrice, y arrivait, croyant l'y retrouver encore. Elles ne devaient pas se revoir ici-bas. De part et d'autre, la souffrance fut sentie et généreusement acceptée. Pour consoler sa sœur, à peine arrivée à Liége, Marie-Anne écrit :

Liége, 29 septembre 1901.

« Ma bien chère sœur,

« La paix de Jésus ! J'ai reçu votre longue et bonne lettre ; merci des détails qu'elle me donne. Notre-Seigneur vient de vous porter un rude coup et de vous traiter en vraie Réparatrice. Cela prouve qu'il vous aime tout particulièrement et qu'il veut vous faire aller très loin dans la perfection, pourvu que vous soyez fidèle. Je pensais bien, en quittant Paris, que je m'en allais juste à point pour vous manquer, mais c'était le moment ou jamais de boire le calice tout entier et d'un cœur généreux. J'ai beaucoup plus souffert de votre sacrifice que du mien, car c'est autrement dur de quitter son noviciat au lendemain de sa prise d'habit, que de changer pour la cinquième fois de maison, comme moi. Mais surnaturellement je me suis réjouie de voir comment Notre-Seigneur vous traitait ; comment il commençait déjà à vider votre cœur de *tout* pour le remplir Lui-même. C'est en cela aussi qu'a consisté ma propre joie en quittant la maison de Paris, que j'aimais tellement, et où j'étais *trop* heureuse. Plus Dieu enlève tout, plus il se donne Lui-même. Cela fait non seulement accepter, mais désirer le sacrifice, et bénir le bon Dieu malgré les gémissements désespérés de la nature et du cœur de chair. Soyons généreuses, et ne désirons jamais que Notre-Seigneur nous traite en « poules mouillées », mais en Réparatrices !

« ... J'ai repris ici ma vie de Paris : travailler un tout petit peu, souffrir... un peu plus, et prier beaucoup. Ces deux derniers points forment *ma charge*, que j'ai eu l'honneur de recevoir de notre très Révérende Mère elle-même ! Tout comme une supérieure !

« J'ai la joie d'habiter une toute petite cellule qui touche la chapelle. Un mur seulement me sépare de Jésus. Et la porte de la tribune, qui est vitrée, se trouve juste en face de ma porte, à deux pas. Vous comprenez si je jouis de ce divin voisinage. En regardant de l'autre côté, par la fenêtre, j'ai, à droite, le mur de la chapelle, à gauche, la vieille et très belle église Saint-Jacques et en face le clocher du séminaire qui est en même temps l'évêché. Notre-Seigneur tout seul de tous les côtés !

« J'ai tellement entendu parler de Tournai, qu'il me semble le connaître. Je pense que le noviciat est aussi fervent que nombreux et que vous allez profiter largement de la grâce que tant de sacrifices faits de tous côtés ont dû mériter.

A Dieu, ma chère petite sœur, priez bien pour votre invalide sœur, afin qu'elle se sanctifie. Je fais la même prière pour vous. Retrouvons-nous dans le Cœur de Jésus. C'est en lui que je suis toute vôtre,

« Marie de l'Agnus Dei. »

Ensuite, elle donne de ses nouvelles à sa mère :

Liége, 29 septembre 1901.

« Ma bien chère maman,

« La paix de Jésus ! Je ne puis ajouter qu'un mot à ma longue lettre à Françoise, pour vous donner quelques nouvelles de mon exil. J'y suis aussi bien que possible, pour l'âme et pour le corps, dans ma cellule qui touche la chapelle, ce qui me vaut de pouvoir y aller bien plus facilement. J'ai pour horizon la belle église Saint-Jacques qui doit être à peu près du quinzième siècle, et qui contente mon amour des vieux monuments, en me donnant la joie, beaucoup plus surnaturelle, d'avoir encore un tabernacle de ce côté et d'entendre chanter le *Credo* à la grand'-messe, car cette église nous touche. Tout contre elle, il y a un grand square qui nous donne beaucoup d'air. — La maison est nombreuse, vous le pensez bien ; tout le monde se trouve heureux de s'y serrer pour faire place aux autres. Nous y sommes déjà une vingtaine d' « exilées », et il en viendra peut-être encore. La persécution a bien ses avantages ; elle fait redoubler de ferveur, elle augmente l'union des cœurs, elle nourrit la charité et beaucoup d'autres vertus encore.

« Et je me sens plus *Française* que jamais ! A qui n'aimerait pas la France, je dirais : « Exilez-vous, et vous verrez ! » Je retrouve pourtant ici *tout*, sauf l'air de la patrie. Aussi je suis loin de m'attrister de quoi que ce soit, mais je sens que je suis Française, que c'est le gouvernement de ma patrie qui m'a jetée hors de France, et je vous assure que c'est tout à fait étrange d'être vraiment exilée et de sentir qu'on ne *peut pas* rentrer dans sa patrie. Comme cela fait prier pour que Dieu sauve le pauvre pays que l'on aime tant !...

« J'ai bien regretté que nous ayons manqué Yvonne à Paris. Cela aurait été trop bon de nous retrouver toutes ensemble. Ce n'était pas le moment des joies, mais des sacrifices. Ce sera pour une autre fois, en un meilleur moment. »

Ce « meilleur moment » ne devait être que la radieuse éternité. Brusquement jetée hors de son couvent alors que, si malade, elle avait besoin de tant de soins, Marie de l'Agnus Dei ne résista pas à cette dernière épreuve. Arrivée à Liége épuisée, elle y trouva les premiers froids d'un climat plus rude que le sien, et aussitôt elle s'enrhuma. On ne s'en inquiéta guère, mais au bout de quelques jours, la fièvre la saisit et l'on constata une pneumonie. C'était le vendredi 11 octobre. Le médecin, tout en la constatant, ne jugea pas le danger très grave, malgré l'état général de la malade, mais dans la soirée la situation s'aggrava. Marie de l'Agnus Dei souffrait beaucoup, la respiration était douloureuse et tout mouvement devenait de plus en plus difficile, la paralysie envahissait peu à peu tout le côté gauche. Après une nuit pénible, lorsque le médecin revint le samedi, il fut effrayé des progrès du mal. Tout espoir était désormais perdu. Cependant la malade restait calme ; très affaiblie elle parlait peu et on l'entendait à peine. Son sourire, toujours gracieux, et son crayon, au besoin, lui suffisaient pour se faire comprendre. Presque continuellement son regard restait fixé sur son crucifix des vœux, placé devant elle, ou bien, les yeux fermés, elle contemplait Jésus-Christ en elle-même. Au mouvement léger de ses lèvres, on voyait qu'elle priait, et quand on se penchait vers elle, on l'entendait murmurer : « Jésus !... je vous aime de tout mon cœur ! » Les heures de cette journée du samedi s'écoulaient ainsi, douloureuses, telles que furent les trois heures du Sauveur sur la croix ; quand, tout à coup, dans l'après-midi, une crise d'étouffement la saisit soudain. Craignant un dénouement rapide, la Mère supérieure demanda : « Ne seriez-vous pas contente de recevoir l'Extrême-Onction, et la visite de Jésus ? » Haletante, la pauvre enfant retrouva un souffle de vie pour répondre : « Oh ! oui... bien heureuse !... »

On prévint le confesseur de la communauté qui se hâta d'accourir : la crise se calmait. Marie de l'Agnus Dei put recevoir avec recueillement le grand sacrement des malades, la dernière et tendre effusion de la grâce dans l'âme chrétienne qui sort de l'exil ; mais elle eut beaucoup de peine à avaler une toute petite parcelle de la sainte hostie, car la paralysie lui étreignait la gorge.

Revêtue dans chacun de ses membres de l'onction du Christ, portant en son cœur Celui qu'elle avait tant aimé, Marie de l'Agnus Dei, véritablement unie à l'Agneau immolé, se perdit en une profonde action de grâces. Silencieuses, ses Mères et ses sœurs respectaient sa prière. Elle est si touchante cette heure du dernier, de l'intime colloque avec l'Epoux divin, qui attend sa fiancée pour les noces éternelles. Que savons-nous de ces mystérieux secrets des mourants? De quelle miséricorde use alors Celui qui n'est que miséricorde, surtout envers les âmes de choix qui ne l'ont jamais quitté? *Surge, amica mea!* Oh ! la douce parole, et comme elle doit retentir suavement au cœur de ceux qui vont tout à l'heure y répondre. Encore un peu de temps, un peu de souffrance,

et les voiles tomberont, et le cri éperdu de l'âme
à laquelle Dieu se montre, retentira dans l'éternité. Sans doute, l'émotion inévitable dans ces
heures solennelles saisissait tous ceux qui les
voyaient s'écouler. Cependant le cœur fidèle de
Marie-Anne pensait aux absents, à sa mère, tant
éprouvée déjà, à ses frères, à ses sœurs, aux
parents, aux amis, maintenant si loin de l'exilée ;
et, la paralysie l'empêchant de parler comme
elle l'aurait voulu, elle demanda par signes, à sa
supérieure, la permission d'exprimer autrement
ce qu'elle ne pouvait pas dire. Elle fit un suprême
effort pour se soulever et pour écrire. A peine
lisibles, sur une feuille de papier très petite et
très pauvre — telle qu'elle avait voulu devenir
elle-même, — elle traça ces lignes, qui prouvent
la parfaite lucidité de son esprit, résument son
âme, et se terminent par le cri qu'elle aimait :

« J'offre ma vie pour la Société, la France, ma
famille, la Réparation, toutes les intentions du
Cœur de Jésus.

«Merci du fond du cœur à notre Mère bien-aimée.
Merci à vous, ma Mère, à toutes celles qui m'ont
soignée et ont prié pour moi. Merci à toutes mes
supérieures ; je prierai pour toutes. Que l'on prie
pour moi ! — Mes tendres adieux, en Notre-Seigneur, à ma famille. Que tous se sanctifient !

« Je suis heureuse d'avoir beaucoup souffert,
d'être l'enfant de la Société que j'aime de toute
mon âme. Je remets aux Cœurs de Jésus et de
Marie ma vie et mon éternité.

12 octobre 1901.

« Je vous aime, Jésus ! »

On croyait le dernier moment venu, lorsque, après l'Extrême-Onction, un mieux sensible se produisit. Il en est souvent ainsi, pour des raisons que Dieu connaît. Le dimanche, le médecin sembla très content de sa visite, et le soir, il trouva la malade si bien, qu'il assura que le danger pressant avait disparu. Cependant la paralysie restait complète. On se succédait sans interruption auprès de la chère petite Mère ; sa respiration redevenait facile, sa présence d'esprit était si parfaite qu'elle rappelait souvent elle-même les ordres que la supérieure avait donnés devant elle. Quand on oubliait l'heure, elle prenait son crayon. Elle réclamait même les remèdes qu'on lui avait prescrits et qu'il lui était presque impossible d'avaler. Quand on lui proposait une pieuse lecture, elle souriait doucement et son regard, vif jusqu'au dernier moment, remerciait et parlait.

On se rappelle que la solitude avait été le cachet de sa vertu. Seule, elle s'était, à quatorze ans, consacrée à Dieu, seule, à dix-huit ans, elle était partie pour le noviciat, seule, elle avait prononcé ses vœux, seule, elle avait vécu plusieurs années dans la souffrance, seule aussi elle allait mourir.

Cette solitude était tellement voulue de Dieu que la famille de Marie-Anne, à laquelle on avait écrit aussitôt que le danger s'était déclaré, ne reçut la lettre que trop tard, par suite de circonstances difficiles à expliquer en dehors de l'action divine. La première nouvelle qui arriva à Angers fut celle de la mort de Marie de l'Agnus Dei, et les détails de sa maladie n'y parvinrent qu'après. Ainsi Dieu fit l'exil plus complet pour elle que pour d'autres, et le regard de l'enfant mourante ne put reconnaître auprès d'elle aucun de ceux qui l'avaient aimée dès son berceau. Elle eut à accepter la mort la plus détachée de toute aide naturelle : éloignée des siens, qu'elle s'étonna peut-être tout bas de ne pas voir accourir ; éloignée du Père qui avait presque toujours dirigé son âme ; éloignée enfin des supérieures ou des religieuses qu'elle connaissait plus particulièrement. Cependant, outre la consolation de mourir dans une maison de son ordre, Dieu lui en accorda une autre, qui fut précieuse à son cœur. Une de ses compagnes de noviciat, angevine comme elle, Mlle F..., qu'elle n'avait pas revue depuis Toulouse, se trouva à Liége à ce moment. Ce fut cette jeune religieuse qui personnifia, pour ainsi dire, auprès de Marie-Anne, la famille et la patrie, toutes les deux forcément absentes, et elle le fit avec une délicatesse et une affection touchantes.

Dans la nuit du dimanche au lundi, Marie de l'Agnus Dei semblait assez bien pour écarter toute inquiétude prochaine. Plusieurs religieuses devaient se succéder auprès d'elle. A onze heures du soir, elle fit un mouvement et prévint qu'il était l'heure indiquée pour aller réveiller une autre sœur. On y alla en effet, puis elle demanda, — héroïquement fidèle — le remède qu'elle avait tant de peine à prendre. Ce fut son dernier acte de générosité. Après cet effort, elle retomba sur son oreiller et sembla dormir. La Mère qui la veillait n'osait faire un mouvement, de crainte de troubler son repos. Son visage ne trahissait aucune souffrance, elle était complètement immobile, la respiration était calme et régulière. Elle resta ainsi environ deux heures; puis soudain, sans secousse, sans effort, sans violence, sa tête s'inclina. La religieuse s'approcha plus près d'elle et lui dit : « Souffrez-vous? » Elle ne reçut aucune réponse. Dans la paix profonde d'une union devenue continuelle, Marie de l'Agnus Dei venait de passer d'elle-même en Dieu, pour l'éternité. Elle avait un peu plus de vingt-quatre ans.

On procéda pendant la nuit à la toilette funèbre, et la communauté apprit seulement à son réveil qu'elle avait au ciel un membre de plus. La porte de la cellule était ouverte, celles qui passaient pouvaient apercevoir leur jeune sœur, vêtue de son habit religieux, étendue sur son pauvre petit lit, tenant dans ses mains jointes le Christ aimé, et si calme, si blanche, si douce à regarder, qu'on ne pouvait le faire sans penser qu'elle était infiniment heureuse. Pendant deux jours on veilla près du corps de Marie de l'Agnus Dei, et toutes celles qui se succédèrent ainsi partagèrent la même impression. Elle n'était pas depuis quinze

jours à Liége et sa vertu y était déjà si connue
que le Père qui venait régulièrement confesser les
religieuses demanda à être conduit près de sa
dépouille mortelle. Il y resta longtemps agenouillé
et quand il se releva il dit à la Mère supérieure :
« Je lui ai demandé de m'obtenir bien des grâces. »
Le sentiment de vénération qui s'attachait à elle
fut plus éclatant encore le lendemain, quand on
conduisit à sa dernière demeure cette toute
jeune religieuse, étrangère et inconnue. Le nom
de son père était dans les journaux, sans doute,
la persécution lui faisait une auréole, mais le parfum de sa vie agissait encore davantage, et mys-
térieusement, sur les cœurs.

Prévenu dès le premier instant de la mort de
Marie de l'Agnus Dei, suivant le désir qu'elle en
avait elle-même exprimé, le Père qui connaissait
son âme depuis l'enfance et l'avait toujours suivie, écrivait à Mme Hervé-Bazin :

« Qui n'aimait cette chère enfant, après l'avoir
seulement entrevue ? Mais vous, qui connaissiez
cette âme si belle, ce cœur incomparable, cette
délicatesse exquise, combien deviez-vous la ché-
rir ? Et elle vous est ravie ! Mais c'est Jésus qui
vient la cueillir, l'enlever à cette terre, la placer
près de Lui... Il veut au ciel celle qui lui appartenait, et n'était vraiment plus de cette terre.
Son cœur était là-haut, elle était mûre pour le
Paradis... Combien belle sera sa couronne et
qu'elle doit être heureuse... Voyez-la au milieu
des saints et des anges, ses frères, avec Marie

immaculée... Son bonheur adoucira votre peine. La savoir près de Jésus, quelle consolation !

« Ce Jésus, comme Il aimait son Agneau ! sans cela, Il ne l'aurait pas fait souffrir ainsi. Il n'envoie pareilles croix qu'aux privilégiés de son Cœur. Il crucifie pour béatifier, pour embellir la couronne éternelle, pour rendre semblable à Lui. Le divin Agneau a voulu immoler peu à peu son petit agneau... depuis longtemps n'était-il pas sur l'autel, ou sur la croix ? Du reste, la chère enfant, qui avait reçu d'immenses grâces, en particulier à sa dernière retraite, s'était offerte à son Jésus. Le sacrifice a été accepté, et uni à celui de la grande Victime, plus tôt que nous ne l'aurions cru. Jésus avait hâte de la posséder... Et ces dernières épreuves ont achevé l'œuvre. Elle avait tout accepté, tout voulu. Elle quittait la France, elle s'éloignait de sa famille tant aimée, de sa mère si chère, pour l'amour de Notre-Seigneur. Elle n'avait plus rien à offrir. Et Jésus a voulu finir cet exil d'ici-bas, et l'appeler à la vraie, à la belle patrie de là-haut. ».

Et maintenant, celle qui fut Marie-Anne Hervé-Bazin et qui devint Marie de l'Agnus Dei, dort son dernier sommeil sur la terre de l'exil. Très loin des siens, et pour toujours solitaire, elle repose à l'ombre d'une pauvre croix de bois dans l'un des cimetières de Liége. Rien ne fut plus court, plus simple, plus ignoré que cette humble vie. Et cependant elle a été jugée digne d'être présentée aux regards et à l'imitation des âmes chrétiennes. A elles seules, du reste, peut s'adresser ce récit, car pour comprendre la valeur de ces quelques années de souffrance, il faut croire, et il faut aimer. Marie de l'Agnus Dei n'a fait que passer sur la terre, elle n'y a rien fait autre chose que de souffrir et de prier, et cette obscurité aussi complète que possible a laissé des traces lumineuses, qui vont chaque jour grandissant. C'est qu'elle avait compris le véritable et unique sens de la vie. C'est qu'en union avec Celui qui sauva le monde par le silence et par la croix, elle s'offrit, elle fut agréée, elle vécut et mourut victime volontaire et réparatrice. Fleur très pure, née d'une race chrétienne, elle avait dans les veines le vrai sang français, qui a tant de fois coulé pour l'Église et pour Dieu. Fille de Vendéens, et d'un père admirable, elle en avait la foi robuste, l'ardeur généreuse et aussi cette clarté des choses surnaturelles que Dieu accorde aux descendants de ceux qui ont travaillé pour lui. En elle se vérifia une fois de plus le mot de l'Écriture : *Generatio rectorum benedicetur*, car nous naissons avec le long héritage, bon ou mauvais, de nos pères connus ou inconnus. Les vies toutes célestes, telles que celle qui nous occupe, sont le fruit, bien souvent, des vertus qui les ont préparées, et elles en sont aussi la récompense. Mais à leur tour elles ajoutent, pour ceux qui viendront, des bénédictions nouvelles, et de là, se répandant au dehors, leurs mérites deviennent la gloire et la consolation de l'Église, en même temps qu'ils grossissent le trésor commun de ses enfants. Dieu veuille qu'il y ait, en France, beaucoup d'âmes qui s'offrent ainsi à payer la dette des autres ! Dieu veuille que la persécution, dont Marie-Anne est morte, fasse germer beaucoup de ces vocations mystérieuses de Réparatrices ! Dieu veuille que tant de douleurs, que tant de prières, que tant d'amour, rendent enfin à notre pauvre France la foi de ses jours de gloire.

Si l'exemple de Marie de l'Agnus Dei, le récit de son sacrifice et celui des joies qu'il lui a méritées pouvait faire naître, en d'autres âmes, les mêmes désirs et les mêmes espérances, le but qu'elle poursuivait serait atteint, et nous avons la confiance qu'il le sera, quand nous relisons la parole de Dieu au cœur de son enfant : « Il m'a promis de se servir de moi pour son œuvre !

FIN

Imp. J. Dumoulin, Paris. — 110-04

LIBRAIRIE ACADÉMIQUE PERRIN ET Cie

Henri BREMOND.

L'Inquiétude religieuse. Aubes et Lendemains de conversion. 1 vol.
in-16 .... 3 50

Ferdinand BRUNETIÈRE.

Discours de Combat. 2 volume in-16 .... 7 »
Discours académiques. 1 volume in-16 .... 3 50

Georges GOYAU.

Autour du Catholicisme social. 2 volume in-16 .... 7 »
L'Allemagne religieuse. Le Protestantisme. 1 volume in-16.. 3 50
L'École d'aujourd'hui. 1 volume in-16 .... 3 50
Lendemains d'Unité. Rome — Royaume de Naples. 1 volume
in-16 .... 3 50
La Franc-Maçonnerie en France. Brochure .... » 50

Léon GRÉGOIRE

Le Pape, les Catholiques et la Question sociale, 3ᵉ édition.
1 volume in-16 .... 3 »

Lucie FÉLIX FAURE.

Newman. Sa vie et ses œuvres. 1 volume in-16 .... 3 50

Albert BAZAILLAS.

La Crise de la Croyance dans la philosophie contemporaine.
1 volume in-16 .... 3 50

H. J. BRUNHES.

Ruskin et la Bible, pour servir à l'Histoire d'une Pensée. 1 volume
in-16 .... 3 50

Théodore JOUFFROY.

Correspondance de Théodore Jouffroy, publiée avec une introduc-
tion et des notes, par Adolphe Lair. 1 volume in-16 .... 3 50

Léon OLLÉ-LAPRUNE.

La Vitalité chrétienne, avec une Préface de M. G. Goyau. 1 volume
in-16 .... 3 50

Ernest HELLO.

L'Homme. La vie, la science, l'art. Préface de Henri Lasserre.
6ᵉ édition. 1 volume in-16 .... 3 50
Le siècle. Les Hommes et les Idées. 1 volume in-16 .... 3 50
Physionomies de Saints. 1 volume in-16 .... 3 50
Paroles de Dieu. Réflexions sur quelques textes sacrés. 1 volume
in-16 .... 3 50
Contes extraordinaires. Nouvelle édition. 1 volume in-16 .. 3 50

Maurice MURET.

L'Esprit Juif. Essai de psychologie ethnique. 1 volume in-16. 3 50

René DE MAULDE.

L'Art de la Vie. 1 volume in-16 .... 3 50

Paris. — Imp. E. Capiomont et Cⁱᵉ, rue de Seine, 51.